부자
교과서

이기는 게임에만 베팅하는 부자들의 성공 법칙

부자 교과서

초판 1쇄 인쇄 2021년 7월 30일
초판 1쇄 발행 2021년 8월 13일

지은이 김윤교

발행인 백유미 조영석

발행처 (주)라온아시아
주소 서울특별시 서초구 효령로34길 4, 프린스 효령빌딩 5F

등록 2016년 7월 5일 제 2016-000141호
전화 070-7600-8230   **팩스** 02-585-6860

값 19,000원
ISBN 979-11-91283-74-7 (13320)

라온북은 독자 여러분의 소중한 원고를 기다리고 있습니다. (raonbook@raonasia.co.kr)

이기는 게임에만 베팅하는 부자들의 성공 법칙

부 자
Rich

교과서

김윤교 지음

RAON
BOOK

'아, 이래서 사람들이 한강으로 가는 거였구나…….'

천장을 바라보며 하얗게 밤을 새운 나의 입가에서 나온 탄식이었다.

나는 1980년대 후반 당시 남들이 부러워했던 세계 최고의 미국 컴퓨터 회사에 입사한 후, 성공적인 직장생활을 20년 이상 했고, 우리 부부는 비교적 검소하게 살아왔기에 어느 정도의 재산도 모을 수 있었다. 그런데 2008년도 발생한 미국발 세계 금융 위기는 나의 삶을 통째로 바꿔버렸다. 미국 본사는 세계 금융 위기를 전 세계 임원들의 물갈이 기회로 삼았고, 실제로 본사를 포함한 전 세계의 대부분 임원을 조기 퇴진시켰다. 소위 명예퇴직금이란 것이 내 손에 쥐어졌고 나는 하루아침에 실직자가 되었다. 당시는 대부분 회사가 임직원을 감축하고 있던 시절이라 새 직장을 구하기가 쉽지 않았다. 나의 재산은 대부분 부동산에 묶여 있었고, 유일하게 가지고 있던 상가의 임차인도 이미 몇 달 전부터 월세를 안 내기 시작했다. 월급이 끊기자 단 한 푼의 수입도 발생하지 않았다. 외벌이 가장인 나에게는 하루라도 빨리 생활비를 마련해야 한다는 긴박함이 매일 가중되고 있었다. 악마의 유혹은 항상 마음이 조급한 사람에게 슬그머니 다가온다. 새로운 사업에 투자하면 위탁경영을 해서 월 500만 원은 챙겨주겠다는 유혹에 빠져 제대로 파악도 안 된 상태에서 덜컥 투자했고 헤어나올 수 없는 늪에 빠져버리고 말았다. 한순간의 판단 착오의 결과는 그야말로 처참했다. 20년간 나름대로 성실히 살면서 모아놓은 모든 것을 날리는 데 채 1년 남짓밖에 걸리지 않았다. 내가 주색잡기를 한 것도 아니었고, 과한 욕심을 부린 것도 아니었다. 그저 가족을 위해서 최선을 다했을 뿐인데, 내게 닥친 참혹한 상황을 도저히 믿을 수도 받아들일 수도 없었다. 나를 믿고 살아준 아내와 아들의 얼굴을 차마 제대로 쳐다볼 수 없었다. 나 자신이 너무도 한심하고 밉고 용서가 안 되었다. 한강으로 가는 사람들의 심정을 이해할 수 있었다.

실패의 원인을 분석하다

실질적인 실패의 원인은 2가지였다. 하나는 노후에 대해 제대로 대비해놓지 않은 것이었으며, 다른 하나는 대부분 자산을 부동산으로 가지고 있었다는 것이다. 가장 중요한 실패의 근원은 돈에 대한 지식의 결여였음을 깨닫게 되었다. '돈을 버는 것'과 '번 돈을 모아서 증식시키고 관리하는 것'이 완전히 다른 영역임을 알지 못했었고 배울 기회도 없었다. 내가 돈에 대해 몰랐다면, 그것을 잘 아는 제대로 된 금융전문가를 만났었다면 좋았겠지만, 내가 운이 없었던지 내게 주식을 추천했던 증권사 PB, 펀드를 추천했던 은행 PB, 상가와 토지를 추천했던 부동산중개사, 재무컨설팅이란 명목으로 영업을 했던 보험설계사 모두 내게 실패를 안겨줬다.

내가 재직했던 시절의 세계 최고의 미국 컴퓨터 회사는 한국 기업보다 훨씬 많은 연봉을 지급했으므로, 만일 내가 사회초년생 시절부터 정말로 실력이 있으면서 진심으로 고객을 위하는 금융전문가를 만났고 그가 나의 미래를 잘 설계해줬더라면 나는 50대 초반에 은퇴해도 충분히 가족과 먹고살 만큼의 노후대책을 할 수 있었을 것이다. 하지만 나에게 그런 행운은 없었다.

금융전문가가 되기로 결심하다

나는 나와 내 가족을 위해서, 나와 같은 참담한 실패를 겪을지도 모를 수많은 은퇴자를 구제하기 위해서, 그리고 새로운 인생을 출발하는 나의 아들과 같은 20~30대 젊은이들의 미래를 위해서, 내가 남의 인생을 풍요롭게 해주고 행운을 가져다주는 금융전문가가 되기로 결심했다.

직장생활 당시 한국 최고의 금융사(은행, 증권사, 보험사)를 위한 IT

아웃소싱, 애플리케이션 개발, 전략컨설팅 등의 많은 경험이 있었기에 새로이 선택한 금융업에 쉽게 적응할 수 있었고, 절박했기에 남들보다 몇 배는 더 노력해야 했다. 다행히도 새로이 선택한 금융업은 내게 너무도 잘 맞았고, 매일 새로운 지식을 하나둘 습득하는 것이 참으로 신나고 재미있었다. 그러다 보니 이 업계의 최고가 되고 싶다는 꿈이 생기게 되었고, 꿈이 생기자 일에 더욱 매진하게 되었다. 아무리 힘이 들어도 힘든지 몰랐다. 그렇게 꿈을 좇아 강산이 바뀐다는 10년의 세월을 미친 듯이 쉼 없이 달려오게 되었다.

일반인도 부자의 투자 방식을 따라 할 수 있다

재무컨설팅과 자산관리를 해오면서 꽤 많은 부자들을 만났다. 그런 부자들 중 일부 현명한 부자들을 나는 '스마트 리치(Smart Rich)'라고 부른다. 그들은 전문적인 투자 원칙을 가지고 놀라운 방법으로 꾸준히 부를 증식시켜나가고 있었다. 나는 이들의 '부자가 더 부자가 되는 방법'이 일반인에게도 적용될 수 있을지 궁금했다. 확인해본 결과는 상당히 놀라웠다. 일반인들도 그들의 투자 방식을 따라 하면 성공할 수 있다는 사실을 확인했을 뿐만 아니라, 그들의 방식을 자신에게 맞게 변형시킬 필요도 없이 그대로 따라 하기만 하면 부자가 될 수 있다는 놀라운 사실을 확인한 것이다. 나는 이 내용을 가능한 한 많은 사람에게 일리고 싶었고 가장 효율적인 방법을 고민했다. 그리고 책이란 가장 전통적인 도구를 이용하기로 했다.

누구나 행복한 부자로 은퇴할 수 있다

이 책에서는 책의 제목대로 부자들은 어떤 방식으로 부를 관리하고 증식시켜나가는지에 대해 알려주며, 이를 토대로 일반인들은 어떻게 부를 만들어가야 하는지에 대해 상세히 알려준다. 우리 자산의 대부분을 차지하는 부동산을 앞으로는 어떻게 대해야 하는지, 투자는 어떤 원칙과 방법을 가지고 해야 하는지, 초저금리 시대의 투자는 어떻게 해야 하는지, 나의 현금성 자산의 비율은 어디까지 높여야 하는지, 기축통화인 달러에는 얼마나 어떻게 투자를 해야 하는지, 앞으로 계속 늘어만 가는 초 장수 시대에 나의 노후는 어떠한 방법으로 대비를 해야 하는지, 4대 목적자금(주택, 교육, 노후, 결혼)은 어떻게 마련해야 하는지, 금을 비롯한 암호화폐 등의 대체자산은 어떻게 투자해야 하는지, 세금은 도대체 어떻게 구성되어 있고 절세를 위해서는 어떻게 해야 하는지, 이들 각각에 맞는 포트폴리오는 어떻게 구성해야 하는지, 사회초년생들은 어떻게 자산을 늘려나가야 하고, 이미 자산이 어느 정도 있거나 상당히 있는 사람들은 어떻게 기존의 자산을 잘 지키는 동시에 증식시켜야 하는지, 은퇴자들은 자산을 어떻게 관리해야 하는지 등에 대하여 상세히 기술했고 실행할 구체적 방안까지 제시했다.

나는 이 책을 읽는 모든 독자가 노후에 사랑하는 사람과 풍요롭고 행복하게 살 수 있는 필요조건 이상을 갖추기를 바라는 마음으로 이 책을 썼다. 실제로 이 책에서 시키는 대로 그대로 따라서 하기만 하면 반드시 행복한 부자로 은퇴할 수 있을 것이다. 정말 그렇게 될 수 있겠냐고? 그렇게 된다.

이 책을 읽고 풍요롭고 행복한 미래를 만들어갈 사람들과 그들의 소중한 가족들의 기쁨이 넘치는 환한 얼굴들을 흐뭇한 마음으로 그려본다.

김 윤교

차 례

Chapter
1   나도 그들처럼 부자가 될 수 있을까?

나도 그들처럼
부자가 될 수 있을까?

RICH

01 부자의 탄생

　우리나라는 부자의 역사가 짧다. 일제 강점기와 해방, 미군정, 6·25전쟁, 5·16쿠데타, 신군부 쿠데타 등 파란만장한 역사의 소용돌이 속에서 조선 시대와 구한말의 부자들은 그들이 축적한 자산을 후대에 물려주지 못하고 대부분 사라졌다. 이제 새로운 부자들이 태동하기 시작했다. 현재의 부자들은 크게 5가지 부류로 나뉜다.

전쟁 후 등장한 부자

　1960년대와 1970년대에 정권과 상호 협력하에 신사업을 하면서 엄청난 부를 축적한 사람들이다. 실제로 6·25전쟁으로 폐허가 된 땅 위에서는 무엇이든 만드는 대로 다 팔려나갔고 그들은 세계적으로도 유례가 없을 만큼 빠른 시일 내에 천문학적인 부를 이루었다. 우리는 그들을 재벌(財閥)이라고 부른다. 이 단어는 위키피디아(Wikipedia) 영문판에 일반명사로 등재되어 있다(chaebol: a large industrial conglomerate that is run and controlled by an owner or family in South Korea, 남한의 족벌에 의해 운영되는 대기업 집단). 또한 재벌까지는 아니더라도 이 시기에 사업 및 장사로 상당한 부를 축적한 사람들이다.

강남이 만든 부자

1960년대와 1970년대의 대한민국의 비약적인 발전은 서울에 집중되었고 지방의 사람들은 먹고살기 어려워 서울로 계속 몰려들었다. 해방 직후 100만 명이 채 안 되던 수도 서울의 인구는 1960년대 후반에 이미 300만 명을 넘어섰고 인구 증가는 점점 더 가속되고 있었다.

과포화 상태인 서울은 필연적으로 확장될 수밖에 없었고 1970년대에 들어서면서 드디어 그 유명한 '강남' 땅이 서울로 편입되어 개발되기 시작했다. 우리가 지금도 '강남'이라고 부르는 이 지역은 한강 이남이라서 그렇게 불렸다. 또한 당시에 강남에는 유일하게 영등포구밖에 없었는데, 영등포구의 동쪽에 위치했다고 해서 '영동'이라고도 불렸다. 당시 강남의 땅은 눈 뜨고 일어나면 가격이 배가 된다는 설이 있을 정도로 폭등하기 시작했고 그 유명한 단어인 '강남 복부인'이 등장하기 시작했다. '땅 투자'가 아닌 '땅 투기'란 단어가 생기게 된 것도 이 당시였다. 상당한 자금력과 정보력으로 무장한 이들은 짧은 시간 안에 손쉽게 막대한 부를 이루게 되었다. 그리고 강남 불패의 신화는 아직도 진행 중이다.

벤처기업 창업 부자

1990년대 중반에 등장하기 시작한 이른바 '벤처 열풍'을 타고 IT 기반의 사업을 일으켜 상장을 통해 적게는 수백억 원에서 많게는 수조 원의 주식을 소유하게 된 이른바 벤처기업의 창업자들이다. 이들은 기존의 재벌들보다도 더 짧은 시간에 막대한 부를 축적했고 기존의 재벌과는 또 다른 형태의 재벌기업으로 성장해가고 있다.

부를 물려받은 부자

이렇게 약 반세기에 걸쳐서 새로이 나타난 위의 부자들과 연결되어 부를 축적한 수많은 또 다른 부자들이다. 그리고 위의 부자들로부터 상속 및 증여를 통해 부를 물려받은 사람들이다.

베이비붐 세대의 부자

비록 큰 부자는 아닐지라도 대한민국이 폭발적으로 성장하던 1970년대부터 2000년대까지 직장생활을 하면서 회사가 성장함에 따라 현재의 젊은 세대보다는 훨씬 쉽게 임원까지 하고 나왔던 베이비붐 세대들이다(우리나라에서의 베이비붐 세대는 1955년생부터 1963년생까지를 지칭하지만, 이 책에서는 실제 미국에서 지칭하는 베이비붐 세대인 1946년생부터 1965년생까지를 말함).

이렇게 불과 반세기 동안에 우리나라에도 수많은 부자가 나타나게 되었고 그들은 각자가 각기 다른 방법으로 부를 축적해나갔다. 그들이 어떤 방법으로 각자의 부를 축적해왔는지는 우리의 관심사가 아니다. 그들이 돈을 버는 영역은 그들 고유의 영역이므로 우리가 흉내 낸다고 그들처럼 부자가 될 수 있는 것이 아니기 때문이다.

우리는 그들이 그렇게 자신의 영역에서 번 돈을 '어떻게 모아서, 어떻게 증식시키고, 어떻게 관리해나가는지'를 알아보고 싶은 것이다. 만일 그러한 방법이 우리의 자산을 증식시키는 데도 훌륭히 적용될 수 있다면, 그 방법을 알아낼 수만 있다면, 그저 그들이 한 대로 따라 하기만 하면 우리도 부자가 될 수 있을 테니까.

02 부자들의 자산증식
노하우를 배워라

부자들은 한 푼의 돈에도 귀한 가치를 부여한다

나는 자산관리 및 금융컨설팅을 해오면서 꽤 많은 부자를 만났다. 그들은 각기 다른 분야에서 각기 다른 방법으로 상당한 부를 축적해왔기 때문에 서로 다른 자신만의 캐릭터를 가지고 있었다. 하지만 그들에게 공통적인 특징이 몇 개 있었다. 하나는 본인이 가치가 없다고 생각하는 데는 단 1원도 낭비하지 않으면서도 자신이 가치가 있다고 생각하는 데는 일반인이 보기에는 과하다 싶을 정도로 돈을 아낌없이 사용한다는 것이었다. 또 하나는 일반인들이 상상하는 것과는 달리 대부분의 부자들은 비교적 검소하고 올바른 삶을 살아가고 있다는 것이었다. 나머지 하나는 놀랍게도 부자들은 일반인들보다 돈을 대하는 태도가 훨씬 더 경건했으며 한 푼의 돈에도 귀한 가치를 부여하고 있다는 것이었다.

금융투자에서도 성공하는 부자들, '스마트 리치'

부자들은 2000년대 이전까지는 부를 축적해나가는 데 큰 어려움을 느끼지 않았다. 번 돈을 부동산에 투자하면 되었으니까. 그런데 2000년대에 들어서면서 상황이 급변했다. 과거와 같이 땅만 사두면 알아서 오르는 시대가 저물었고, 수익형 부동산 역시 생각했던 수익률에 훨씬 못 미치기 시작했다. 과거와는 달리 은행에 돈을 예치하면 인플레이션에도 훨씬 못 미치는 그야말로 쥐꼬리만큼의 이자밖에 나오지 않게 되었다. 사실 부자들이 부동산투자에 계속 성공해왔던 이유는 그들이 부동산투자에 특별한 재능이 있어서가 아니었다. 그저 급격한 경제 성장과 더불어, 서울과 수도권, 지방의 거점도시를 중심으로 우리나라의 부동산 가격이 계속 상승해왔기 때문이었다.

내가 예상했던 것과는 전혀 달리, 그들도 일반인들과 마찬가지로 금융자산의 투자에서는 성공보다 실패를 훨씬 더 많이 경험했다. 본인의 영역에서 돈을 버는 것은 잘했으나, 투자에서는 여태까지 잘해왔던 부동산에 투자하는 것을 제외하고는 번 돈을 모으고 증식시키고 관리하는 것에는 번번이 실패를 맛봤다. 금융투자에 대한 노하우에 대해서는 아직 습득할 만한 기회와 경험을 쌓을 충분한 시간이 부족했기 때문이었고, 금융컨설팅의 역사가 일천한 우리나라에서는 그들 옆에서 종합적인 금융투자 컨설팅을 해줄 수 있는 제대로 된 금융전문가를 만나기가 쉽지 않았기 때문이었다.

그럼에도 불구하고, 부자 중 일부는 자신의 분야가 아닌 금융투자 쪽에서도 탁월한 실적을 내고 있었다. 나는 그들에게 '스마트 리치(Smart Rich)'라는 호칭을 부여했다. 그들은 2008년 글로벌 금융 위기, 미국이 투자처별로 통계를 내기 시작한 1900년도 이후 118년 만에 처음으로 금융 역사상 거의 모든 투자처에서 손실이 났다는 2018년, 현존하는 어떤 사람도 한 번도 겪어보지 못한 2020년 코로나19 사태 등 여러 위기 속에서도 흔들리지 않고 꾸준히 수익을 내고 있었다. 물론 앞서 언급한 위기의 시기에는 잠시 손실이 날 때도 있었으나 이들은 의연하게 이 위기를 잘 극복했고, 오히려 위기를 기회로 삼아서 자산을 더 큰 폭으로 증식해나가고 있었다.

왜 부자들의 자산 증식 노하우를 배워야 하나

그러면 이들의 투자 원칙과 투자 방법이 특별한 것이었나? 아니면 한 번에 엄청난 규모의 돈을 투자해야만 수익을 낼 수 있는 부동산과 같은 특별한 투자처에 투자했나? 아니었다. 이들은 누구나 할 수 있는 투자의 원칙과 방법을 세웠고 시간이 흘러도 초심을 잃지 않고 그 원칙과 방법을 지켜나갔다. 그 결과 이들은 꾸준히 높은 수익을 계속 올리고 있었다. 나는 스마트 리치들이 어떻게 자신의 영역이 아닌 금융투자 쪽에서도 뛰어난 실력을 발휘하고 있는지 궁금했고, 호기심과 함께 그들을 유심히 살펴보면서 그들의 투자 방식 및 노하우를 분석하기 시작했다.

그들의 금융투자 성공 방식 및 노하우를 정리한 결과는 놀라웠다. 그들은 금융두사에서도 성공할 수밖에 없는 노하우를 터득해가고 있었으며, 자신의 영역이 아닌 금융투자의 세계에서도 성공하기 위해서 또 다른 시간과 노력과 비용을 투자하고 있었다.

또한 너무도 중요한 결정적인 사실을 하나 발견했다. 일반인들도 그들의 금융투자 방식을 배워서 따라 하면 성공할 수 있다는 것이었다. 그것도 그들의 방식을 자신에게 맞게 변형시킬 필요도 없이 그대로 따라 하기만 하면 부자가 될 수 있다는 엄청난 사실을 발견했다.

당신이 지금은 비록 적은 돈으로 시작하더라도 누군가가 당신에게 부자들의 투자 기본 원칙을 알려줘서 그대로 따라 할 수 있게 해주고 그들과 같은 수익률을 낼 수 있게 해줘서, 당신도 노후에 남부럽지 않은 삶을 살 수 있게 해준다면, 당신은 진정으로 행운아일 것이며 당신도 그들처럼 부자가 될 수 있을 것이다.

03 나도 부자가 될 수 있다

한국에서 부자로 인정받으려면 얼마나 있어야 하나

20년 전만 해도 한국인들에게 얼마가 있어야 부자라고 생각하냐고 물어보면 보통 10억 원을 얘기했다. 그러다 2010년대에는 이 금액이 20억 원으로 늘어났고, 2020년 현재에는 보통 30억 원 정도를 얘기한다.

왜 그럴까? 가장 큰 이유는 아파트 가격의 상승이다. 최근 20년 사이에 특히 강남의 아파트가 몇 배씩 오르면서 강남의 웬만한 아파트는 보통 20억 원 이상이다. 그러면 강남에 20억 원짜리 아파트에 사는 사람들이 자신을 부자라고 생각할까? 그렇지 않다. 이들은 자신이 강남 아파트를 팔고 강북이나 강서 혹은 위성도시로 이사 가는 것을 일종의 패배라고 생각하며 자신이 살던 강남에서 계속 살려고 한다. 아파트 밑에 깔아둔 20억 원은 살아가는 데 현시점에서는 단 한 푼의 도움도 안 되는 것이다. 2020년 기준, 일부 금융사들은 부동산 자산을 제외한 현금성 자산이 20억 원이 넘어야 부자로 판단하기도 한다.

그럼 도대체 현시점에서 부자의 정의, 정확히는 부자의 판단기준은 어떻게 내릴 것인가? 대부분 자신이 부자라고 생각하는 사람들에게 한 달 생활비를 물어보면 그저 막연히 1,000만 원 정도를 이야기한다. 이들은 그 1,000만 원을 원금에서 빼먹는 것이 아닌, 자신이 일을 안 해도 들어오는 임대소득이나 이자 및 배당 소득으로 충당하기를 원한다. 부동산이나 금융자산에서 정기적으로 발생하는, 돈이 돈을 벌어오는 무노동 소득(금융용어로 인컴게인, Income Gain)이 1,000만 원이 되길 원하는 것이다.

현재 부동산 임대수익, 이자소득 또는 배당 소득의 수익률은 어느 정도인지 확인해보자. 현재 기준금리가 0.5%인 시대, 은행 금리도 이자소득세를 제하고 나면 0%인 시대에서는 이런저런 비용 및 세금을 다 제하면, 임대수익의 경우 서울에서는 3%의 수익률을 내기가 거의 불가능하고 거의 2% 이하로 떨어진다. 하지만 그냥 연리 2%를 받는다고 가정 시, 월 1,000만 원을 세후로 받으려면(세금은 20%만 낸다고 가정) 수익형 부동산 또는 금융자산이 75억 원이 있어야 한다는 결론에 도달한다. 어찌어찌해서 수익을 3%까지 올렸다고 쳐도 50억 원이 있어야 한다.

결론은 현시점에서 우리나라에서의 진정한 부자라고 불리고 싶으면 최소 50억 원 이상의 수익형 부동산이나 금융자산을 가지고 있어야 한다는 것이다. 여기서 당신이 깔고 사는 주거용 부동산의 가격은 수익과는 아무런 상관이 없다. 즉, 총자산이 최소 70억 원은 있어야 한다는 결론에 도달한다.

　이렇게 부자의 기준을 정리하면 한숨만 나온다. 1억 원도 모으기
어려운데 어느 세월에 수십억 원을 만들어 부자가 될 거란 말인가?

당신은 다이아몬드 수저다

　내가 요즘 가장 듣기 싫어하는 단어는 '금수저, 흙수저'라는 단어
다. 이 단어를 자주 사용하는 언론사의 기자들도 조금 사용을 자제
해줬으면 한다. 본인이 스스로를 흙수저라고 생각하고 흙수저라고
말할수록 부자가 될 수 없다는 틀 속에 본인을 가둬버리고 패배의식
속에서 비관적으로 변화하게끔 되어 있다. 결국 그러한 현실을 맞이
하게 만든 자신의 부모와 자신의 환경을 원망하게 된다. 말에도 힘
이 있고 단어에도 힘이 있다. 자신에게 나쁜 말이나 단어는 절대로
사용하면 안 된다. 이런 금수저, 흙수저는 물질 만능에 의해 사람을
돈의 양으로만 분류한 것이다. 우리가 추구하는 궁극적인 목표는 돈
이 아닌 행복이 아니었던가?

　행복은 절대로 돈으로 살 수 없다. 완전히 차원이 다른 고귀한 것
이다. 만일 당신이 가난한 부모 밑에서 태어났더라도, 당신의 학원
비를 마련하기 위해 5,000~6,000원짜리 점심도 아까워서 라면이나
김밥을 사 먹으며 학원비를 마련하고, 당신을 대학에 보내기 위해
새벽부터 일어나 빌딩 청소를 하는 부모를 뒀다면 당신은 흙수저인
가, 금수저인가? 그런 부모를 돈으로 살 수 있겠는가? 당신이 단 한
명이라도 당신이 진심으로 잘되기를 원하는 형제나 친구가 있다면

당신은 흙수저인가, 금수저인가? 그런 형제나 친구를 돈으로 살 수 있겠는가?

만일 당신 곁에 그런 부모, 형제, 친구가 있다면 당신은 흙수저가 아닌 다이아몬드 수저다. 그리고 당신은 행운아다. 이제 당신의 입과 머리에서 흙수저는 지우고 다이아몬드 수저만 기억하자. 그에 걸맞게 노력해서 멋지게 성공하여 부자가 될 거라고 생각하기로 하자.

이젠 개천에서 용이 못 나온다고? 천만에! 떼거리로 나온다

태곳적부터 모든 사람은 평등하게 태어나지 않는다. 만일 어려운 가정에서 태어났다면 잠시 운이 없었다고 생각하자. 운이란 놈은 계속 돌고 도니까, 이제는 당신에게 좋은 운이 올 차례가 되었다고 생각하자.

과거에는 개천에서 용이 났는데 이제는 불가능하다고? 과거에도 개천에서 용이 났고 지금도 개천에서 용이 난다. 4차산업혁명의 시대에는 오히려 개천에서 용이 나기 더 좋은 시대다.

이제는 학벌이 없어도 당신이 창조적인 생각을 하고 그 생각을 바로 실천에 옮기고 넘어져도 다시 일어나 앞으로 나아가는 피 끓는 열정이 있다면, 당신은 반드시 용이 되어 저 높이 날아갈 것이다. 요즘 잘 나가는 유튜버들은 한 달에 몇억 원씩 벌고, 많이 버는 사람은 몇십억 원씩도 번다고 한다. 그들이 다 금수저고 부모의 도움으로 성공했나?

마이크로소프트, 아마존, 애플, 페이스북, 테슬라를 창업한 미국의 최대 부호들도 자수성가했지 부모의 도움으로 성공한 것은 아니다. 그들은 고등교육을 받았다고? 실제로 그들 중 상당수는 대학교 졸업장이 없다. 본인이 원하기만 하면 성공에 필요한 정보는 도처에 넘쳐나고 조금만 노력하면 대부분 무상으로 그러한 정보를 이용할 수 있다. 요즘은 정보가 너무 넘쳐서 탈이지 정보가 없어서 공부할 수 없다고 한다면 그야말로 실패를 정당화하는 변명일 뿐이다. 다이아몬드 수저인 당신의 성공과 부자가 될 가능성을 막을 것은 당신 외에는 아무것도 없다.

나만을 위한 부자의 정의

이제 멋지게 성공해 부자가 될 당신을 위한 부자의 정의를 다시 세워보자.

우리는 행복하기 위해서 돈을 번다. 하지만 돈은 행복의 가장 중요한 필요조건일 뿐이며, 절대로 행복의 충분조건은 아님을 강조한다. 돈이 많으면 무조건 행복한가? 아니다. 하지만 꼭 필요한 돈이 없어도 행복한가? 그건 더욱더 아니다. 우리에게 돈은 행복을 만드는 절체절명의 필요조건이므로 우리가 행복하기 위해 필요한 만큼의 돈은 반드시 준비해야 한다.

이번에는 질문을 달리해 물어보겠다. 당신은 노후에 최소한 얼마만 있으면 불행하지 않고 사랑하는 사람들과 행복하게 살 수 있겠는가? 그렇게 된다면 당신은 마음속으로 스스로 부자라고 생각하며 살아갈 수 있겠는가? 만일 그렇다면 나만을 위한 부자의 정의를 새로 만들어야 한다.

내가 만난 대부분 중산층은 대개 노후에 부부가 살 작은 집이 한 채 있고 의료비를 위한 보험만 준비되어 있다면, 노후에 현재가치로 월 300만 원에서 700만 원 정도가 있으면 부부가 행복하게 남부러 워하지 않으며 살 수 있을 것 같다고 말한다.

여기서 월 300만 원은 해외여행은 아주 가끔 가고 비교적 검소하게 사는 삶이고, 월 700만 원은 1년에 최소 한 번은 해외여행을 가고 한 달에 한두 번 부부가 골프도 치는 부유한 삶이다. 아무튼 평균 월 500만 원만 있다면 대부분 중산층은 노후에 스스로 부자라고 생각하며 정말로 행복하게 살 수 있을 것 같다고 답한다.

이 책에서는 당신을 행복한 부자로 만들어줄 구체적인 방법이 제시될 것이며, 그러한 방법을 하나씩 따라서 하다 보면 실패하지 않고 노후에 부자가 되어 있는 자신을 발견하게 될 것이다.

그럼 행복한 부자가 되는 데 꼭 필요한 돈에 대해 이해해보자.

04 돈과 이자는
일심동체

돈과 이자의 탄생

돈은 고대시대에 물물교환을 쉽게 하려고 사용했던 조개, 소금 등의 물품화폐와 금, 은, 동 등의 금속화폐, 그리고 현재 우리가 사용하는 동전 및 지폐를 거쳐 현대사회에 이르러서는 전자화폐로 발전해왔다. 그런데 돈에는 원래의 기능인 물물교환의 대체재로서, 모든 사람이 인정하는 절대의 가치가 존재해야 한다. 원칙적으로 돈의 가치는 변하지 않아야 한다.

그런데 현대사회에서는 경제 규모가 증가함에 따라, 또는 정부가 국가를 개발하거나 경제 위기에서 벗어나기 위해 화폐를 계속 찍어내는데, 이는 통화량의 증가로 이어져 돈의 가치는 시간이 지남에 따라 하락하게 된다. 돈의 가치 하락은 물가의 상승을 야기시키는데, 우리는 이것을 '인플레이션'이라 한다. 경제발전에 따라 동반되는 적절한 인플레이션은 매우 자연스러운 것이며 필요한 것이기도 하다.

하지만 돈을 가지고 있는 사람들의 입장에서는 심각한 문제가 생긴다. 오늘 일정한 금액으로 어떤 물건 10개를 살 수 있었는데 1년 후에는 같은 금액으로 9개밖에 못 산다면 아무도 돈을 가지고 있으려고 하지 않을 것이다. 이렇게 시간이 흐름에 따라 발생하는 돈 가치의 하락분을 상쇄시키기 위해, 또는 일정한 기간 돈으로 얻을 수 있는 가능 수익에 대한 보상을 위해 '이자'라는 것이 생겨났고, 돈에 붙여서 사용함으로 우리는 이자를 '금리(金利, 빌려준 돈이나 예금 따위에 붙는 이자 또는 그 비율)'라고도 부른다.

만일 이자라는 발명품이 없었다면, 아무도 시간이 지남에 따라 가치가 훼손되는 돈을 가지고 있으려 하지 않을 것이며, 이렇게 되면 현재의 화폐경제 체제는 붕괴될 것이다. 그러므로 돈이 있는 곳에는 이자라는 것이 필연적으로 동반될 수밖에 없다.

금리는 각국의 중앙은행이 결정한다

이렇게 돈과 이자는 바늘과 실처럼, 일심동체인 부부처럼 언제나 함께한다. 그럼 돈에 붙는 이자는 누가 결정하는 것일까? 각국에는 중앙은행이 있어서 중앙은행의 최고결정기구에서 금리, 즉 국가의 정책금리인 기준금리를 책정한다. 기준금리의 변화에 따라 시장금리(은행 간에 사용되는 콜금리, 양도성 정기예금증서인 CD금리, 회사채금리, 국공채금리, 은행의 예적금 및 대출금리, 심지어 개인 간의 금전차용 금리 등)도 변화한다. 기준금리를 내리면 콜금리 및 CD금리 등의 단기 시장금리는 즉시 하락하고 은행 예적금 및 대출금리도 몇 개월의 시차를 두고 대체로 하락한다. 국공채 등의 장기 시장금리도 하락 압력을 받는다. 기준금리를 올리면 그 반대로 반응한다. 기준금리는 그야말로 모든 금리의 기준이 되는 '금리의 아버지'다. 그럼 세계 모든 나라의 기준금리의 향방을 좌지우지하는 기축통화인 미국 달러의 기준금리는 어떻게 결정되는지 알아보기로 하자.

세계의 경제 대통령, 미국 연준 의장

세계의 기축통화를 보유한 미국은 '연방준비제도(the FED, Federal Reserve System, 약칭 연준)'라는 세계 어디에도 없는 특이한 제도로 중앙은행제도를 대체하고 있다. 연준은 미국 대통령이 임명하고 상원이 승인한 이사 7명으로 이루어진 연방준비제도이사회(FRB, Federal Reserve Board)에 의해 운영되며, 정부로부터 철저한 독립성을 보장받고 있다. 연방준비제도 의장(FED 의장 또는 연준 의장)은 4년 임기이며 연임할 수 있다.

연방준비제도(FED)의 주요 업무로는 미국의 통화정책, 은행의 관리 감독 및 증거금 책정, 미국 결제 체계 시스템 및 소비자 신용 관련 연방법 시행령 개발 등이 있는데, 그중 가장 중요한 업무는 통화정책(기준금리 및 지급준비율 결정 등)의 수립이다. 이 통화정책 수립을 위해서 6주마다 1년에 총 8차례 연방공개시장위원회(Federal Open Market Committee, 통칭 FOMC 회의)를 1박 2일로 개최한다. FOMC는 연방준비제도이사회 7인과 연방준비은행 총재 중 돌아가며 선별되는 5명, 총 12인이 참가한다. 참고로 세계의 기축통화인 미국 달러는

12개의 연방준비은행(Federal Reserve Banks)에서 발행하는데, 민간 은행이 100%의 지분을 가지고 있는 연방준비은행은 미국 전체를 12개의 연방 구로 나눈 후 그 구에서 가장 중요한 도시에 설치된 지역별 연방은행이다.

1박 2일의 FOMC 정기회의가 끝나면 연준 의장은 회의 결과를 발표하는데 이때 세계 금융시장은 초긴장 상태로 발표를 지켜본다. 연준이 미국의 기준금리를 변화시키면 세계 각국의 기준금리도 수정이 불가피하며, 세계의 주식 시장과 채권 시장은 요동치게 된다. 세계의 돈의 가치 및 주식 시장과 채권 시장을 좌지우지하는 막강한 미국의 금리정책 결정권을 쥐고 있기에, 연준 의장을 세계의 경제 대통령으로 부르고, 주식회사 미국의 실질적인 서열 2위로 인식하는 것이다.

앙드레 코스톨라니의 달걀

전설적인 투자가이자 '주식의 신'이라고 불렸던 앙드레 코스톨라니(André Kostolany, 1906~1999)는 10대부터 80년 가까이 그야말로 20세기를 꽉 채워서 평생을 주식에 투자했고 막대한 부를 이루었다. 1930년생인 워런 버핏(Warren Buffett)보다 24살이 많았던 그는 종종 미국의 워런 버핏과 비교되기도 했다. 미국에 워런 버핏이 있다면 유럽에는 앙드레 코스톨라니가 있었다. 그는 워런 버핏과 더불어 20세기를 대표하는 투자의 양대산맥이었다. 그가 남긴 투자와 관련한 수많은 교훈과 어록이 있지만, 여기서는 그가 만든 유명한 달걀 이야기를 하려고 한다.

표 1-1은 그가 만든 유명한 달걀, '앙드레 코스톨라니의 달걀'을 쉽게 설명하기 위해 훨씬 더 간단하게 재구성한 것이다. 앙드레 코스톨라니는 자신이 만든 달걀을 통해서, 4개의 가장 중요한 자산인, 은행 예금, 채권, 부동산, 주식의 가격은 금리에 의해서 움직인다는 것을 설명했다.

| 표 1-1 | 앙드레 코스톨라니의 달걀

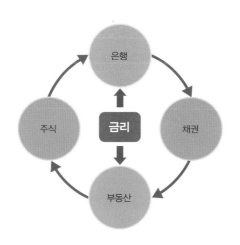

수요와 공급의 균형추, 금리

시장은 수요와 공급에 의해 형성되고 그 균형을 맞추면서 유지된다. 시장에 돈이 많이 풀리고 경기가 좋아지면 수요가 많아지고 이에 따라 공급이 증가하기 시작하는데, 정확히 균형이 맞는 평형 상태에서 공급의 증가가 딱 멈출 수는 없다.

평형을 맞추는 데 사용하는 저울을 생각해보자. 한쪽의 추는 수요이고 다른 한쪽의 추는 공급이다. 한쪽이 기울면 다른 쪽에 무게를 조금씩 증가시키면서 평형을 맞추게 되는데, 한번 상하로 움직인 추는 관성의 법칙에 따라서 정확히 평형 상태의 순간에서 딱 멈춰지지 않는다. 더구나 그 추가 크면 클수록 평형 상태에서 정지시킨다는 것은 더욱더 불가능하다.

수많은 사람이 참여한 시장의 거대한 추인 수요와 공급은 결국 항상 한쪽이 과잉상태에 놓이게 되는데, 수요가 공급보다 더 많아지면 계속 물가가 오르는 인플레이션이 생기고, 반대의 경우에는 물가가 내리는 디플레이션이 생긴다. 인플레이션이 적정선을 넘어가면 같은 돈을 벌어도 동일한 물건을 더 비싸게 사게 되어 서민의 경제에 치명적이며, 디플레이션은 물가가 계속 내려가니 사람들은 오늘 살 것을 내일로 미룬다. 이로 인하여 소비가 극도로 위축되어 경제에 더욱 치명적이다. 이러한 불균형을 바로잡기 위해 정부와 중앙은행이 개입하게 되는데, 그들은 모든 수단 중에서 가장 즉각적으로 효과가 나타나는 금리라는 수단을 동원한다.

금리 하나로 세상의 돈은 돌고 돈다

중앙은행이 금리를 거의 제로인 상태로 내리게 되면 어떻게 될까? 사람들은 어떻게든 돈을 빌려서 부동산을 사들이게 된다. 남의 돈으로 집을 구해서 살면서 갚을 이자는 거의 없으니 공짜로 사는 것이나 마찬가지다. 너도나도 집을 사니 부동산 가격은 오르고, 부동산으로 돈을 번 사람들은 소비 지출을 늘려나가고, 소비에 맞춰서 공급도 늘어나고, 공급하는 회사는 돈을 잘 벌게 되어 회사가 좋아지니 회사의 주식 가격은 계속 오르게 되고, 부동산으로 돈을 번 사람들은 이제 주식에도 투자하기 시작하고, 한술 더 떠서 저금리로 돈을 빌려 투자하면 내 돈만 가지고 투자했을 경우보다 수익은 배가되니 부동산에 투자했을 때와 마찬가지로 주식 투자할 때도 돈을 빌려 투자한다. 너도나도 주식에 투자하니 주식의 가격은 끝없이 올라간다.

시장은 활기가 넘치게 되고 사람들은 부동산으로 주식으로 계속 돈을 버니 소비는 더욱 급증한다. 물건을 만드는 사람들도 서로 앞다퉈 돈을 빌려 설비투자를 해 최대한 공급을 늘려나간다. 저금리로 대출받아서 만들기만 하면 팔려나가니 얼마나 좋겠는가?

수요가 공급보다 많으니 물건 가격을 올려도 계속 팔려나간다. 물가가 오르기 시작한다. 소위 인플레이션이 시작된 것이다. 공급은 더욱더 증가한다. 그런데 공급이란 추는 수요와 공급이 평형을 이루는 적정선에서 멈춰지지 않는다. 어느 순간 공급은 수요와 평형을 이루는 선을 넘어서기 시작한다. 경기는 호황에서 과열 단계로 넘어간다. 잘못하면 한쪽의 추가 너무 빨리 내려와서 추의 균형이 완전히 무너질 수 있으므로(경제 용어로 경착륙, hard landing이라고 하는데, 경기 활황이 갑자기 끝나며 주가와 부동산 가격 폭락 및 실업자가 급증하는 것을 말한다), 이러한 사태를 막기 위해 정부와 중앙은행은 금리 인상 카드를 꺼내든다. 금리가 올라가기 시작하고, 공급이 과잉된 시장에서는 물건을 팔기가 점점 어려워진다. 게다가 대출을 받아 설비투자에 나섰던 회사들은 올라가는 금리로 금융비용이 증가하고 엎친 데 덮친 격으로 매출과 이익은 감소하기 시작한다.

회사들의 사정이 나빠지니 주식 가격은 내려가고 빚을 내서 주식 투자에 나섰던 투자자들은 손해가 가중된다. 이제 부동산으로 번 돈을 주식에 투자해 날린 사람들이 나오기 시작하고, 게다가 주식과 부동산을 사기 위해 받았던 대출 이자가 올라가기 시작한다. 이자를 못 내고 버티던 사람들의 집은 경매로 넘어가고, 빚을 내서 주식에 투자한 사람들은 주식의 하락에 따른 증거금을 못 내어 반대매매를 당한다. 이제 경기는 활황 국면에서 불황 국면으로 전환된다. 여기저기서 죽겠다는 소리가 나오고 어디에 투자해도 수익을 낼 곳은 없다.

그런 와중에 은행의 이자율은 높으니 모든 돈을 은행이 빨아들이기 시작한다. 시장에 풀린 돈이 다시 은행으로 회수되는 것이다. 인플레이션은 사라지고 경제가 가장 무서워하는 디플레이션 얘기가 서서히 나오기 시작한다. 정부와 중앙은행은 만지작거리던 금리 인하 카드를 선택한다. 금리가 내리기 시작한다.

안전한 투자자산의 대표주자인 채권이 금리 인하 시기에 드디어 빛을 발하기 시작한다(그 이유에 관해서는 이 책의 맨 뒷부분인 Chapter 6 '03 채권'을 읽어보기 바람). 돈이 채권 시장으로 모여든다. 채권 가격이 오르기 시작한다. 금리가 더 내려가면 부동산으로 다시 자금이 조금씩 흘러 들어가기 시작한다. 시장은 다시 불황에서 활황으로 슬슬 기지개를 켜기 시작한다. 이렇게 금리의 인상과 인하에 의해서 시장의 돈은 은행에서 채권으로, 채권에서 부동산으로, 부동산에서 주식으로, 주식에서 다시 은행으로 돌고 돈다.

결국 모든 자산 가격에 영향을 미치는 근본 뿌리는 금리였던 것이다.

통화정책과 재정정책

이렇듯 수많은 사람이 참여하는 시장은 수요와 공급의 불균형으로 인해 활황과 불황을 끊임없이 반복한다. 정부와 중앙은행은 이러한 시장을 통제하고 관리하기 위해 크게 두 가지의 주요 정책을 사용한다.

하나는 '통화정책'이다. 중앙은행이 사용하는 정책으로서, 이자율의 조정과 시중 통화량 조절 정책이다. 보통의 경우 금리로 화폐의 양을 조절하면서 시장의 수요와 공급의 평형 상태를 유도한다.

다른 하나는 '재정정책'이다. 정부가 사용하는 정책으로서, 지출조절과 세금조절에 의한 정책이다. 즉, 시장과 국민에게 직접 돈을 풀거나 거둬들이는 정책이다.

실제로 2020년 코로나19 사태로 전 세계의 중앙은행의 금리는 거의 제로 상태로 내려갔고, 세계 각국의 정부가 푼 돈의 양은 천문학적이었다. 이렇게 제로금리 상태에서 엄청나게 풀린 돈은 부동산 시장과 주식 시장으로 빨려 들어갔다. 실물 경기가 바닥임에도 불구하고, 부동산 시장과 주식 시장은 활황을 이루었다. 천문학적으로 풀린 돈이 제로금리를 만나 유동성 장세가 시작된 것이다. 실제로 부동산 시장과 주식 시장은 경기가 좋아서 만들어지는 실적 장세보다 초저금리하에서 돈이 넘쳐나게 풀려서 만들어지는 유동성 장세에서 더욱 민감하게 반응한다.

돈은 금리(金利)를 향한 일편단심 민들레

돈은 너무도 차가운 속성을 가졌다. 인정사정 보지 않는다. 피도 눈물도 없다. 사랑도 의리도 없다. 돈이 바라보는 유일한 절대 선(善)은 바로 금리다. 돈은 이것 하나만 바라보며 바람처럼 흘러 다닌다. 아무리 손아귀에 움켜쥐려고 해도 잡히지 않는다. 돈은 금리를 높여줄 새로운 곳을 향해서 언제라도 떠날 채비를 항상 하고 있다.

부자들, 스마트 리치들은 이러한 돈의 속성을 잘 이해하고 있기에, 자신들이 번 소중한 돈을 적절한 시기에 금리가 높은 곳으로 계속 이동시킴으로써 꾸준히 자산을 증식해나가고 있는 것이다.

05 제로금리 시대의 도래

맞닥뜨린 3저(저출산, 저성장, 저금리) 시대

18세기 중반 영국에서 시작된 산업혁명은 유럽에서 북미로 동아시아로 동남아시아로 라틴아메리카로 아프리카로 200년에 걸쳐서 퍼져나갔고, 이 시기에 인류는 과거 수천 년에 이루었던 것보다 훨씬 더 큰 발전을 이루어냈다.

공업화로 수많은 공장이 생겨났고 수많은 인력이 필요했다. 농업 기계를 이용한 식량의 대량 공급이 가능해졌고, 적절한 식량이 제공되면서 인구는 계속 폭발적으로 증가했다. 폭발적인 인구의 증가는 그에 상응하는 수요의 증가를 불러일으켰다. 경제의 선순환이 시작되었고 경제는 끊임없이 발전했다. 그사이 수차례의 역병과 제1차, 제2차 세계 대전과 같은 엄청난 환란을 겪었지만, 인류는 이를 곧 극복했고 경제발전은 계속되었다.

하지만 영원한 것은 없듯이, 선진국이 주축이 되어 200년 이상 쉼 없이 달려온 세계는 21세기에 들어서면서, 이제 고령화, 저출산, 저성장, 저금리의 덫에 빠져들었다. 엎친 데 덮친 격으로 이 시기에 산업의 형태마저 바뀌기 시작했다. 4차산업혁명이 시작된 것이다. 인공지능, 사물인터넷, 클라우드 컴퓨팅, 빅데이터, 5G 이동통신, 로봇공학, 3D 프린터, 공장자동화, 대체에너지, 바이오 등의 단어로 대표되는 4차산업혁명 시대에는 더 이상 인간이 설 자리가 없다. 항상 그렇듯이 변화는 어느 순간 성큼 우리 곁으로 다가온다. 과거와 같이 모든 인간이 함께 성장해나갈 수 있는 시절은 끝이 난 것이다. 저성장 시대가 시작되었고, 과거와 같은 높은 금리는 역사 속으로 사라져갔다. 제로금리의 시대가 도래한 것이다.

| 표 1-2 | 세계 주요국 중앙은행 기준금리

2021년 2월 15일 기준

중앙은행 ≑	현재 금리 ≑	다음 회의 ≑	마지막 변경
☀ 한국은행(BOK)	0.50%	2021년 2월 25일	2020년 5월 28일(-25bp)
▬ 연방준비은행(FED)	0.00-0.25%	2021년 3월 17일	2020년 3월 15일(-100bp)
▬ 유럽중앙은행(ECB)	0.00%	2021년 3월 11일	2016년 3월 10일(-5bp)
▨ 영국은행(BOE)	0.10%	2021년 3월 18일	2020년 3월 19일(-15bp)
✚ 스위스국제은행(SNB)	-0.75%	2021년 3월 25일	2015년 1월 15일(-50bp)
▬ 호주연방준비은행(RBA)	0.10%	2021년 3월 2일	2020년 11월 3일(-15bp)
▮✦▮ 캐나다은행(BOC)	0.25%	2021년 3월 10일	2020년 3월 27일(-50bp)
● 일본은행(BOJ)	-0.10%	2021년 3월 19일	2016년 1월 29일(-20bp)
▬ 러시아연방중앙은행(CBR)	4.25%	2021년 3월 19일	2020년 7월 24일(-25bp)
☰ 인도연방준비은행(RBI)	4.00%	2021년 4월 7일	2020년 5월 22일(-40bp)
▨ 중국인민은행(PBOC)	4.35%		2015년 10월 23일(-25bp)
◉ 브라질중앙은행(BCB)	2.00%	2021년 3월 17일	2020년 8월 5일(-25bp)

출처: Investing.com

제로금리 시대의 원금보장 금융상품 수익률

한국은행은 2020년 3월 17일 기준금리를 0.75%로 낮췄다. 우리나라 역사상 처음으로 0%대의 기준금리가 도입되었다. 2020년 5월 28일에는 0.5%로 더 낮췄다. 한국에도 드디어 본격적인 제로금리 시대가 도래한 것이다. 앞으로도 그럴 것이냐에 대한 업계의 대체적인 판단은 그렇다는 것이다. 단기적으로는 다시 오를 수 있을지 몰라도, 장기적으로는 선진국과 같은 초고령, 저출산, 저성장의 굴레에 갇힌 한국으로서는 제로금리는 결코 피할 수 없는 흐름으로 받아들여야 한다.

2021년 2월 현재 6대 시중은행의 예적금 금리를 살펴보자. 예적금 가입 시 1년 후의 이자율은 0.5% 정도밖에 안 된다. 이제 은행에 돈을 맡기는 것은 안전하게 돈을 보관하는 정도의 의미밖에는 없다.

보험사의 저축성 보험 상품(연금 및 저축보험) 공시이율도 참고로

| 표 1-3 | 6대 시중은행 예적금 이자율

2021년 2월 기준

구분	정기예금 (1년 만기)	정기적금 (1년 만기)
신한은행	0.55%	0.65%
우리은행	0.50%	0.70%
IBK기업은행	0.60%	0.60%
KB국민은행	0.55%	0.75%
NH농협은행	0.45%	0.70%
KEB하나은행	0.50%	0.55%
평균(세전)	0.53%	0.66%
평균(세후)	0.45%	0.56%

출처: 각 은행 홈페이지

| 표 1-4 | 저축성 보험상품 공시이율(고금리 상위 7개사)

2021년 2월 기준

	회사명	IBK 연금보험	삼성생명	한화생명	교보생명	동양생명	KB생명	흥국생명
금리 연동형 연금	공시이율 전월	2.48	2.37	2.37	2.36	2.37	2.32	2.25
	공시이율 당월	2.45	2.34	2.34	2.34	2.32	2.30	2.25
	공시이율 비고	▼0.03	▼0.03	▼0.03	▼0.02	▼0.05	▼0.02	
	최저보증이율	5년 이내: 1.25 10년 이내: 1.00 10년 초과: 0.50	10년 이내: 1.00 10년 초과: 0.50	10년 이내: 1.00 10년 초과: 0.50	5년 미만: 1.25 10년 미만: 1.00 10년 이상: 0.50	5년 이내: 1.25 10년 이내: 1.00 10년 초과: 0.50	5년 미만: 1.00 10년 미만: 0.75 10년 이상: 0.50	5년 이내: 1.25 10년 이내: 1.00 10년 초과: 0.75

	회사명	교보생명	IBK 연금보험	한화생명	ABL생명	삼성생명	신한생명	KDB생명
연금 저축 (유배당)	공시이율 전월	2.20	2.13	2.05	2.05	2.01	2.00	2.00
	공시이율 당월	2.15	2.10	2.05	2.05	2.05	2.00	2.00
	공시이율 비고	▼0.05	▼0.03	–	–	▲0.04	–	–
	최저보증이율	5년 미만: 1.25 10년 미만: 1.00 10년 이상: 0.50	5년 이내: 1.25 10년 이내: 1.00 10년 초과: 0.50	10년 이내: 1.00 10년 초과: 0.50	5년 이하: 1.25 10년 초과: 0.50	10년 이내: 1.00 10년 초과: 0.50	10년 이내: 0.50 10년 초과: 0.25	5년 이하: 1.25 10년 이하: 1.00 10년 초과: 0.75

	회사명	삼성생명	교보생명	흥국생명	한화생명	KDB생명	NH 농협생명	ABL생명
저축 보험	공시이율 전월	2.37	2.34	2.35	2.32	2.30	2.28	2.30
	공시이율 당월	2.34	2.32	2.30	2.30	2.28	2.26	2.23
	공시이율 비고	▼0.03	▼0.02	▼0.05	▼0.02	▼0.02	▼0.02	▼0.07
	최저보증이율	10년 이내: 1.00 10년 초과: 0.50	5년 미만: 1.25 10년 미만: 1.00 10년 이상: 0.50	5년 이내: 1.25 10년 이내: 1.00 10년 초과: 0.50	5년 이내: 1.20 10년 이내: 1.00 10년 초과: 0.50	5년 이하: 1.25 10년 이하: 1.00 10년 초과: 0.75	5년 이내: 1.25 10년 이내: 1.00 10년 초과: 0.75	5년 이내: 1.75 10년 이내: 1.00 10년 초과: 0.50

출처: 각 생명보험사 홈페이지

살펴보자. 보험사는 저축성 상품의 경우, 납입할 때마다 약 8~10% 정도를 사업비로 차감한 후 차감된 금액에 공시이율(2021년 2월 현재 평균 2%대 초반)을 적용해 불려나간다. 현재의 금리 및 금리 하향 추세에서는 10년을 넣어도 원금에 도달하기 어렵다. 게다가 10년 이후에는 대부분 상품의 최저보증이율이 0.5%다. 여기에 더하여, 보험사의 경우 대부분 가입 후 7년 이내에 해약 시 페널티를 부가하므로 유동성까지 제한된다. 이러한 측면에서 보면 그냥 은행에 돈을 보관하는 것만도 못하게 되었다.

소비자물가지수 vs 체감물가지수

이자는 돈의 가치를 보존하기 위한 목적으로 탄생했다. 즉, 최소한 물가상승률만큼은 증가해야 자산의 가치가 보존된다. 그렇다면 연간 최소 얼마만큼의 이자율로 자산이 증가해야 하는가? 인플레이션을 참고할 가장 밀접한 지수는 통계청에서 발표하는 '소비자물가지수'와 일반 국민이 실제로 느끼는 '체감물가지수(흔히 '장바구니 물가지수'로도 불림)'이다.

소비자물가지수는 일상생활을 영위하는 데 필요한 상품과 서비스의 구매비용으로 물가의 움직임을 측정하는 것이기 때문에 가계에서 소비하는 상품이나 서비스에 대한 소비 지출만 포함한다. 따라서 세금, 사회보장비 등과 같은 비소비지출이나 저축, 연금가입비, 토지구입비, 주택구입비 등의 재산증식을 위한 지출은 지수품목의 대상에서 제외된다. 소비자의 주거비용으로서 전세나 월세는 소비자물가지수 품목에 포함되어 있지만, 집값이 상승해도 소비자물가지수는 상승하지 않는다.

체감물가지수는 소비자물가지수와 달리 소비자가 주관적으로 느끼는 물가를 기초로 한다. 소득계층의 항목별 소비지출 구성과 물가지수를 활용하여 산정한다. 이 체감물가지수가 소비자물가지수와 차이가 나는 원인은 사람마다 소비하는 품목과 규모가 다르기 때문이다. 체감물가지수는 특히 여름철에 급증하는 양상을 나타내는데, 호우와 장마 또는 가뭄으로 농산물 작황 피해가 발생하는 경우 식료품 구매비용을 증가시키는 요인으로 작용하게 되며, 중하위소득층의 경우 상당한 물가상승의 압박을 느끼게 된다. 그래서 체감물가지수를 '장바구니 물가지수'라고 부르기도 한다.

2020년 2월 통계청 발표자료에 의하면, 소비자물가지수는 2년 평균 0.5% 상승했으며, 체감물가지수는 2년 평균 2.2% 상승했다.

정리하면, 힘들게 번 돈의 가치를 훼손시키지 않기 위해서는 매년 2.2% 이상의 수익을 내야 한다. 집값의 상승은 물가상승률에 포함되지 않으므로, 내 집이 있는 경우에 은행에 돈을 맡길 때는 이자소득세 15.4%를 고려하면 최소 세전 연리 2.6%, 세후 연리 2.2% 이상의 이자를 주는 예금에 돈을 맡겨야 한다. 반면에 내 집이 없는 경우에는 전국 아파트 32년간의 연평균 상승률 4.9%(KB주택가격지수 기준, 1986. 1.~2017. 12.) 이상의 투자 수익을 올려야 한다.

본인의 투자성향이 아무리 절대 안정형일지라도 이제는 은행과 보험사의 원금 보장성 상품으로는 내가 피땀 흘려 번 돈의 가치를 유지하기는커녕 자산가치의 하락을 피할 수 없게 된 것이다. 스마트 리치들은 이미 도래한 제로금리 시대에 대처하기 위해 수익률이 은행의 이자와 물가상승률은 물론, 아파트 상승률보다도 훨씬 높은 곳으로 자산의 대부분을 이미 이동시켰다.

자, 그럼 지금부터 부자들, 특히 스마트 리치들이 어떠한 원칙과 방법을 통하여 자산을 꾸준히 증식시키고 있는지에 대해 상세히 알아보기로 하자.

부자들이 투자 시 지키는 철칙

RICH

01 이기는 게임에만 베팅한다

상승보다는 하락을 집중 점검한다

부자들에게 투자란 일확천금을 노리는 것이 아닌 인플레이션에 의한 돈 가치의 훼손을 막는 것에 주목적이 있다. 부자들의 투자성향도 일반인들과 마찬가지로 절대 안정형에서 공격 투자형까지 다양하게 분포되어 있지만, 대체로 안정형이 더 많은 편이다. 다만 최근 들어 이자율이 0%까지 하락하면서 이들의 투자성향도 조금 더 공격적으로 변화하고 있는 추세다.

원금보장 상품인 예·적금과는 달리, 투자의 세계에 들어오면 원금손실이 발생하리란 것을 이들도 당연히 알고 있다. 하지만 이들이 가장 중점적으로 신경을 쓰며 꼼꼼히 따져보는 부분은 다음과 같다.

- 하락 시 최대하락 폭이 얼마나 되는가?
- 실제로 하락 후에는 다시 원상회복 가능성이 큰가?

- 원상회복 기간은 얼마나 되는가?
- 과거 하락 시에 다시 원상회복한 실데이터가 있는가?
- 변화무쌍한 현재의 투자환경에서 과거의 데이터가 미래의 예측에 사용할 수 있는 신뢰도는 얼마나 되는가?

주로 상승보다는 하락에 더욱 신경을 쓴다. 이 부분이 일반인들과 가장 큰 차이가 아닐까 생각한다. 실제로 하락의 가능성과 크기를 세심히 따져보는 것은 부자이든 부자가 아니든 투자에 임할 때 무엇보다도 우선해야 할 가장 중요한 기본 원칙이다. 부자들은 이미 돈이 많으므로 무리한 욕심을 부리지 않고 이 중요한 기본 원칙을 상당히 잘 지켜나가고 있다.

그래서 부자들은 변동성이 큰 상품에는 투자하기를 꺼린다. 변동성이 큰 상품은 잃을 확률도 높아지고 잃을 때의 크기도 커지기 때문이다. 변동성이 작고 안정적인 상품은 설령 어떤 이유에서 하락했든 간에 손실의 금액도 적으며, 기다리면 다시 원금의 회복이 될 것이란 믿음이 있기에 마음 편히 투자해나갈 수 있다. 부자들은 잃지 않는 게임, 즉 결국은 이기는 게임에만 베팅하는 것이다.

투자의 황금률(黃金律, golden rule)

이 책을 읽는 독자들은 앞으로 다음 문구만큼은 '투자의 황금률'로 가슴과 머리에 깊이 새기고, 어떤 투자를 하든 간에 먼저 이 문구를 머릿속으로 계속 생각하면서 투자의 잣대로 삼기 바란다. 다음의 표현은 결국은 다 같은 말이다. 만일 어떤 상품의 구조가 조금이라도 이에 반하면 그 상품에는 절대로 투자를 해서는 안 된다.

- 상방 신축, 하방 경직
- 상방은 열려 있고, 하방은 닫혀 있는가?
- 상승의 제한은 없고, 하락의 제한은 있는가?
- 오를 땐 끊임없이 오르고, 내릴 땐 어느 정도 선에서 멈추는가?
- 오를 땐 탄력을 받고, 내릴 땐 탄성을 받고 다시 튀어 오르는가?

부자들은 투자 결정을 하기 전에 마음속으로 '투자의 황금률'을 천천히 3번 되새긴다. 앞으로 모든 투자를 결정할 때, 이 '투자의 황금률'에 부합하는지 잘 따져보고 투자를 결정한다면, 여러분의 투자 패턴과 상품의 선택 그리고 투자 결과는 완전히 달라질 것이다.

워런 버핏의 투자 원칙

모두가 인정하는 현존하는 최고의 투자가 워런 버핏의 투자 원칙은 다음과 같다.

제1원칙, 절대로 돈을 잃지 마라!(Rule No. 1 : Never lose money!)
제2원칙, 절대로 제1원칙을 잊지 마라!(Rule No. 2 : Never forget rule No.1!)

동네 아저씨가 이런 말을 하면 흘려듣겠지만, 세계 최고 투자가의 입에서 나온 교훈의 무게감은 전혀 다르다. 그가 이런 말을 한 것은 바로 투자에서 사용하는 가장 유명한 법칙이 있기 때문이다.

'50, 100 법칙'

투자를 하다 보면 수익과 손실이 반복된다. 그런데 단기에 너무 많은 수익을 내려고 하다 보면 변동성이 커지므로 수익과 손실의 크기가 배가 된다. 한 번에 많이 벌 수도, 많이 잃을 수도 있다. 만일 50% 손실을 봤을 경우, 원금을 회복하기 위해서는 몇 퍼센트의 수익을 내야 하나? 50%? 아니다. 100%의 수익을 내야 한다. 기준금리 0%의 시대에 단기간에 100%의 수익을 낸다는 것이 얼마나 어려울지는 투자의 세계에 오래 있던 사람일수록 더욱 절감한다. 이것이 투자에서 사용하는 그 유명한 '50, 100 법칙'이다. 항상 손실은 단기간에 발생하지만 동일한 크기의 수익을 내기 위해서는 상당한 시간과 노력, 운이 필요하다. 만일 같은 퍼센티지의 수익과 손실이 반복되면 자산은 제로로 수렴한다. 그 퍼센티지가 클수록 더욱 빠르게 제로로 수렴한다. 이것이 뻔히 눈에 보이니 한번 큰 손실이 발생하면, 손실을 단기간에 만회하기 위해서 더욱더 변동성이 큰 상품에 베팅하게 되고, 만일 여기서도 원하지 않는 결과가 나온다면(그렇게 될 확률이 매우 높겠지만) 원금은 손쉽게 사라진다. 게다가 단기 투자자들은 대부분 대출을 받아 투자했으니, 나의 돈은 전부 사라진 데다 빚은 그대로 남는다. 탐욕에 젖어 단기간에 큰 수익을 내려고 하는 대부분의 투자는 결국 이렇게 끝이 난다.

02 시간을 만나면 마법사가 되는 복리를 활용한다

인생과 투자는 마라톤이다

흔히 인생을 장거리 경주인 마라톤에 비유한다. 꾸준히 일정한 속도로 페이스를 잃지 않고 오랜 시간을 달려가야 중간에서 포기하지 않고 목적지에 다다른다. 부자가 되기 위해서 우리가 하는 투자도 마라톤처럼 해야 한다. 오랜 시간이 필요하고, 너무 느리지도 않고 그렇다고 오버페이스 하지도 않는 꾸준하고 적정한 속도가 필요하고, 그런 속도를 지탱해줄 에너지와 의지가 필요하다.

여기서 오랜 시간이란 최소 10년 이상의 시간을 말한다. 즉, 장기투자의 기본 조건은 10년이다. 꾸준하고 적정한 속도란 수익률을 말한다. 너무 낮지도 않고 그렇다고 과하지도 않은 수익률. 전 세계적으로 기준금리가 0%대인 현시점에서 볼 때 적정하고 바람직한 목표 수익률은 투자성향에 따라 달라지지만 4%에서 6% 정도다. 그 이상을 추구하면 무리가 따른다. 그리고 에너지는 투자 금액이고, 의

지는 투자 후 손실이 나든 말든 최소 10년간 변함없이 묵묵히 인내하며 투자를 유지해나가게 하는 힘의 원천이다.

마라토너가 42.195km의 초반에 100m 경주하듯 미친 듯이 달리면 어떻게 될까? 1km는커녕 몇백 미터도 못 가고 중도 포기할 것이다. 투자도 마찬가지다. 장기간에 걸쳐서 만들어야 할 금액을 단기에 만들려고 하면 어쩔 수 없이 기대 수익률을 상당히 높여야 하는데, 무리한 수익률을 추구하다 보면 결국 탈이 나게 되어 있다. 장을 담글 때도 숙성을 위한 일정한 기다림의 시간이 필요하듯, 투자에도 목표 금액을 만들기 위한 일정한 기다림의 시간이 필요하다.

아인슈타인이 극찬한 '복리의 마법'

인류 역사상 최고의 천재로 인정받은 아인슈타인은 다음과 같이 말했다.

"복리야말로 인류의 가장 위대한 발명품이다!"

| 원금에 붙는 이자가 재투자되는 구조인 복리의 투자 공식 |

$$FV = PV \times (1 + r)^n$$

FV(Future Value): 미래 가치, 즉 우리가 모으려고 하는 목표 금액이다.
PV(Present Value): 현재가치, 우리가 목표 금액을 만들기 위해 투자해나가는 금액이다.
r(Rate of Interest): 이자율 또는 수익률, 초저금리 시대의 적정 목표 연간 수익률은 4~6%다.
n(Number): 정수, 여기서는 투자 기간(년)을 말하며 n 제곱의 위치로 올라간다.

목표 금액을 키우는 데는 투자 금액, 수익률, 투자 기간의 3가지 요소 다 중요하지만, 무엇보다도 가장 중요한 것은 복리의 마법을 가장 위대하게 만드는 투자 기간, 즉 시간이다. 앞의 식에서 보이는 바와 같이 투자에서 기간은 'n 제곱의 자리'에 위치해 있다. 즉, 기간이 늘어나면 날수록 투자 금액의 크기는 정말 상상을 초월할 정도로 불어난다.

시간을 만나면 상상 초월의 힘을 갖게 되는 복리의 마법

최근 들어 급등주를 찾아준다는 포털사이트의 스팸성 주식 광고 및 스팸문자를 지겹게 접하게 된다. 그들이 말하는 급등주가 1% 수익률을 말하는 것은 아닐 것이다. 우리나라에서 가장 안전하고 무거운 주식인 삼성전자도 매일 1~2% 정도는 항상 오르고 내리니까. 그럼 급등주는 아니더라도 우리가 매일 1%씩만 불어나는 주식에 매일 투자할 수 있다면 어떤 일이 벌어질까? 그냥 매일 더도 덜도 말고 딱 1%씩만. 하루에 5%, 10%씩 수익이 나는 급등주를 찾아준다는 사람들도 있는데 1% 정도만 올라갈 주식을 찾아줄 사람은 많지 않을까?

요즘은 설날에 친척 어른들께서 주시는 세뱃돈과 부모님의 용돈을 몇 년만 모으면 애들도 모을 수 있는 단돈 100만 원, 더도 덜도 말고 딱 100만 원만 가지고 투자를 시작해보겠다. 매일 단 1%씩만 수익을 냈을 경우, 그 결과는 어떻게 될까? "아무리 복리가 어쩌고저쩌고해도 종잣돈이 단돈 100만 원이고 수익률이 단 1%인데 되면 얼마나 되겠어?"라고 다들 생각할 것이다.

충격적인 결과에 제발 졸도하지 않길 바란다.

단돈 100만 원 가지고, 매일 겨우 1%의 수익만 냈을 뿐이다. 그

| 표 2-1 | 복리의 마법(주식에 투자. 매일 1% 수익 가정)

(단위: 원)

경과연수	1% 복리		1% 단리
0	100만	1,000,000	1,000,000
1	1,000만	10,000,000	3,400,000
2	1억	100,000,000	5,800,000
3	10억	1,000,000,000	8,200,000
4	100억	10,000,000,000	10,600,000
5	1,000억	100,000,000,000	13,000,000
6	1조	1,000,000,000,000	15,400,000
7	10조	10,000,000,000,000	17,800,000
8	100조	100,000,000,000,000	20,200,000
9	1,000조	1,000,000,000,000,000	22,600,000
10	1경	10,000,000,000,000,000	25,000,000
11	10경	100,000,000,000,000,000	27,400,000
12	100경	1,000,000,000,000,000,000	29,800,000

결과는?

- 7년 4개월 후, 20조 원 돌파! 우리나라 최고의 갑부가 된다.
- 8년 5개월 후, 270조 원 돌파! 세계 최고의 갑부가 된다. 세계 최고의 갑부 자리를 놓고 다투던 아마존의 제프 베이조스와 테슬라의 일론 머스크가 머쓱해하며 우러러본다.
- 8년 9개월 후, 600조 원 돌파! 삼성전자 주식을 다 사들인다. 삼성전자가 다 내 것이다. 이재용 부회장의 보고를 받는다. 요즘 유행하는 표현으로, "대체 이게 머선 일이고?"
- 11년 6개월 후, 33경 원 돌파! 전 세계의 모든 주식과 채권을 다 매입한다.

- 12년 후, 100경 원 돌파! 전 세계의 주식과 채권뿐만 아니라 부동산까지 다 사들인다. 12년 만에 세상이 다 내 것이 되었다. 이제는 투자할 대상이 지구상에 더는 없다. 사실 벌써부터 돈 버는 것이 지긋지긋해졌다. 투자의 세계를 조용히 떠난다. 조금 쉬다가 갑갑해지면 바람 좀 쐴 겸, 우주선 타고 일론 머스크가 개발해놓았다는 화성에 땅이나 보러 가야겠다.

우리는 여기서 참 많은 것들을 배우게 된다.

첫째, 복리가 시간이라는 최상의 파트너를 만났을 때 상상을 초월하는 엄청난 일이 벌어진다는 것을 알게 되었다. 복리의 힘이 이렇게 가공할 정도로 위대할 줄이야. 그 힘의 위력은 시간이 지나면 지날수록 더욱 강력해진다. 세계 최고의 투자가인 워런 버핏도 자산의 대부분을 60세가 넘어서 벌어들였다.

둘째, 단리와 복리의 차이가 이렇게 상상을 초월할 정도로 크다는 것을 뒤늦게 알게 되었다. 앞으로는 이자든 수익이든 곶감 빼먹듯이 쏙쏙 빼먹으면 안 되겠다. 투자 시에는 특별한 일이 없으면 수익은 항상 원금에 재투자해야겠다.

셋째, 매일 1%를 번다는 것조차도 얼마나 비현실적이고 불가능한 일인 줄 알게 되었다. 단기간에 고수익을 내려는 탐욕은 금물이다. 수익률은 양날의 검과 같다. 너무 높게 잡아서 변동성이 큰 상품에 투자하는 우를 범하지 않는다. 좀 낮은 듯싶더라도 시간을 내 편으로 만들면 그 위력은 엄청나게 커진다. 지금의 100만 원은 훗날 몇천 만 원이 될 수 있는 금액이다. 만일 변동성이 큰 상품에 투자하다 한 번이라도 크게 잃게 되면 금액만 잃는 것이 아니라 시간까지도 다 날려버리는 것이 되므로, 부자들이 그러하듯 한푼 한푼도 소중하고 안전하게 다루면서 투자해야겠다.

넷째, 우리에게 남은 시간은 유한하므로, 하루라도 일찍 투자를 시작해서 시간의 선물을 더 많이 받아야겠다. 한 살이라도 젊을 때부터 절약을 통해 투입원금을 키우는 방안을 마련하고 꾸준히 지켜나가야겠다.

다섯째, 고수익을 내준다는 수많은 낚시성 정보에 넘어가지 않겠다. 그렇게 좋은 정보면 며느리에게도 안 가르쳐 줄 것이다. 하물며 일면식도 없는 우리에게까지 온 정보가 고급 정보라고 믿을 만큼 어리석어선 안되겠다. 쉽게 뭔가를 벌 것 같은 모든 곳에는 독사가 안 보이는 곳에 숨어서 입을 벌리고 기다리고 있음을 반드시 기억하자. 세상에 공짜는 없다! 특히 투자의 세상에는!

03 투자를 하지 투기를 하지 않는다

투자와 투기의 구분

사실 투자와 투기를 확실하게 구분하기는 어렵다. 다만 현실적으로 금융의 세계에서 구분한다면, 투자는 적정 수익을 장기로 추구하고, 투기는 과도한 수익을 단기로 추구한다. 여기서 장기는 10년 이상을 말하며, 단기는 1년 미만을 말한다. 투자는 체감물가상승률 2%보다는 높은 꾸준한 수익을 목표로 한다. 초저금리 시대에는 일반적으로 장기간 연평균 6% 정도의 수익률을 목표로 한다. 반면에 투기는 이보다 훨씬 높은 수십 퍼센트 이상의 수익을 단기간에 달성하는 것을 목표로 한다. 과도한 수익을 달성하기 위해서는 변동성이 매우 큰 상품에 투자하는 무리수를 둬야 하며 무리수는 필연적으로 좋지 않은 결과를 초래한다.

부자들이 절대로 투자하지 않는 상품

부자들의 특징 중 한 가지는 투자에서 부화뇌동하지 않는다는 것이다. 즉, 남들이 다 투자한다고 따라서 투자하지 않는다. 자신이 들어보고 이해되지 않거나, 자신의 논리에 부합하지 않거나, 왠지는 모르지만 위험할 것 같은 느낌이 들면 투자를 하지 않는다.

부자는 투자하기 전에 앞서서 무엇을 한다고 했는가? 그렇다. '투자의 황금률'을 마음속으로 세 번 되새긴다. "오를 땐 제한 없이 오르고, 떨어질 땐 어느 정도 선에서 멈추는가?"

파생상품(선물, 옵션, ELS 등)

'파생'이 무엇인가? 중심점에서 멀리 떨어져 있다는 것이다. 채찍을 생각하면 된다. 채찍의 손잡이에서 멀어질수록 변화의 크기와 속도가 증폭된다. 금융상품에서 파생상품도 마찬가지다. 파생상품은 변동성이 매우 큰 상품이다. 2008년 전 세계를 공포로 몰아넣은 금융 위기의 도화선이 되었던 서브프라임 모기지 사건도 파생상품에 문제가 생기면서 시작되었다.

파생상품은 원래 현물시장의 위험을 감소시키기 위해 일종의 보험 성격으로 개발되었다. 대표적인 파생상품으로는 선물과 옵션이 있으며, 파생상품의 대상에는 주식, 채권, 외환, 원유, 농축산물, 심지어 날씨까지 포함되어 있다. "웬 날씨?"라고 생각하겠지만 날씨에 따라 영향을 받는 상품들은 생각보다 많다.

중요한 점은 현물 시장은 모든 투자자가 다 같이 이익을 챙기면서 행복해할 수 있는 반면에, 파생상품 시장은 완전히 제로섬게임이라는 것이다. 누군가 따면 누군가는 잃는다. 대부분 엄청난 레버리지(대출)를 일으켜 투자하게 되므로 변동성이 매우 큰 데다 미래 시점이라는 시간의 변동성이 추가로 더해져서 파생상품은 한 번에 많은 돈을 딸 수도 있지만 한 번에 모든 돈을 잃을 수도 있다. 심지어는 원금을 다 날리고 빚까지 질 수도 있다. 처음에는 보험 성격의 선한 목적으로 개발된 파생상품 시장이 이제는 엄청난 투기의 시장으로 변질된 지 오래다. 투기의 시장은 엄청난 경험과 자금으로 무장된 프로 중에서도 최고의 프로선수들만이 진검 승부를 겨루는 그들만의 리그다. 개인투자자가 들어가서는 절대로 안 되는 시장이다.

파생상품은 늘 그런 것은 아니지만 가끔 최악의 사태를 가져온다. 대표적인 사건으로 과거 금융 위기 시절인 2008년 발생한 환율을 기초자산으로 만든 파생상품인 KIKO 사태(손실액 원금 초과 무한대, 수십 개의 우량기업 파산), 2008년 A은행의 ELF 사태(원금 90% 이상 손실) 및 2019년 가을 발생한 독일 국채 금리를 기초자산으로 한 DLS, DLF 사태(원금 90% 이상 손실)가 있다. 이외에 거의 사기에 가까운 사건들도 발생했다. 2009년 A증권 ELS 종가조작, 2010년 B증권 ELS 종가조작, 2010년 도이치뱅크 옵션 조작 쇼크 등이 대표적이다. ELS의 기초자산인 주가를 의도적으로 폭락시켜 판매 측이 부당이익을 취하거나 상품의 중도상환을 막아 고객에게 막대한 손실을 입혔다.

그런데 금융사는 수수료가 1%밖에 안 된다면서, 왜 이런 상품을 열심히 파는 것일까? 우선 이런 상품은 단기간에 안정적으로 은행 예금 금리보다 높은 이자를 받을 수 있다는 장점에 주안점을 두면 판매하기 쉽고, 조기 상환이 이루어지므로 계속해서 판매가 이루어지며, 은행 금리보다는 훨씬 짭짤한 수익을 단기간에 맛본 사람들이 원금보장이 되는 것 같은 착각 속에 계속 더 많은 자금을 가져오기 때문이다.

근본적으로 이러한 파생상품의 구조는 앞서 언급한, 투자 시 가슴에 새겨야 할 가장 중요한 문구 '투자의 황금률'에 전적으로 위배되는 구조다. 상품설명서에도 그대로 나와 있듯이, 상승 폭은 제한되어 있고 하락 폭은 무려 100%다(가능 수익률은 고작 3~4%다. 만일 이 수익률이 6~7%로 되어 있다면 더욱 조심해야 한다. 원금을 날릴 확률이 더 높아지는 구조다). 게다가 중도 해지 시에는 해지 페널티가 붙어서 해지도 마음대로 못한다. 은행 이자는 너무 낮고, 주식 같은 곳에 투자하자니 잘 모르겠고 원금손실이 날까 두렵기도 하여 어디에 돈을 맡겨야 고민을 하고 있는 사람들의 자금이 무려 100조 원이 넘게 이러한 상품에 들어가 있다. 당신의 마음속에 '투자의 황금률'이 자리 잡았다면, 앞으로는 이런 상품에 투자해서는 안 된다.

아래의 상품들이 일반인들이 은행과 증권사를 통해 가장 많이 가입하고 있는 대표적인 파생상품이다.

- ELS(Equity Linked Securities, 주가연계증권)
- ELD(Equity Linked Deposit, 주가연계예금)
- ELF(Equity Linked Fund, 주가연계펀드)
- DLS(Derivative Linked Securities, 파생결합증권)
- DLF(Derivative Linked Fund, 파생결합펀드)

여기서 L(Linked)은 앞의 E(Equity, 주식) 또는 D(Derivative, 파생상품)와 연계되었다는 것, 즉 파생상품을 의미한다. D는 그냥 대놓고 파생상품이다. 그러므로 앞으로 D와 L이 들어간 상품은 가입하지 않길 바란다.

사모펀드

2020년 하반기를 뜨겁게 달군 라임, 옵티머스 사모펀드 사태에 대해 언론에서 들어봤을 것이다. 도대체 사모펀드가 뭔데 자꾸 이런 사고가 터지는 것일까?

사모펀드는 소수의 투자자로부터 모은 자금을 운용하는 펀드로서, '개인 간의 계약'의 형태를 띠고 있다. 따라서 금융감독 기관인 금융감독원의 감시를 받지 않으며, 공모펀드와는 달리 운용에 제한이 없는 만큼 자유로운 운용이 가능하다.

자본시장법은 사모펀드를 49인 이하의 특정한 소수로부터 자금을 모아 운용하는 펀드로 정의한다. 기본적으로 최소 수억 원 단위(보통 최소 3억 원)로 소수의 부유한 자들로부터 돈을 모아 고수익을 내기 위해 공격적인 투자를 한다.

돈만 된다면 무엇이든 하는 외국의 헤지펀드도 전부 사모펀드다. 금융당국도 부유한 자들 사이의 사(私) 계약에 의한 것이니 크게 신경을 쓰지도 않고 관리 시스템 자체도 매우 허술할 수밖에 없다. 그러다 보니 이렇게 원금이 다 날아가는 사태가 가끔 벌어지는 것이다. 그중 일부는 평생 일해서 받은 퇴직금 전액을 안전하면서도 고수익을 내준다는 말만 믿고 이런 상품에 넣고 다 날리는 경우도 발생한다. 돈이 날아간 것이 아니라 본인의 청춘과 온 가족의 미래가 전부 날아간 것이다. 물론 여태까지 잘 해오는 사모펀드도 많이 있지만, 하필이면 내가 가입한 사모펀드에서 원금이 다 날아가는 사태가 또다시 발생하지 않을 거란 보장이 없기에 스마트 리치들은 자신들이 잘 모르는 사모펀드에는 아예 처음부터 가입하지 않는다.

정리하면, 사모펀드는 큰 회사 또는 거액의 자산가들이 포트폴리오 구성 차원에서 자신들이 오랜 기간 거래해온 믿을 만한 사모펀드를 운용하는 자산운용사에 현금성 자산의 일부만 배정하는 것이다. 일반인들 심지어 스마트 리치조차도 섣불리 접근할 수 있는 투자처가 아니다.

브라질 국채

브라질은 자신들의 화폐인 '헤알'화(브라질 화폐 Real, 현지 발음은 '헤아우')로 발행된 국채에서 발생하는 이자수익에 세금을 매기지 않도록 우리나라를 포함한 여러 국가와 협약을 맺었다. 투자 부적격인 브라질의 국가 신용도 및 정치·경제 상황을 고려하더라도, 채권의 연간 표면이율 10%와 여기에 더하여 이자소득 비과세는 꽤 매력적인 조건의 상품임에는 분명하다.

그런데 연리 10%의 이자는 정말로 주는 것이며, 우리가 가입 시에 미처 몰랐던 사실은 없는 걸까?

브라질 10년 만기 국채는 기본적으로 거의 조 단위(원)로 발행되며, 엄청나게 큰 선진국 금융기관이 이를 인수해서 다시 일정액의 수수료를 받고 전 세계 금융사에 넘기고, 그 금융사는 다시 일정액의 수수료를 받고 개인에게 넘긴다. 채권의 표면이율 10%는 엄청난 수익이다. 10년만 가지고 있더라도 이자가 원금과 같아지는 것이다. 그러므로 브라질 10년 만기 국채는 시장에 발행되어 나오자마자 액면가 이상(채권 프리미엄)으로 거래되며(보통 액면가보다 20% 정도 비싸게 거래되며, 만기 시에 이 20%는 찾지 못한다), 우리는 이러한 프리미엄에 금융사의 수수료를 얹어서 구매하게 된다. 즉, 이러한 사항들을 전부 고려하면, 브라질 국채의 연평균 수익률은 6%가 채 되지 않는다.

그런데 문제는 여기서 끝나지 않는다. 브라질 헤알화는 지속해서 가치가 하락하고 있다. 최근 10년(2010~2020년) 사이에 무려 약 3.5배 평가 절하되었다. 당신이 투자한 채권의 가치가 그만큼 하락한 것이다. 우리는 브라질 헤알화에 투자할 때 원화를 미국 달러로 바꾼 후 이를 다시 브라질 헤알화로 바꿔서 투자하며, 향후 만기 시 찾을 때는 이의 역순으로 두 번의 환전을 거쳐서 원화로 받게 된다. 그러므로 브라질 헤알화, 미국 달러, 한국 원화라는 3종류의 환 리스크(risk)에 노출된다.

우리에게 유리하기 위해서는, 채권을 살 때는 원화, 미국 달러, 브라질 헤알화 순으로 화폐의 값어치가 높아야 하며, 채권을 팔 때는 (채권 만기 시) 브라질 헤알화, 미국 달러, 한국 원화 순으로 화폐의 값어치가 높아야 한다. 주식보다 더 맞추기 어렵다는 환이 무려 3개씩이나, 그것도 두 번에 걸쳐서 연루되었거니와, 게다가 내일도 아닌 10년 후의 환을 맞추기는 신조차도 어려울 것이다.

상품을 파는 사람은 지금 달러 대비 브라질 헤알화가 엄청나게 약세이니 앞으로는 오히려 강해질 가능성이 있지 않겠냐고 말할 것이다. 물론 그럴 수도 있지만, 그렇지 않을 수도 있다. 심지어는 하필 내가 산 채권 만기 시에 브라질이 모라토리엄(지불유예)이나 디폴트 (채무불이행, 채무불능, 부도)를 선언한다면? 브라질의 국가 수준을 볼 때, 채권 만기 도래 시점에 그런 일이 일어나지 않는다고 누가 장담할 수 있겠는가? 왜 우리가 채 6%도 되지 않는 수익을 내기 위해서, 오랜 기간 돈이 묶이고, 여러 가지의 리스크에 노출된 투자를 해야 하는가? 정리하면 브라질 채권은 '투자의 황금률'에 상당히 위배되는 상품이다.

표 2-2는 실제 사례다(판매 시기는 2020년 1월이다). 판매사는 원화, 달러화, 헤알화의 환율 변동이 앞으로 없을 것으로 가정하고, 실제 투

| 표 2-2 | 브라질 채권 수익률 안내서

2020년 1월 기준

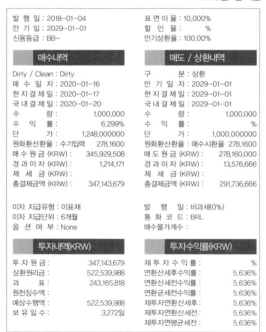

발 행 일 : 2018-01-04	표 면 이 율 : 10.000%
만 기 일 : 2029-01-01	할 인 율 : %
신용등급 : BB-	만기상환율 : 100.00%

매수내역	**매도 / 상환내역**
Dirty / Clean : Dirty	구　　　분 : 상환
매 수 일 자 : 2020-01-16	만 기 일 자 : 2029-01-01
현지결제일 : 2020-01-17	현지결제일 : 2029-01-01
국내결제일 : 2020-01-20	국내결제일 : 2029-01-01
수　　　량 : 1,000,000	수　　　량 : 1,000,000
수 익 률 : 6.299%	수 익 률 : %
단　　　가 : 1,248.000000	단　　　가 : 1,000.000000
원화환산환율 : 수기입력 278.1600	원화환산환율 : 매수시환율 278.1600
매 수 원 금 (KRW) : 345,929,508	매 도 원 금 (KRW) : 278,160,000
경 과 이 자 (KRW) : 1,214,171	경 과 이 자 (KRW) : 13,576,666
제 세 금 (KRW) :	제 세 금 (KRW) :
총결제금액 (KRW) : 347,143,679	총결제금액 (KRW) : 291,736,666

이자 지급유형 : 이표채	발 행 일 : 비과세(0%)
이자 지급단위 : 6개월	통 화 코 드 : BRL
옵 션 여 부 : None	매수물가계수 :

투자내역(KRW)	**투자수익률(KRW)**
투 자 원 금 : 347,143,679	재 투 자 수 익 률 : %
상환원리금 : 522,539,988	연환산세후수익률 : 5.636%
과　　　표 : 243,165,818	연환산세전수익률 : 5.636%
원천징수액 :	연환균세전수익률 : 5.636%
예상수행액 : 522,539,988	재투자연환산세후 : 5.636%
보 유 일 수 : 3,272일	재투자연환산세전 : 5.636%
	재투자연평균세전 : 5.636%

자수익률이 연리 5.636%라는 것을 사전에 알리고 판매하지만 이를 정확히 이해하고 가입하는 경우는 거의 없다. 가입한 자들의 머릿속에는 그저 10%의 이자와 비과세라는 두 개만 남아 있을 뿐이다.

이머징 국가에 과도한 투자

부자들은 이머징 국가(Emerging) 중 한국과 중국, 대만을 제외한 브라질, 러시아, 인도, 베트남 등에 자산의 과도한 부분을 투자하지 않는다. 이머징 국가는 오를 때도 가파르게 오르지만 떨어질 때는 칼날같이 수직으로 떨어지므로 손 쓸 겨를이 없다. 게다가 주가의 엄청난 변동성에 더해, 환율의 변동성도 무지막지하다. 하루에 몇 퍼센트가 아닌 몇십 퍼센트씩 현지 화폐의 가치가 평가 절하되는 경우도 발생한다.

실제로 2010년부터 2020년까지의 10년 사이에 브라질 헤알화 70%, 러시아 루블화 65%, 인도 루피화 43%, 터키 리라화 80%나 그 가치가 폭락했다. 이러한 국가의 주식들의 특징은 코스닥 하위 기업과 같이 한번 관심에서 멀어지면 다시 관심을 받는 데까지 아주 오랜 시간이 걸린다는 것이다. 그러므로 가능한 이러한 시장에는 투자를 삼가기 바라며, 그래도 군이 꼭 하고 싶다면 현금성 투자자산의 10% 이하만 투자하자.

개별 주식에 금융자산 대부분을 '몰빵'

아무리 좋은 주식, 세계 초일류의 기업 주식도 개별 기업이 가지고 있는 고유의 리스크란 것이 있다. 예를 들면, 삼성전자의 경우 급작스러운 세계 경기침체로 반도체 시장이 침체하거나 주력 공장의 대화재나 지진 등이 발생하면 주가가 급락할 것이다. 요즘 전 세계인에게 가장 인기 있는 주식 중의 하나인 테슬라의 경우 회장인 일론 머스크(Elon Musk) 자체가 테슬라의 주가를 이끄는 가장 큰 원동력인 동시에 너무도 큰 리스크이기도 하다. 또한 2020년 8월 19일 장중 한때 미국 상장사 역사상 최초로 2조 달러를 터치한 후 그다음 날인 2020년 8월 20일 종가 기준으로 기어이 2조 달러를 돌파한 애플 역시 계속 혁신적인 신제품을 발표하지 못하면 언제 도태될지 모를 일이다.

게다가 요즘 개인투자자들을 보면 심히 우려스러운 점이 있다. 심지어 대출까지 받아서 위험자산인 주식 한두 개에 전체를 다 투자하는, 소위 말하는 '몰빵' 투자를 한다는 것이다. 이렇게 되었을 때의 폐해는 생각보다 심각하다.

회사 자체의 내부적인 사건뿐만 아니라 외부적인 사건의 발생 시마다 주가는 순식간에 하락할 것이고 분산이 안 되었으므로 하락 폭을 감소시킬 안전장치가 없다. 자신이 선택한 주식이 변동성이 더욱 큰 한국 코스닥이나 미국 나스닥의 신생기업이라면 그 하락 폭은 더욱 커질 것이다. 여유자금이 더 없으므로 하락의 충격을 그대로 맞고 참고 버텨야 한다. 대출을 받은 경우는 최악의 경우 반대매매를 당하고 자신의 투자 자금이 다 사라진다.

또 다른 심각한 폐해는 요즘 서학개미라고 불리는 젊은 개미들(개인투자자들)이 미국에 상당히 많은 자금을 투자했다는 것이다. 우리 시간으로 낮에는 한국거래소 시장이 열리고, 우리가 자야 할 밤과 새벽에는 미국거래소 시장이 열린다. 미국거래소 시장에서는 한술 더 떠서 거의 24시간 내내 선물시장이 열린다. 통신의 발달로 서학 개미들은 주식 대화방에 들어가서 대화도 하고 주가변동도 보면서 어떨 때는 거의 밤을 새우고 있다는 것이다. 본인의 업에 충실하기 매우 어려워진다.

정리하면, 개별 주식 한두 개에 투자하면 기본적으로 변동성이 너무 커지고 그러한 변동성을 계속해서 지켜보며 장기간 버틴다는 것은 인간이 감내할 수 있는 영역의 일이 아니다. 장기투자가 불가능해지며 결국은 투자에서도 실패하게 된다. 이보다 더 중요한 것은 투자의 전 과정을 통해서 점점 주식의 노예, 돈의 노예가 되어가며, 삶이 행복해지지 않게 된다는 것이다. 그러므로 어떤 경우에도 금융자산의 20% 이상은 절대로 개별 주식에 투자하면 안 된다. 아니 가능하면 개별 주식은 아예 하지 않길 바란다. 만일 당신이 당신의 업에서 진정으로 성공하고, 동시에 투자에서도 성공하며 행복해지기를 원한다면.

패잔병은 말이 없다

우리는 주식 투자를 해서 패가망신했다는 사람들의 얘기보다 대박을 냈다는 사람들의 얘기를 훨씬 더 많이 듣는다. 패잔병은 말이 없기 때문이다. 그런데 증권사들이 자신들의 고객을 기준으로 낸 통계에 의하면, 10년간 장기투자한 개인투자자 중 5%가 안 되는 사람들이 주식으로 돈을 벌었으며 나머지 95%는 손실을 보았다고 한다.

그 5% 중 1/10이 채 안 되는 사람들이 주식으로 비교적 많은 돈을 벌었다고 한다. 즉, 개인투자자 200명 중 단 한 사람인 0.5%의 대박의 신화만이 전설처럼 회자된다. 사람들은 자신이 200명 중 한 명이 될 거라는 대박의 꿈을 안고 주식 시장으로 들어온다. 또다시 새로운 돈이 시장으로 들어오고, 주식 시장은 계속해서 성장해나간다.

왜 이런 처참한 결과가 나오는 것일까? 단기간에 일확천금을 노리려는 탐욕에 물들어 투자를 투기로 했기 때문이다. 투자를 하다 보면 인간은 어쩔 수 없이 탐욕에 자꾸 물들게 된다. 제대로 투자교육을 받지 않고 주식 시장으로 막 들어오면 다 이렇게 될 수밖에 없다. 그런데 제대로 된 교육을 받고 투자의 세계로 들어온 사람이 얼마나 되겠는가? 거의 없다. 설령 교육을 받은들 인간의 원초적 본능인 탐욕을 스스로 제어한다는 것은 거의 불가능하다. 그래서 95%의 개미들은 필연적으로 망하는 수순을 수십 년간 밟아왔다.

이 책을 읽고 있는 여러분은 과거에 망한 95%의 개미의 전철을 답습하지 않고, 인생과 투자 모두에서 성공할 방안을 이 책에서 찾을 수 있다. 부디 투기가 아닌 제대로 된 투자의 방식을 잘 따라서 행복하고 풍요로운 미래를 만들어나가길 바란다.

04 느긋하게
투자한다

투자하고 기다린다

부자들은 대부분 자신의 영역에서 수많은 시련과 위기를 극복하고 현재의 부를 이루었다. 다만 돈이 많아서가 아니라, 그러한 과정을 거쳐서 지금의 부를 이루었기에 그들은 자존감이 상당히 높다. 그들에게는 금융투자도 계속되는 수많은 선택의 일환이다. 그들은 자신이 선택한 것을 잘 번복하지 않는다. 자신이 선택이 잘못된 것임을 인정할 경우 자존심이 상하게 되며, 이러한 상황을 본능적으로 싫어하기 때문이다.

그래서 그들은 투자할 때 매우 신중하게 선택하며, 자신이 일단 선택한 투자에 대해서는 수익이 날 때까지 기다린다. 물론 한 상품에 전 자산을 다 걸었다면 그렇게 참고 기다리지 못하겠지만 그들은 여유자금을 가지고 투자하며 여러 곳에 분산해 투자하므로, 아무리 급격한 변동이 오더라도 참고 기다릴 수 있다.

장기투자는 무조건 이긴다

장기투자에서는 위험자산인 주식에 100% 투자했더라도, 전 기간 수익을 내기 위해서 아무런 일도 하지 않았더라도 장기투자는 무조건 승리한다. 단, 여기서 주의할 점은 개별 주식에 투자한 것이 아닌 주식 시장 전체에 투자했다는 가정하에 만들어진 통계라는 것이다.

| 표 2-3 | 보유 기간에 따른 MSCI 전 세계 주식 투자실적 분석

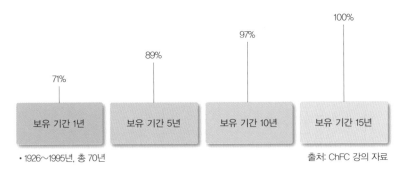

• 1926~1995년, 총 70년   출처: ChFC 강의 자료

이 통계는 10~20년의 통계가 아닌 무려 70년간의 통계이므로 신뢰도가 상당히 높다. 어떤 시점에 주식에 투자하고 아무것도 안 하고 방치했더라도, 10년 이상만 놔두면 원금을 날릴 확률은 거의 없다. 투자 기간이 15년 이상이 되면 투자자 100%가 가입 시점과 상관없이 수익을 올린다.

단, 여기서 중요한 점은 개별 주식에 투자한 경우는 얘기가 완전히 달라진다는 것이다. 그 긴 시간 격변하는 현대사회의 경쟁 속에서 하나의 회사가 계속 성장하거나 존속한다는 보장이 없기 때문이다. 전체 주식 시장의 변동에 수렴하는 주식 상품에 투자했을 경우를 가정으로 위의 조건은 성립한다.

시장을 이기려고 하지 않는다

투자의 격언 중에서도 가장 중요한 것 중 하나인, "Mr. Market에 겨루려고 하지 마라!"라는 말이 있다. 여기서 Mr. Market은 주식 시장이다. 주식 시장 전체의 수익률 이상을 내기가 의외로 쉽지 않기에 이런 격언이 나온 것이다. 시장의 수익률만 장시간 꾸준히 따라가도 투자의 귀재라는 말을 들을 것이다.

미국의 당대 최고 투자자들도 시장(전체 주식 시장)을 이긴다는 것이 얼마나 힘든지 알기에, 어떻게 하면 시장과의 괴리 없이 변동성을 줄이고, 떨어지더라도 금세 회복되고 장기투자 시 꾸준히 비교적 높은 수익을 올리는 시장에 투자할 방법이 없을까 고민했고, 그 결과 전 세계에서 압도적으로 가장 큰 미국 증권거래소 시장의 3대 지수인 다우존스산업평균지수(Dow Jones Industrial Average), S&P 500 지수(Standard & Poor's 500 Index), 나스닥 100 지수(NASDAQ 100 Index)를 그대로 추종하는 인덱스 펀드(Index Fund)를 만들어 판매하기 시작했다.

한국도 이를 참고해 거래소 시장(KOSPI)의 시가총액 상위 200개의 기업만을 묶어서 KOSPI 200 지수를 만들어 발표했고, 이를 기본으로 한 인덱스 펀드를 만들어 판매를 하고 있다. 이러한 지수를 추종하는 인덱스 펀드에 투자하면, 시장 전체에 투자하는 것이므로 변동성이 매우 적어지고 시장과 동행하는 투자를 할 수 있게 된다.

부자들은 바로 이러한 시장을 추종하는 인덱스 펀드에 장기투자를 함으로써 마음 편하게 수익을 늘려나가고 있으며 큰 위기가 닥쳐서 주가가 내려가면 오히려 더욱 투자 금액을 늘려나가면서 꾸준히 수익률을 극대화하고 있다.

참고로 2020년 3월의 폭락 이후에 5개월간의 폭등장을 거치면서 주린이(주식+어린이를 합성한 신조어, 주식 초보자를 지칭)들이 앞으로 주식 투자를 너무 우습게 보다가 향후 큰 손실을 볼까 걱정이 되어 그들이 알아야 할 격언 몇 개를 소개한다.

태풍의 길목에 서면 돼지도 날 수 있다

샤오미의 창업자 레이쥔이 중국의 한 대학 강연회에서 인용해 유명해진 문구가 있다. "태풍의 길목에 서면 돼지도 날 수 있다." 성공하기 위해 스스로 갈고 닦으면 마음껏 날 수 있는 태풍과 같은 기회를 맞이할 수 있다는 의미다. 나는 이 문구를 의미는 다르지만 주식 투자에 인용하곤 한다.

2020년 봄과 여름, 정확히 3월 말부터 8월 말까지 5개월간이 바로 태풍을 만나 돼지가 날아갔던 시점이다. 태풍을 만나면 돼지뿐만 아니라 개나 소나 말이나 아무것이나 다 날 수 있다. 즉, 대세 상승장에서는 우량주든 잡주든 다 날아오른다. 아무거나 찍어서 투자해도 웬만하면 다 오른다. 자신의 탁월한 선택으로 인한 것이 아님을 반드시 기억하기 바란다.

초심자의 행운

태풍을 처음 만나본, 주식 투자를 처음 해보는 동학개미(한국에 투자하는 개인투자자)나 서학개미(미국에 투자하는 개인투자자)는 태풍이 영원히 불어서 자신의 돼지를 계속 하늘 높이 날려줄 것이라고 믿는 것은 아닌지 심히 걱정된다. 현재 우리나라 주식 투자자의 70%가 개인투자자인데, 이들 중 주식 투자 초보자인 주린이들을 보면 '초심자의 행운'이란 단어가 떠오른다. 생전 처음으로 해본 도박이나 주식 투자에서 얼떨결에 돈을 딴 왕 초보자들에게 사용되는 단어다.

초심자의 행운을 맞이한 사람들은 '나는 투자 운을 타고 태어났다'라는 착각에 빠진다. 이런 행운이 2~3차례 더 찾아오면 이 생각은 확신으로 바뀐다. 여기서 한 발 더 나가면 자신이 베팅하면 무조건 딸 것으로 맹신하게 되는 '황금손가락 증후군' 단계로 발전한다. 더 많은 돈을 이 시장에 투자하고 더 많은 수익을 내기 위해 빚을 내게 되고, 더 많은 수익을 내기 위해 변동성이 더 큰 위험한 곳에 투자하게 되고, 더욱더 많은 일확천금을 위해 한 곳에 '몰빵'하게 된다. 이제 한 달에 10% 정도 수익으로는 성에 차지 않는다. 주식을 투자가 아닌 투기로 하는 순간 도박이 되고, 도박의 말로는 언급하지 않아도 다 알 것이다.

인간의 용기와 인내를 끊임없이 시험하면서, 인간의 탐욕과 공포를 먹으며 하늘로 승천하는 거대한 용이 있다. 이 용이 무엇인지는 이미 짐작했으리라 생각한다. 그렇다. '주식 시장'이란 용이다. 이 용이 가장 좋아하고 곳곳에 널려 있어서 가장 쉽게 많이 먹는 먹이가 바로 인간의 탐욕이다.

하룻강아지 범 무서운 줄 모른다!

최근 100년 사이에 증시가 50% 가까이 또는 그 이상 하락한 대폭락은 총 6번 있었다. 최근 60년간 가장 긴 하락장은 2000년 닷컴 버블 붕괴 당시의 2년 7개월이었다. 이때마다 하락 와중에도 증시가 일시적으로 반등하는 베어마켓랠리(Bear Market Rally, 일명 Dead Cat Bounce로, 죽은 고양이도 높은 곳에서 떨어지면 어느 정도 튀어 오른다는 것에 비유)는 항상 있었다.

생전 듣지도 못한 코로나19로 주식 시장이 폭락했을 때, 세계 최고 금융사의 애널리스트들은 최소 2008년 금융 위기 당시만큼은 하락할 것으로 예상했으며, 일부에서는 제2의 대공황이 될 수도 있다는 예측도 나왔었다. 이런 와중에 과거의 대폭락장을 한 번도 경험해보지 못했고, 이런 대폭락장에서 필연적으로 등장하는 베어마켓랠리에 대해서도 전혀 모르는 전 세계의 20~30대 젊은 청년 개미들은 2020년 3월 주가가 20% 이상 폭락하자 겁 없는 용감한 매수를 시작했다.

2020년 8월 기준, 900만 명에 달하는 한국의 '동학개미'와 '서학개미', 1,300만 명에 달하는 미국의 '로빈후더(주식 중개수수료 무료 앱인, 로빈후드 사용자)', 1억 6,000만 명에 달하는 중국의 '청년부추', 수백만 명의 일본의 '닌자개미' 등 전 세계의 젊은 청년 개미들은 기관이 넘기는 물량을 거침없이 소화해냈다. 그들은 애초에 베어마켓랠리든 최대 30% 이상 더 하락할 가능성이든, 떨어지는 것은 생각해본 적도 없고 생각하고 싶지도 않았다. 오로지 닥공(닥치고 공격)뿐이었다.

결과적으로 이번에는 전 세계 개미들의 승리다. 모든 기관은 2020년 3월 이후의 랠리를 베어마켓랠리로 생각할 수밖에 없었다. 아는 게 병이고 모르는 게 약이다. 전 세계에 풀린 막대한 유동성 자금의 위력으로 개미들이 승리했다. 하지만 다음 한 가지는 반드시

| 표 2-4 | 미국 증시 대폭락 사례 분석(최근 100년간)

구분	기간	MDD[*1]	Bear Market Rally[*2]
스페인 독감(1919년)	1919. 11. 3.~1921. 8. 24.(1년 10개월)	-45.8%	+19.9%
세계 대공황(1929년)	1929. 3. 6.~1932. 7. 10.(3년 4개월)	-89.2%	+48.0%
통화 긴축 정책(1937년)	1937. 3. 10.~1938. 3. 31.(1년 1개월)	-49.1%	+18.2%
1차 석유 파동(1973년)	1973. 1. 11.~1974. 10. 3.(1년 9개월)	-48.2%	+10.9%
닷컴 버블 붕괴(2000년)	2000. 3. 24.~2002. 10. 9.(2년 7개월)	-49.2%	+21.4%
금융 위기(2008년)	2007. 10. 5.~2009. 3. 9.(1년 5개월)	-56.8%	+24.2%
COVID19(2020년)	2020. 2. 19.~2020. 3. 23.(1개월)	-33.9%	+60.0%[*3]

[*1] MDD(Maximum Draw Down) : 전고점대비 최저점의 하락률. 투자 시 고려할 매우 중요한 요소 중 하나.

[*2] Bear Market Rally(일명, Dead Cat Bounce)

하락장에서 꽤 상승하여 투자가들이 상승장이 시작된 것으로 착각하게 함.

대세 하락장에서 수차례 발생하며, 이때마다 많은 개미들이 큰 손실을 입게 됨.

원인은 공매도 청산을 위한 불가피한 매입과 투자자들이 전저점을 최저점으로 오판한 것에 기인함.

랠리는 3개월 이상 지속되지 않으며, 하락으로 반전 후 전저점을 뚫고 더 밑으로 내려감.

[*3] 최저점 대비 2020년 9월 2일 기준 60% 상승. 상승기간 5개월 이상. Bear Market Rally 아닌 상승장으로 판명.

※ 이 표는 골든크로스 투자자산컨설팅의 지적재산이므로 무단 사용 및 배포를 금함

기억하고 넘어갔으면 한다. 이번에 온 범은 배가 고프지 않아서 그냥 물러갔지만, 다음에 올 범도 배가 고프지 않으리라고 기대하는 위험천만한 발상은 하지 않길 바란다.

1929년 대공황 당시 대폭락 시기에는 총 7차례의 상당한 규모의 베어마켓랠리가 발생했다. 아무리 폭락장이라도, 공매도 청산을 위한 불가피한 매입 및 투자자들이 저점으로 오판한 매입 등으로 인해 그냥 수직 낙하하지는 않는다. 일시적인 상승을 하면서 사람들을 꾄후, 물귀신처럼 더 많은 투자자를 부둥켜안고 나락으로 떨어진다.

| 표 2-5 | 대공황 당시의 베어마켓랠리

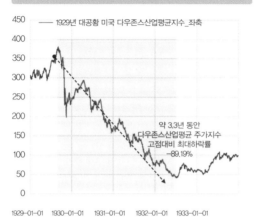

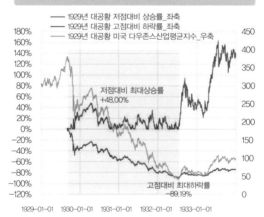

출처: 블룸버그

빚 내서 투자하지 않는다

레버리지 투자는 금물이다

부자들은 자산 배분을 통해 부동산자산과 금융자산의 비율을 가능하면 5대 5로 맞추려는 노력을 지속적으로 해왔다. 금융자산 또한 여러 곳으로 분산을 함으로써 리스크를 줄여 투자한다. 일반적으로 투자의 세계에서 빈번히 일어나는 '레버리지(Leverage) 투자(빚을 내서 투자해 대출 이자보다 더 높은 수익을 올리는 것)'는 일절 하지 않는다.

과거 부동산이 사기만 하면 오르던 시절에는 이들도 대출을 받아 부동산 투자로 많은 수익을 올렸으나, 현재와 같은 환경에서는 어떤 투자처에서도 대출금리보다 확실하게 높은 수익을 올릴 수 있다는 보장이 없으므로, 이들은 레버리지 투자를 절대 하지 않는다. 게다가 대출을 받아 투자할 경우의 최대 단점은 투자의 기간이 정해진다는 것이다(모든 대출금은 원리금 상환 기간이 확정되어 있다). 이렇게 투자 기간이 확정되면 투자의 가장 중요한 기본 원칙인 장기투자를 할 수 없게 된다. 그러므로 이들은 빚을 지지 않고 여유자금으로 진득하게 투자를 하며, 만일 글로벌 금융 위기나 코로나19와 같은 대형위기가 왔을 때 다른 여유자금을 끌어와서 저평가된 주식을 쓸어 담는다.

동학개미와 빚투

최근 동학개미들의 등장은 온 국민이 주식 시장에 관심을 갖게 하는 긍정적인 면도 있다. 하지만 이들 중 너무 많은 사람이 자신의 돈이 아닌 남의 돈, 즉 빚을 져가면서 주식에 투자한다는 것이 큰 문제다. 얼마나 많이 주식담보대출을 받아 투자했으면 '빚을 내어 투자한다.'라는 "빚투"라는 신조어까지 등장했을까?

2020년 2사분기 개인투자자들은 거래소와 코스닥 두 곳에서 총 16조 원 가까이 순매수를 했는데, 이 사이에 신용공여(주식담보대출) 금액이 무려 8조 원이나 늘어났다. 순매수 금액의 반이 빚을 내어 투자한 것이다. 심히 우려스러운 상황이다. 2020년 여름 당시, 주요 증권사들은 신용공여 총액이 자기자본 수준까지 불어나 신용공여를 속속 중단했다. 무엇이든 과하면 탈이 나게 되어 있다. 자연의 섭리다.

현재 동학개미를 위시한 개인투자자들이 하는 주식담보대출이란 것이 어떤 것인가? 단기에 빚을 갚아야 하고, 이자율도 4~10%(심지어는 외부 금융사에서 더 높은 이자율로 빌리기도 한다)의 고금리이며, 이것을 자신이 믿는 주식 한 곳에 몰빵을 때린다. 그것도 단타로 말이다. 전 세계 최고의 투자자 중 단 한 사람이라도 내일의 주식 가격을 맞힐 수 있다고 말한 사람이 있던가? 이들도 못 하는 것을 개미들이 지금 하고 있는 것이다. 그것도 빚을 내서! 빚을 내어 투자하면 주가 하락 시, 빚을 낸 부분의 손실까지 고스란히 떠안게 된다는 너무도 뻔한 사실을 잊고 있는 것은 아닐까?

반대매매만 하루 300억 원

빚투와 더불어, 자기 자본의 100%를 빚을 내서 투자하는 것과 완전히 동일한 결과를 내는 KOSPI 200 Index 선물의 떨어지는 쪽에 베팅하는, 게다가 그것도 두 배로 거는 'KOSPI 200 선물 인버스

2X'라는 상품이 있다(상품명은 앞의 KOSPI 대신 자산운용사들이 자신의 브랜드로 대치해 거래소에 ETF로 상장시켰음). 일명 '곱버스'라고 부른다(Inverse, 인버스, 즉 반대에 두 배 곱해 베팅한다고 해 생긴 신조어). 간단히 설명하면 내 돈 1,000만 원을 주가가 내려가는 쪽에 투자했는데 만일 주가가 5% 떨어지면 10% 수익이 나고, 반대로 5% 오르면 10%가 손실이 나는 구조다.

이 상품은 좋은 주식을 사서 장기로 가져가는 가치투자와는 완전히 반대되는 일종의 파생상품이며, 그것도 변동성을 2배로 높인 투기다. 그야말로 베팅이고 홀짝이고 찍기인 노름이다. 전 세계 누구도 내일 주식이 오를지 떨어질지 모르는데, 마치 신처럼 미래를 알고 여기에 베팅하고 있다. 그것도 2배로 변동성을 확대해서 말이다. 가족의 미래와 행복이 걸린 피땀 흘려 번 소중한 돈을 노름판에 걸 것인가? 2020년 8월 28일 기준으로 소위 '곱버스'의 3개월 수익률은 -30%다. 2020년 9월 25일 하루에만 반대매매가 300억 원 발생했고 이는 9년 만에 최대라고 한다. 최근 10년간 일일 반대매매 금액이 200억 원을 넘은 횟수가 24회인데 이 중 17회가 2020년에 발생했다고 한다.

05 반드시
분산투자한다

투자를 하다 보면 필연적으로 상승장과 하락장을 반복해서 만나게 된다. 가끔은 엄청난 폭등장과 폭락장도 만나게 된다. 그런데 엄청난 폭락장을 만나게 되면, 마치 세상이 끝날 것 같은 공포가 엄습해 버티기 참으로 힘들다. 참고 또 참으며 계속 버티다가도 끝내 맨바닥에서 포기하기도 한다. 이런 힘든 공포의 시기를 마음 편히 넘길 방법이 없을까를 수백 년간 투자의 대가들이 연구했고, 그 해답을 찾아냈다. 바로 '분산투자'다. 부자들, 특히 스마트 리치들이 투자에서 가장 중요하게 여기는 철칙 역시 분산투자다.

분산투자와 포트폴리오
모든 달걀을 한 바구니에 담지 마라
가계 및 기업의 포트폴리오 이론을 정립한 논문으로 1981년 노벨경제학상을 수상한 미국 예일대 제임스 토빈(James Tobin) 교수가 한 말이다. "모든 달걀을 한 바구니에 담지 마라(Don't put all your eggs in one basket)"라는 말은 너무 많이 들어봐서 이제는 진부하게 느껴질 것이다. 하지만 분산투자의 필요성을 이처럼 한 번에 가슴에 와닿게 설명한 문장은 아직 보지 못했다.

여기서 분산이란 리스크의 분산을 말한다. 투자에서 말하는 리스크란 '예상할 수 없는 변동성에 따른 위험'을 의미하는데, 이러한 리스크를 줄이기 위해 분산을 할 때 가장 중요한 사실은 서로 반대의 상관관계를 갖는 성질의 상품들로 분산을 해야 한다는 것이다.

어떠한 상황이 발생했을 경우 두 자산이 완전히 같은 방향의 같은 크기로 반응할 경우의 상관계수를 +1로 보며, 완전히 반대의 방향의 같은 크기로 반응할 경우의 상관계수를 -1로 본다. 분산은 음의 상관계수를 가진 자산들로 나눠야 하며, -1에 가까울수록 완벽한 분산이라고 한다. 우리의 자산을 투자할 때도 가장 많이 신경을 써서 지켜야 하는, 무엇보다도 중요한 제1원칙이 바로 분산이다.

짚신 장수와 나막신 장수

옛날에 짚신 장수와 나막신 장수 아들을 둔 어머니가 있었다. 맑은 날에는 나막신을 파는 작은아들이 공치고, 비가 오는 날에는 짚신을 파는 큰아들이 공쳐서 이래저래 어머니의 걱정은 가실 날이 없었다. 나는 이 언해피 엔딩 이야기를 해피 엔딩으로 끝나게 바꿨다. 맑은 날에는 동생이 형에게서 짚신을 싸게 사서 함께 짚신을 팔았고 비가 오는 날에는 형이 동생에게서 나막신을 싸게 사서 함께 나막신을 팔았다. 맑은 날이나 비가 오는 날이나 짚신 장수와 나막신 장수 형제의 어머니는 두 아들이 항상 장사가 잘되어서 웃음이 가실 날이 없었다. 완벽한 음의 상관관계를 가진 분산투자의 효과와 이점을 적나라하게 설명하기 위해서 만든 이야기다. 우리 인생에는 맑은 날과 비 오는 날이 계속 반복되므로, 음의 상관관계를 가진 상품들에 분산투자하는 것이야말로 자연의 섭리에 따른 투자 기법인 것이다.

만일 삼성전자, SK하이닉스, 대만의 TSMC, 미국의 인텔에 골고루 회사와 지역의 분산투자를 했다고 하더라도, 반도체 시장이 위축될 경우 모든 회사의 주가가 동시에 하락한다. 이것은 +1에 가까운 양의 상관관계를 가진 상품들에 투자했으므로, 분산투자라고 볼 수 없다. 분산에 의한 이점을 전혀 얻지 못하기 때문이다.

포트폴리오가 뭐지?

포트폴리오(Portfolio)란 단어를 수도 없이 들어봤을 것이다. 사전을 찾아봐도 그 개념이 쉽게 잡히지 않는다. 사전을 찾아보면 국어사전에는 '각종 금융자산의 명세표,' 영어사전에는 '유가증권 보유 일람표'로 나와 있으나, 머리에 쉽게 들어오지 않는다.

원래 포트폴리오는 이탈리아어가 어원인 단어로 '서류 가방'을 뜻했다. 옛날 어른들이 사용하던 서류 가방은 여러 칸에 서류들을 나눠넣을 수 있게 되어 있었다. 여기서 유래되어 금융에서 사용하게 된 포트폴리오는 '잘 분산된 금융자산의 목록'으로 이해하면 좋다. 그냥 금융자산의 목록이 아닌 '잘 분산된' 금융자산의 목록이다. 그럼 잘 분산되지 않은 금융자산의 목록은 포트폴리오가 아닌가? 그렇다. '잘 분산된 금융자산의 목록'만이 포트폴리오를 구성한 것이라고 봐야 한다.

분산투자의 종류

그럼 분산에는 어떤 것이 있고, 어떻게 분산을 해야 '잘 분산된 금융자산의 목록', 즉 포트폴리오를 구성할 수 있는 것인지 알아보자. 분산투자는 판단 기준에 따라 크게 위험 수준의 분산, 지역의 분산, 업종의 분산, 시간의 분산, 통화의 분산으로 나뉜다.

위험 수준의 분산

자산을 위험의 수준으로 분리해서 분산시키는 것이며, 변동성이 큰 위험자산과 변동성이 적은 안전자산으로 분산시키는 방식이다. 이것 없는 나머지의 분산은 사상누각과 같을 만큼 분산의 기본 중의 기본이다. 가장 대표적인 위험자산으로는 주식이 있으며, 가장 대표적인 안전자산으로는 채권이 있다.

이렇게 분산을 하는 이유는 변동성이 너무 큰 주식에만 전 자산을 투자할 때 천당과 지옥을 계속해서 넘나드는데, 이런 상황을 계속 버티면서 장기간 투자를 할 수 있는 투자자는 아무도 없기 때문이다. 그러므로 위험자산과 안전자산으로 적절하게 분산된 포트폴리오를 짜서 투자하면 변동성을 줄이면서 꾸준한 수익을 올릴 수 있어서 장기간 편한 마음으로 투자를 할 수 있게 된다.

잠시 다음 표를 살펴보자. 2021년 초 기준, 최근 15년간의 각 자산

| 표 2-6 | 각 자산 연도별 수익률 순위

2021년 1월 기준

2006	2007	2008	2009	2010	2011	2012	2013	2014	2015	2016	2017	2018	2019	2020
REIT 35.1%	EM 39.8%	HG Bnd 5.2%	EM 79.0%	REIT 28.0%	REIT 8.3%	REIT 19.7%	Sm Cap 38.8%	REIT 28.0%	REIT 2.8%	Sm Cap 21.3%	EM 37.8%	Cash 1.8%	Lg Cap 31.5%	Sm Cap 20.0%
EM 32.6%	Int'l Stk 11.6%	Cash 1.7%	HY Bnd 57.5%	Sm Cap 26.9%	HG Bnd 7.8%	EM 18.6%	Lg Cap 32.4%	Lg Cap 13.7%	Lg Cap 1.4%	HY Bnd 17.5%	Int'l Stk 25.6%	HG Bnd 0.0%	REIT 28.7%	EM 18.7%
Int'l Stk 26.9%	AA 7.6%	AA -22.4%	Int'l Stk 32.5%	EM 19.2%	HY Bnd 4.4%	Int'l Stk 17.9%	Int'l Stk 23.3%	AA 6.9%	HG Bnd 0.6%	Lg Cap 12.0%	Lg Cap 21.8%	Lg Cap -2.3%	Sm Cap 25.5%	Int'l Stk 18.4%
Sm Cap 18.4%	HG Bnd 7.0%	HY Bnd -26.4%	REIT 28.0%	HY Bnd 15.2%	Lg Cap 2.1%	Sm Cap 16.4%	AA 11.5%	HG Bnd 6.0%	Cash 0.0%	EM 11.6%	Sm Cap 14.7%	REIT -4.0%	Int'l Stk 22.7%	AA 9.8%
AA 16.7%	Lg Cap 5.5%	Sm Cap -33.8%	Sm Cap 27.2%	Lg Cap 15.1%	AA 0.3%	Lg Cap 16.0%	HG Bnd 7.4%	Sm Cap 4.9%	Int'l Stk -0.4%	REIT 8.6%	AA 14.6%	Lg Cap -4.4%	AA 18.9%	Int'l Stk 8.3%
Lg Cap 15.8%	Cash 4.4%	Lg Cap -37.0%	Lg Cap 26.5%	AA 13.5%	Cash 0.1%	HY Bnd 15.6%	REIT 2.9%	HY Bnd 2.5%	AA -1.3%	Lg Cap 7.2%	REIT 8.7%	AA -5.6%	EM 18.9%	HY Bnd 7.5%
HY Bnd 11.8%	HY Bnd 2.2%	REIT -37.7%	AA 24.6%	Int'l Stk 8.2%	Sm Cap -4.2%	AA 12.2%	Cash 0.1%	Cash 0.0%	Sm Cap -4.4%	HG Bnd 2.7%	HY Bnd 7.5%	Sm Cap -11.0%	HY Bnd 14.4%	HG Bnd 6.1%
Cash 4.7%	Sm Cap -1.6%	Int'l Stk -43.1%	HG Bnd 5.9%	HG Bnd 6.5%	Int'l Stk -11.7%	HG Bnd 4.2%	HG Bnd -2.0%	EM -1.8%	HY Bnd -4.6%	Int'l Stk 1.5%	HG Bnd 3.5%	Int'l Stk -13.4%	Cash 8.7%	Cash 0.6%
HG Bnd 4.3%	REIT -15.7%	EM -53.2%	Cash 0.1%	Cash 0.1%	EM -18.2%	Cash 0.1%	EM -2.3%	Int'l Stk -4.5%	EM -14.6%	Cash 0.3%	Cash 0.8%	EM -14.3%	Cash 2.2%	REIT -5.1%

약자	내용
Lg Cap	미국 대형 주식 (S&P 500 Index)
Sm Cap	미국 중소형 주식 (Russell 2000 Index)
Int'l Stk	선진국 주식 (MSCI EAFE Index)

약자	내용
EM	이머징 국가 주식 (MSCI Emerging Mkt)
REIT	리츠(부동산펀드 FTSE NAREIT)
HG Bnd	미국 투자적격 채권

약자	내용
HY Bnd	미국 하이일드 회사채
Cash	미국 달러(3개월 미만 초단기 미국채)
AA	전체 자산 배분 포트폴리오

출처: novelinvestor.com

의 수익률 순위를 도표로 나타낸 것이다. 어떤 자산도 꾸준히 상위에 랭크되어 있지 않다. 각각의 모든 자산이 널뛰기하듯이 매년 위와 아래를 번갈아가며 변화한다. 심지어는 안전하다고 믿었던 채권과 현찰(cash)조차도 순위에서는 널뛰기하며, 주식보다 안전하다고 오해하는 부동산 펀드인 리츠는 천당과 지옥을 오간다. 그런데 잘 분산된 포트폴리오는 어떠한가? 항상 꾸준히 중상위의 순위를 계속해서 지키고 있다. 이러한 상황을 만들어놓아야 장기전에서 마음의 불안감이나 동요 없이 꾸준히 오랫동안 투자를 이어갈 수 있다.

그러면 주식과 채권은 어떤 비율로 분산해 투자하면 좋을까? 미국의 경제학자인 해리 마코위츠(Harry Max Markowitz) 교수는 현대 포트폴리오 이론을 정립한 업적으로 1990년 노벨경제학상을 수상했다. 그의 현대 포트폴리오 이론에 근거하여, 주식과 채권의 비율에 따른 수익률과 리스크의 변화를 추적하였다. 수익률은 크게 줄지 않으면서 리스크는 상대적으로 가장 많이 줄어드는 황금비를 찾았는데, 주식과 채권의 비율이 6:4일 때가 가장 최적 분산된 황금비임을 알게 되었다(뒤의 표 2-11 참조).

지역의 분산

여러 나라의 경기변동이 반드시 획일적인 것이 아니므로, 여러 나라의 주식에 분산투자하는 것으로 경기변동의 영향을 완화하는 방법이다. 특히 지역별 분산에서 중요한 것 하나는 선진국과 이머징 국가로의 분산이다. 예를 들면, 크게 미국, 유럽, 이머징 국가(중국과 한국 등)로 분산하는 것이다. 이때 각 나라의 주식 시장이 전 세계의 주식 시장에서 차지하는 비율에 맞춰서 분산 비율을 정해야 하며, 가능하면 선진국 위주, 특히 미국 위주의 투자를 권장한다. 2020년 말 기준, 선진국 시장은 전 세계 시장의 약 90%를 차지하며, 미국 시장은 전 세계 시장의 약 50% 이상을 차지하기 때문이다. 이 시장은 떨어질 때는 덜 떨어지고, 오를 때는 더 빨리 더 많이 오르기 때문이다.

업종의 분산

서로 다른 업종에 대한 분산이며, 동일 업종 내에서는 여러 기업으로 다시 분산한다. 예를 들면, IT, 반도체, 자동차, 바이오, 조선, 금융 등의 업종별로 분산하고 같은 업종에는 여러 기업을 포함시켜 투자하는 방식이다. 참고로 업종의 분산을 위해서는 산업별로 글로벌 최고의 기업만 모아놓은 펀드 중에서 가장 좋은 펀드를 고르기만 하면 된다. 본인이 스스로 이러한 작업을 하려는 우를 범하지 않기 바란다.

시간의 분산

한 시점에 자산의 전부를 투자하는 것이 아니라 일정한 크기로 자산을 쪼개서 일정한 시간 간격을 두고 투자하는 방식이다. 적립식 투자가 가장 대표적인 시간의 분산이다. 목돈을 주식에 한꺼번에 투자할 경우에는 일정 기간으로 나눠서 투자한다. 여기서 일정 기간이란 상황에 따라 다르나, 매월 정해진 날짜에 투입하는 것을 기준으로 최소 3개월에서 최장 3년 정도다.

분산투자의 끝판왕, 통화의 분산

마지막으로 '분산의 끝판왕'인 통화의 분산이다. 통화의 분산은 너무도 중요해 별도로 분리해, 뒤의 Chapter 4 '02 분산투자의 끝판왕, 통화의 분산'에서 상세히 설명하도록 하겠다.

06 투자 수익률 관리의 6가지 기본 원칙을 지킨다

앞에서 분산을 제대로 해서 이상적인 포트폴리오를 구성했다면, 이제는 본격적으로 투자수익률 관리에 들어가야 한다. 부자들이 투자에 임할 때 수익률의 관리를 위해서 반드시 지켜나가는 투자의 기본 원칙을 알아보자.

수백 년 된 주식 투자의 역사에서 시장은 예측을 불허했고, 특히 예고도 없이 발생하는 대형 사건과 사고에 의한 순식간의 폭락장에서는 어느 누구도 즉각적인 대응을 할 수 없었다. 주식의 신이라 불린 앙드레 코스톨라니, 투자의 귀재라 불린 워런 버핏, 헤지펀드의 왕 레이 달리오 등 전설적인 투자의 천재들도 내일의 가격은 맞출 수 없었다. 그래서 그것은 신의 영역으로 남겨뒀다.

비록 내일의 가격은 예측할 수 없었지만, 안정적으로 투자를 해가면서 꾸준히 수익률을 높이기 위한 시도는 끊임없이 계속되었다. 투자의 천재들은 수백 년간의 시행착오를 겪으면서 하나씩 수익률을 관리하기 위한 원칙을 만들어나갔고, 그렇게 현재 시점까지 정립된 원칙들을 다 모아서 정리한 것이 바로 '투자 수익률 관리의 6가지 기본 원칙'이다.

- 적립식 투자
- 장기투자
- 자산 배분
- 포트폴리오 재분배
- 포트폴리오 조정
- 포트폴리오 보험

정보력이 뛰어난 부자들은 남들보다 먼저 이 원칙을 접하게 되었고, 이재에 밝은 그들은 어쩌면 단순해 보일 수도 있는 이 원칙의 엄청난 값어치를 바로 인식하게 되었다. 그래서 그들은 투자하면서 이원칙을 철두철미하게 지켜나간다.

이 '투자 수익률 관리의 6가지 기본 원칙'을 수많은 좋은 정보 중의 하나 정도로 생각한다면 정말 커다란 실수를 하는 것이다. 이 6가지 기본 원칙은 그야말로 금과옥조 같은 원칙이다. 앞으로 투자를 하면서 성공하고 싶다면 이 원칙들을 반드시 지켜나가야 한다. 여태까지 몰라서 못 한 것이야 어쩔 수 없겠지만, 이제 이 원칙을 알고도 무시하고 안 지킨다면 인생의 가장 큰 행운 하나를 버리는 것이다. 다시 강조한다. 이대로 따라서 하기만 하면 당신은 투자에서 반드시 성공할 것이고, 당신의 미래는 풍요로워질 것이라 확신한다.

적립식 투자

적립식 투자는 현재의 주식 가격이 높은지 낮은지를 모른다는 전제하에 일정한 시간 간격을 두고 동일한 금액으로 계속 주식을 사 모으는 것을 말한다. 이렇게 사 모으면 주가가 내려갔다 오르게 되면 전체 주가의 평균 구입 단가가 낮아지는 효과가 있어서 수익률이 높아진다.

궁극적으로 주식 시장은 우상향하게 되어 있으므로, 장기로 갈수록 그 효과가 배가된다. 세액공제 상품인 연금저축이나 개인형 IRP처럼 노후를 위한 대표적인 장기 상품에 매월 일정 금액을 자동이체 해두면 적립식 투자의 효과를 극대화할 수 있다.

장기투자

수차례 언급하고 있지만, 일단 투자를 시작하면 그 최소 기본 단위는 10년이다. 장기투자만이 결국은 이기는 투자가 된다. 여기서 중요한 점은 개별주식이 아닌, 우량주를 포함한 지수에 장기투자를 해야 절대로 질 수 없는, 무조건 이기는 게임을 하게 된다는 것이다.

그런데 실제로 꼭 그렇게 될까? 만일 향후에 내가 찾는 시점에 하필이면 금융 위기나 코로나19와 같은 대폭락장의 최저점을 딱 만나게 되면 큰 손해를 보게 되지 않을까? 한번 실제 데이터를 가지고 확인해보자.

표 2-7은 S&P 500 지수의 50년간(1970. 1. 1.~2019. 12. 31.)에 걸친 수익률 표다. 이 표에 의하면, 15년이 넘는 순간부터는 찾는 시점이 어

| 표 2-7 | S&P 500 Index 투자 기간에 따른 수익률 비교(50년간 분석, 1970~2019년)

년	지수 변화	연도별 수익률 (배당금포함)	1970. 1. 1. 1$ 투자	5년간 연평균 수익률	10년간 연평균 수익률	15년간 연평균 수익률	20년간 연평균 수익률	25년간 연평균 수익률
1970년 초	0.10%	4.01%	$1.04	–	–	–	–	–
2002년 말	−23.37%	−22.10%	$29.60	−0.59%	9.34%	11.48%	12.71%	12.98%
2008년 말	−38.49%	−37.00%	$34.09	−2.19%	−1.38%	6.46%	8.43%	9.77%
2018년 말	−6.24%	−4.38%	$116.94	8.49%	13.12%	7.77%	5.62%	9.07%
기간별 최고 수익률	34.11%	37.58%	···	28.56%	19.21%	18.93%	17.88%	17.25%
기간별 최저 수익률	−38.49%	−37.00%	···	−2.35%	−1.38%	4.24%	5.62%	9.07%
기간별 평균 수익률	11.85%	14.69%	···	13.58%	12.07%	10.85%	11.80%	11.60%

출처: Wikipedia

떤 최악의 시점에 걸리더라도 상당한 수익을 낸다는 것을 확인할 수 있다. 2002년 닷컴버블붕괴, 2008년 금융 위기, 2018년 포트폴리오 수익률 통계를 내기 시작한 1900년도 이래 118년 만에 모든 주요 포트폴리오 대부분이 하락한 투자 최악의 해와 같은 주식 폭락 시점에 찾을 때의 수익률을 확인해보기 바란다.

왜 이런 일이 가능할까? 표 2-8을 보면 그 해답을 찾을 수 있다.

모든 국가의 전체 주식의 지수는 장기적으로 우상향한다. 특히 미국의 대표 기업 500개를 지수화한 S&P 500 같은 지수는 우상향 강도가 상대적으로 강하며, 2000년대 들어와서는 더욱 강해졌다. 어떤 위기가 올지라도 최대 2~3년 안에 우상향해 전고점을 돌파했다. 평균 7~8년마다 두 배로 자산이 증식되므로, 15년간 투자하면 자산이 4배로 불어나게 된다. 15년간 투자한 경우, 만일 하필이면 최악

| 표 2-8 | S&P 500 지수 최근 50년간 그래프

2020년 12월 31일 기준

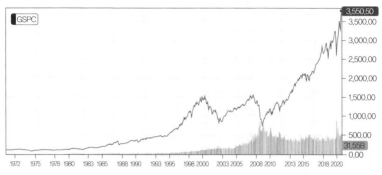

출처: Yahoo Finance

의 시점에 찾게 되어 이 시점에 자산이 반으로 줄게 되더라도 자신이 투자한 원금의 2배 정도를 찾을 수 있게 된다. 이것을 15년간의 연평균 수익률로 계산하면, 표 2-7에 나와 있는 것과 같이 10.85%가 나온다. 찾는 시점이 최악의 조건일 경우에 연평균 수익률은 4.24%가 나오며, 찾는 시점이 최상의 조건일 경우에 연평균 수익률은 무려 18.93%나 된다. 개별 주식이 아닌, S&P 500과 같이 지수를 추종하는 주식형 펀드에 장기투자하면, 원금 손실 확률은 거의 사라지고 상당히 높은 수익을 만들어나갈 수 있다.

자산 배분

자산 배분(Asset Allocation)이란, 전체 자산을 어디에 얼마나 나눌지를 결정하는 것을 말한다. 전체 자산에서 부동산자산과 금융자산의 비율을 어떻게 나눌지 결정해야 하며, 여기서 결정된 금융자산을 위험 수준이 서로 다른 여러 자산집단(Asset Class)을 대상으로 투자 자금을 배분하고 포트폴리오를 구성하는 일련의 과정을 말한다(앞으로 계속 사용할 포트폴리오의 정의는 앞에서 정의한 대로 '잘 분산된 금융자산의 목록'임을 항상 머릿속에 넣어두기 바란다). 자산 배분은 엄밀히 말하면, 앞에서 말한 분산투자의 상위 개념이자 전 단계지만, 일반적으로는 분산투자와 같은 개념으로 사용되기도 한다.

미국 투자은행들의 분석에 따르면, '자산 배분'이 전체 수익률에 미치는 요인은 90% 정도로 절대적이다. 그런데 일반 투자자들은 수익률에 영향을 5%밖에 못 미치는 '종목선정'과 2%밖에 못 미치는 '시장상황'을 예측하기 위해 모든 노력과 시간을 투자한다. 그들이 접하는 모든 언론매체나 SNS 등에서도 주로 종목선정 및 시장상황을 예측하기 위한 내용만 전파하기 때문에 그렇게 될 수밖에 없을 것이다. 그 결과로 대부분의 투자자들은 시장의 예언자가 되어 어떤 시점에 어떤 종목을 사고팔아야 하는지를 예측한다. 지속해서 신의 영역의 침범을 시도하고 있다. 자산 배분이 수익에 거의 전부라 해도 과언이 아닐 만큼 압도적으로 큰 영향을 미치는지는 들어본 적도 없기에 가장 중요한 부분을 놓치고 투자에 임하게 되며, 그 결과는 일반 개인 투자자의 95%가 장기적으로 투자에 실패한다는 사실이다.

포트폴리오 재분배

잘 분산된 포트폴리오를 구성한 다음에 할 일은 주기적으로 포트폴리오를 점검해 처음에 만들어진 포트폴리오의 구성비가 깨져 있으면 이를 처음에 정한 비중으로 원상복구 시키는 것이다. 이러한 작업을 포트폴리오 재분배(Portfolio Rebalancing)라고 한다.

포트폴리오에는 미국 주식, 유럽 주식, 이머징 주식, 미국 채권, 국내 채권, 금, 산업용 금속, 부동산 등 다양한 자산이 들어갈 수 있는데, 여기서는 쉽게 이해를 돕기 위해 주식과 채권에 각각 1억 원을 6:4로 투자한 경우를 예로 들어보겠다.

처음 투자 시 주식에 6,000만 원, 채권에 4,000만 원을 투자했다. 경기가 너무 좋아서, 주식이 8,000만 원으로 올랐고 채권은 4,000만 원 그대로다. 그럼 이 비율은 6:4가 아닌, 8:4가 된 것이다. 이것을 다시 6:4로 맞춰준다. 이제 전체 자산은 1억 원이 아닌 1억 2,000만 원이므로, 주식을 7,200만 원, 채권을 4,800만 원으로 맞춰준다. 주식에서 800만 원을 매도해 채권을 800만 원어치를 사는 것이다. 그런데 갑자기 경기침체가 와서 주식이 5,000만 원으로 폭락했고, 채권은 5,000만 원으로 조금 올랐다. 그럼 이 비율은 6:4에서 5:5로 변경되었으므로, 채권에서 1,000만 원을 매도해 주식을 1,000만 원어치 사서 주식 6,000만 원과 채권 4,000만 원으로 해 6:4의 비율을 맞춰준다.

이런 작업을 반복적으로 하면 무슨 일이 벌어질까?

다음 페이지의 표 2-9를 보면, 100이란 돈을 가지고 주식과 채권에 6:4로 투자했고, 지수는 1000에서 오르락내리락하다 다시 1000으로 왔다. 그런데 내 돈은 100에서 168이 되었다. 주식은 원상태 그대로인데 무려 68%라는 놀라운 수익을 올리게 된 것이다. 물론 극단적이 예시지만, 포트폴리오 재분배의 이점을 적나라하게 보여준다.

주식이 많이 올라 비중이 높아지면 비중을 다시 낮춰주는 행위는

| 표 2-9 | 포트폴리오 재분배가 수익에 미치는 영향

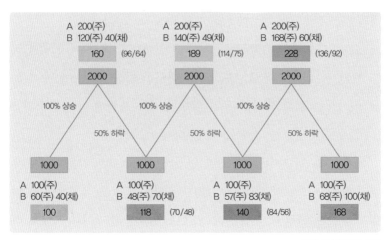

출처: ChFC 강의 교안

결과적으로 이익 실현을 하는 것과 마찬가지며, 주식이 많이 떨어져서 비중이 낮아지면 비중을 다시 높여주는 행위는 결과적으로 저평가된 주식을 사는 것과 마찬가지다. 이렇게 기계적으로 주식의 매도와 매수를 하게 되면, 현시점에서 주식의 가격이 높은지 낮은지 예측하려 하지 않고 신경도 쓰지 않으면서 마음 편히 매도와 매수를 해나갈 수 있게 된다.

여기서 한 가지 잘 살펴야 하는 것은, 자산 재분배를 가능하게 하기 위해서는 변동성이 큰 주식과는 상반된 안전자산인 채권이 포트폴리오에 항상 일정 부분 포진해 있어야 한다는 것이다. 우선 주식이 폭락할 때 안전자산인 채권은 일정 부분 오르게 되므로(항상 오르는 것은 아니지만) 손실을 어느 정도 만회해주기도 하지만, 그것보다 더 큰 역할은 주식이 폭락했을 때 저평가된 주식을 살 수 있는 실탄 역할을 해준다는 것이다. 즉, 주식은 공격수고 채권은 수비수이자 예비군이다. 공격수가 무너졌을 때 우리를 든든하게 지켜줄 믿음직한 자원이다.

현재 당신의 포트폴리오를 한번 보자. 혹시 전체 다 주식으로 되어 있지 않은가? 만일 그렇다면, 아무도 분산이라든지 포트폴리오 구성이라든지 수익률 관리의 원칙 등을 가르쳐주지 않았기에 그렇게 되어 있을 수밖에 없다.

그럼 포트폴리오 재분배는 구체적으로 어떻게 해야 하나?

변동 폭

각 자산의 가격 변동이 1/4 이상 날 때마다 해줘야 한다. 주로 주식의 상승 및 하락이 25% 정도 발생하면 재분배를 해줘야 한다. 그러나 하락장에서는 변동성이 더욱 커지고 빨라지므로 20% 정도 발생 시마다 해줘야 한다.

주기

보통 6개월마다 한 번씩 해주는 것이 좋다. 그러나 그 시점에 각 자산의 큰 변화가 없으면 그냥 넘어간다. 즉, 6개월에 한 번은 자산의 변동을 꼭 확인해야 한다. 그러나 변동성이 큰 장세에서는, 특히 대폭락장에서는 더욱 신경 써서 훨씬 자주(최소 일주일에 한 번) 봐줘야 한다. 폭락 시에는 수직으로 떨어지는 칼날처럼 가파르게 떨어지기 때문이다. 일반적으로 하락의 속도는 상승의 속도보다 보통 3배 정도 빠르며, 대폭락장에서는 하락의 속도가 배가 됨을 유념하기 바란다.

분산투자와 재분배

그럼 앞에서 언급한 제대로 된 분산투자에 여기서 말한 재분배가 합쳐지면 그 결과는 어떻게 될까? 분산투자 재분배가 합쳐지면 그 효과는 실로 엄청나다. 표 2-10의 보라색 선인 '분산 + Re'가 분산투자와 주기적인 재분배를 했을 경우의 수익률을 나타낸 것인데, 주가 폭락 시에는 하락 폭이 상대적으로 적으며, 상승 시에는 주식에 올인한 것과 비교해도 수익률이 못하지 않다. 하락장에서도 마음 편하게 버틸 수 있으며, 시간이 지나면 지날수록 안정적이면서도 상당히 높은 수익을 만들 수 있게 된다. 단, 이러한 효과를 얻기 위해서는 '장기투자'와 '시장을 추종하는 지수에 투자'라는 조건이 반드시 동반되어야 한다.

| 표 2-10 | 분산투자와 재분배가 수익률에 미치는 효과

출처: ChFC 강의 교안

포트폴리오 조정

포트폴리오 조정(Portfolio Upgrading)은 대세 상승장과 대세 하락장에 대응하기 위한 전략이다. 즉, 포트폴리오 내의 위험자산과 안전자산의 비중을 강제로 조정하는 것이다. 표 2-11과 같이 대세 상승장에서는 주식 비중을 80%까지 높이고, 하락장에서는 주식 비중을 25%까지 낮춘다.

참고로 어떤 경우에도 주식 비중은 25% 이상은 유지해야 한다. 주식 비중이 이보다도 더 떨어지면 수익률은 떨어지는데 리스크는 오히려 더 올라가기 때문이다. 그런데 한 가지 간과해서는 안 되는 아주 중요한 사실이 있다. 여기서 다루는 포트폴리오 조정은 결국은 시장을 예측한다는 것이다. 우리가 앞에서 한 모든 행위가 시장은 예측할 수 없다는 가정하에서 이루어진 것인데, 이러한 대전제를 위

| 표 2-11 | 포트폴리오(주식 vs 채권) 조정 범위

출처: ChFC 강의 교안

반하는 것이다.

세계 최고 전문가들의 경우에도, 포트폴리오 조정을 하기 위해서는 엄청나게 많은 거시경제 지표와 포트폴리오에 들어 있는 주식들의 회사에 대한 기본적 분석, 주식들의 기술적 분석 등 상당히 많은 정보를 취합해서 고심 끝에 결정하게 된다. 세계 최고의 전문가들에게도 이 작업은 쉬운 것이 아니다. 그러므로 이러한 포트폴리오 조정은 일반인들은 해서는 안 되며, 정말로 믿을 만한 전문가와 함께 할 때만 하는 것으로 생각하기 바란다.

포트폴리오 보험

여기서 다루는 포트폴리오 보험(Portfolio Insurance)은 원금 손실을 참지 못하는 절대안정형 성향을 가지고 있거나, 이미 은퇴를 해 현재 자산에서 매월 연금 형태로 돈을 빼내기 시작한 사람들에게 맞는 전략이다. 주식의 비중은 25%로, 채권의 비중은 75%로 가져가는 것이다. 이 투자 원칙에 보험이란 단어가 들어가는 이유가 있다. 일반적으로 위험자산인 주식 가격이 하락 시 채권 가격은 상승하는데 그 폭은 상대적으로 주식이 더 크다. 그런데 주식 비중이 채권의 1/3밖에 안 되기에 주식 가격 하락의 상당 부분을 채권 가격 상승이 메꿔줄 수 있기 때문이다.

여기서 중요한 것은 아무리 안전을 우선시하더라도 주식의 비중은 25%는 가지고 가야 한다는 사실이다. 표 2-11에서 보는 바와 같이 채권의 비중이 75%를 넘어가면 오히려 수익률은 줄고 리스크는 커진다. 주식 시장의 활황 시 혹은 금리 인상 시기에는 채권 가격이 내려갈 수 있으므로, 주식의 비중을 25% 정도는 가져가야 한다는 사실을 명심하기 바란다.

부자가 되고 싶은가? 투자에서 성공하고 싶은가? 다시 한번 더 강조한다. 부자들이 철저히 지키고 있는, '투자 수익률 관리의 6가지 기본 원칙'을 그냥 좋은 내용이네 하면서 흘려보내지 말고, 앞으로 투자하면서 반드시 지켜야 할 기본 원칙으로 가슴에 아주 깊이 새기기 바란다. 그러면 당신은 반드시 행복한 부자로 은퇴할 것임을 믿어 의심치 않는다.

07 세금에 대비한다

대한민국에는 도대체 세금이 몇 개야?

이래저래 죽어나는 건 날세

사람이 태어나면 절대로 피할 수 없는 금이 두 개가 있다고 한다. 하나는 주금(죽음), 다른 하나는 세금.

죽음만큼 세금도 절대로 피할 수 없음을 적나라하게 표현한 것이다.

또 다른 적나라하지만 재미있는 세금 관련 유머가 하나 있다. 인터넷에 떠도는 이런 유형의 유머가 많은데 다음 페이지에 나오는 이 버전이 가장 재미있으면서도 냉소적이다(참고로 이 내용은 오래되어 세금 중 일부는 없어졌거나 다른 이름으로 변경되었거나 다른 세금과 통합되었으니 그저 유머로 읽고 지나가자).

이렇듯 엄청나게 많은 종류의 세금은 누구에게나 부담이 될 수밖에 없지만, 아무래도 부자들에게는 와닿는 강도가 전혀 다르다.

태어났더니	주민세
살았을 때 줬더니	증여세
죽었더니	상속세
피 땀 흘려 노동했더니	갑근세
힘들어서 한 대 물었더니	담배세
퇴근하고 한 잔 했더니	주류세
아끼고 저축했더니	재산세
북한 때문에 불안했더니	방위세
황당하게 술에 왜 붙니	교육세
화장품에 뜬금없이 왜 붙니	농어촌세
월급 받고 살아보려니	소득세
장사하려고 차 샀더니	취득세
차량번호 다니	등록세
월급쟁이 못해 회사 차렸더니	취득세
껌 하나 샀더니	소비세
집에서 가만히 쉬었더니	전기세, 수도세
전기 많이 썼더니	누진세
배 좀 아파 똥 좀 눴더니	환경세
좀 있는 놈은	탈세
이래저래 죽어나는 건	날세

부자님, 이제부터 버신 돈의 반은 제가 가져갈게요!

부자들이 투자하면서 가장 먼저, 가장 중요하게 따져보는 것이 세금이다. 2021년부터는 누진세인 종합소득세의 최고세율 구간이 45%로 올라간다. 여기에 지방소득세 10%를 더하면, 49.5%가 된다. 부자들은 이제부터 10억 원 초과 시 수입의 반을 나라에 헌납해야 한다. 이러니 부자들이 세금에 민감할 수밖에 없다. 종합소득세의

| 표 2-12 | 종합소득세 과세표준 구간별 세율 개정안(2021년도 소득분부터 해당)

현 행		개 정 안	
□ 소득세 과세표준 · 세율		□ 최고세율 인상 및 과표구간 조정	
과세표준	세율(%)	과세표준	세율(%)
1,200만 원 이하	6	1,200만 원 이하	6
1,200만 ~ 4,600만 원	15	1,200만 ~ 4,600만 원	15
4,600만 ~ 8,800만 원	24	4,600만 ~ 8,800만 원	24
8,800만 ~ 1억 5,000만 원	35	8,800만 ~ 1억 5,000만 원	35
1억 5,000만 ~ 3억 원	48	1억 5,000만 ~ 3억 원	38
3억 ~ 5억 원	40	3억 ~ 5억 원	40
5억 원 초과	42	5억 ~ 10억 원	42
		10억 원 초과	45

출처: 기획재정부

세금은 아래의 소득세율에 10%의 지방소득세를 더해 내게 되므로, 실제로 소득세 과세 표준 세율은 6.6~49.5%가 된다.

아무도 모르는 대한민국의 모든 세금

이렇게 부자들은 세금에 민감할 수밖에 없음에도 불구하고, 심지어는 스마트 리치들조차도 우리나라의 전체 세금에 대해서는 헷갈려하고 정확히 잘 모른다. 그 이유 중의 하나는, 세금이 계속 바뀌고 생겨나는 데다 그 종류가 너무도 많기 때문이다. 또 다른 이유는, 항상 나무에 대해서만 설명을 들어봤지 어느 언론도 어느 전문가도 심지어 회계사나 세무사조차도 전체 숲의 모양에 대해서는 설명을 해준 적이 없기 때문이다.

나는 고객들에게, 특히 부자들을 위해서 우리나라 전체의 세금을

표 2-13 | 대한민국 전체 세금

2021년 1월 기준

소득세 상세

종합소득세*3
- 이자소득세
- 배당소득세 } 금융소득종합과세 2,000만 원까지 분리과세 15.4% 초과부분 종합소득세에 합산됨
- 사업소득세 → 부동산 임대사업 포함
- 근로소득세
- 연금소득세 → 국민연금 등 4대공적연금 모두 해당, 세액공제 받은 연금저축 & IRP 연금수령
  - 종합소득세율 적용
  - 연간 1,200만 원까지 분리과세(5.5~3.3%)
  - 연간 1,200만 원 초과 수령 시, 전액이 종합소득세로 합산되어 종합소득세율 적용
- 기타소득세

분류과세 (종합소득세에 합산 안 됨)
- 퇴직소득세*4
- 양도소득세*5

세금 체계도

대한민국 세금 (25개)

국세 (국세법) (14개)

내국세*1 국세청담당 (13개)
- 보통세 (10개)
  - 직접세 (5개): 소득세, 법인세*6, 상속세*7, 증여세*7, 종합부동산세*8
  - 간접세 (5개): 부가가치세, 개별소비세, 인지세, 주세, 증권거래세
- 목적세 (3개): 교육세, 교통·에너지·환경세, 농어촌특별세

관세*2 관세청담당 (1개)

지방세 (地方稅法) (11개)

도세 (6개)
- 보통세 (4개): 취득세, 등록면허세, 레저세, 지방소비세
- 목적세 (2개): 지방교육세, 지역자원시설세

시·군세 (5개): 담배소비세, 주민세, 지방소득세*9, 재산세, 자동차세

---

*1 내국세: 13개 각각의 세율 적용 받음. 각 지역의 세무서는 국세청 소속
*2 관세: 관세법
*3 종합소득세: 국세+지방소득세 합산. 세율 6.6~49.5%(누진세)
*4 퇴직소득세: 소득공제 후 과세표준금액에 기준 종합소득세율과 동일. 단, 근속연수에 동일. 연금으로 수령 시 10년까지는 30%, 10년 초과 40% 세금 절감
*5 양도소득세: 종합소득세율과 동일. 단, 부동산은 경우에 따라 최대 82.5%
*6 법인세: 국세+지방소득세 합산. 세율 11~27.5%(누진세)
*7 상속세 및 증여세: 세율 10~50%(경우에 따라 60%)
*8 종합부동산세: 세율 0.6~6.0%
*9 지방소득세: 국세인 소득세 및 법인세에 세금에 10%를 부과. 지방자치단체의 가장 큰 재원

※ 이 표는 골든크로스 투자자산컨설팅의 지적재산이므로 무단 사용 및 배포를 금함

☐ : 부동산과 관련된 모든 세금. 총 19개

한 장으로 정리하여 설명해드린다. 숲의 한 가운데 있으면 전체 지도를 봐야 자신이 현재 어디에 있는지 알게 되고, 그래야 자신의 복적지로 이동할 수 있기 때문이다. 대한민국 전체 세금은 어떻게 구성되어 있고, 부동산을 사게 되면 도대체 얼마나 많은 종류의 세금을 내야 하며, 상속증여세율은 어떻게 구성되며, 양도소득세 및 퇴직소득세는 왜 종합소득세에 포함되지 않으며, 종합소득세는 어떻게 구성되어 있고, 금융소득 종합과세는 어떨 때 얼마나 내게 되며, 연금소득세의 종합소득세 포함은 어떤 경우에 해당되며, 국민연금도 종합소득세에 포함이 되는지 등을 한눈에 볼 수 있도록 해준다.

이 표 한 장만 잘 이해하게 되면, 이 책값의 최소한 수백 수천 배는 뽑게 될 것이다. 실제로 나는 이 표 한 장만 가지고 금융전문가들을 대상으로 한 유료 강의를 해오고 있다.

부자들의 절세 방법

과거에 세금 징수 시스템이 완벽하지 하지 않았던 시절에는 부자들이 일부 탈세를 한 것도 사실이지만, 현재 전 세계에서 가장 완벽한 세금 징수 시스템을 구축하고 있는 우리나라의 국세청을 상대로 과거와 같은 탈세를 시도했다가는 그야말로 거덜난다.

실제로 부자들이 세금을 절세할 방법은 그리 많지 않다. 절세라는 것이 덜 버는 사람들에게 혜택을 주기 위해 만들어진 제도이기 때문이다. 그래서 부자들은 한 푼의 세금이라도 줄이기 위해서 합법적인 절세 방법은 대부분 사용한다. 그들에게는 절세로 얻는 절대

금액의 혜택보다도, 자신이 어렵게 번 돈을 높은 세율로 가져간 나라로부터 다시 자신의 돈을 찾아온다는 일종의 피해보상 욕구를 충족시키는 행위인 것이다.

부동산의 비중을 줄여 세금 폭탄을 피해간다

표 2-13에서 보면 부동산을 사서 보유하다 팔게 되면, 관세를 제외한 대한민국 세금 대부분에 해당하는 최대 19개 세금의 과세 대상이 된다. 이 세금의 강도는 점점 더 세지고 있다. 이렇게 많은 세금 외에도 수익형 부동산의 경우에는 각종 비용 및 공실, 임대료 미납, 천재지변(특히 화재) 등의 리스크가 추가로 더해진다.

부자들의 특징은 돈이 어디로 흘러가는지를 남들보다 빨리 파악한다는 것과 정부가 추진하는 주요 정책의 큰 흐름에 역행하지 않는다는 것이다. 그래서 그들은 부동산의 비율을 점점 줄여나감으로써 세금으로부터 훨씬 자유로워지고 있다. 실제로 우리나라 중산층의 전체 자산 대비 부동산 비율은 2020년 말 기준 거의 90%까지 올라갔지만, 부자들의 전체 자산대비 부동산 비율은 50%대이며 향후 이 비율도 점점 더 낮아질 것으로 부동산 전문가들은 예상한다.

달러 투자 수익은 양도소득세로 납세의무가 종결된다

부동산을 정리했거나 기존에 여유자금으로 가지고 있는 목돈 및 매월 발생하는 소득의 잉여 자금은 달러로 해외자산에 투자한다. 참고로 해외 주식이나 채권에 투자한 경우, 자산을 매도하여 이익 실현을 하기 전까지는 10년이든 20년이든 비용과 세금이 거의 없다.

향후 어떤 큰 수익이 발생하더라도 현재의 세금체계 아래에서는 양도소득세 22%(지방소득세 2% 포함)로 납세의 의무가 종결된다. 양도소득세는 종합소득세와는 분류되므로, 즉 종합소득세로 합산되지 않으므로, 부자들에게는 종합소득세율의 최고구간인 49.5%와 비교하면 엄청난 차이가 난다.

참고로 투자를 안 하고 달러로 보관만 할 경우에는, 환율에서 얻는 환차익은 전액 비과세이므로, 부자들은 여러 가지 면에서 달러 투자를 갈수록 더욱 선호한다.

세액공제 상품에 가입한다

절세의 혜택이 가장 높은 상품이 세액공제 상품인데, 부자들도 가입할 수 있으므로 부자들은 이 상품을 반드시 가입한다. 연금저축과 개인형 IRP 계좌 두 개를 합쳐서, 연간 700만 원까지 세액공제를 해준다. 소득에 따라서 700만 원에 대한 16.5%인 1,155,000원 또는 13.2%인 924,000원을 연말정산 시(또는 종합소득세 신고 시)에 세금에서 차감해준다. 부자들은 대부분 소득이 높으므로 13.2%의 세금을 돌려받는다. 이 금액이 그들에게 큰 돈은 아니지만, 그들은 자신들이 챙길 수 있는 것은 단 한 푼이라도 확실히 챙긴다.

반면에 2016년 3월에 만들어진 '절세 만능 통장'이라 불리는 개인종합자산관리계좌(ISA, Individual Savings Account)의 경우, 금융소득종합과세 대상자는 가입할 수 없다. 설령 금융소득종합과세 대상자가 아니더라도 미국의 주식과 미국에 상장된 ETF에는 직접 투자할 수 없는 단점 등이 있으며, 절세 혜택은 작아서 부자들은 거의 가입하지 않는다(세액공제 상품인 연금저축과 IRP, 절세 상품인 ISA에 대해서는 Chapter 3 '03 묻지도 따지지도 말고 세액공제 상품은 최우선적으로 가입한다'에서 상세히 설명하도록 하겠다).

상속증여세 절감방안 강구

부자 중 가끔 현금성 자산은 없이, 상당한 규모의 사업체 또는 빌딩 등의 부동산만을 남기고 떠나는 경우가 있는데, 이 경우 상속인들은 엄청난 액수의 상속세를 마련해야 한다. 그런데 이 상속세가 준비되어 있지 않으면 상속인들은 결국 사업체나 부동산을 매도해 상속세를 마련해야 하는데, 상속세를 납부 기간 안에 납부하지 않을 경우 세무당국에 의한 공매로 넘어가게 된다. 만일 공매에 넘어가 1차 2차 유찰되게 되면, 결국은 사업체 또는 빌딩 등은 고스란히 나라의 품으로 넘어가게 된다. 심지어 최악의 경우에는 상속인들은 돈 한 푼 구경도 못 하고 빚까지 지게 되는 상상 초월의 상황이 가끔 벌어지기도 한다.

자신이 평생 힘들게 모은 모든 자산이 사랑스러운 자손에게는 한 푼도 안 가고, 본인의 뜻과는 전혀 상관없이 나라로 다 가게 되면 너무 어처구니없지 않은가? 물론 본인의 의지로 전 재산을 나라나 단체에 헌납하고 가는 경우도 있다. 하지만 이것은 본인의 의지였고 자신의 이름이라도 세상에 한 줄 남기고 가는 것 아니겠는가?

만일 자산 규모가 30억 원 정도 이상이 되며, 이 자산의 대부분이 부동산이라면(단, 아파트의 경우는 걱정할 필요가 없다. 시세보다 최악의 경우 10% 이하로 내놓으면 바로 현금화가 가능하다), 그리고 나이가 이미 60세가 넘었다면, 지금 당장 상속증여에 경험이 많은 세무사, 회계사, 자산관리사와 상속증여 계획을 마련하는 동시에, 상속증여세 절감방안 및 상속세 재원 마련 플랜을 세워야 한다.

상속세 재원의 마련은 여러 가지가 있으나, 세무당국도 인정하는 가장 좋은 방법 중 하나는 종신보험을 이용하는 방법이다. 하지만 이것도 본인의 건강이나 나이에 따라 가입이 어려울 수도 있음을 고려해 한 살이라도 젊을 때 상속세 재원 마련 플랜을 세우기 바란다.

이자소득세, 배당소득세 No No~

부자들의 경우는 은행 예금에서 나오는 쥐꼬리만큼의 이자와 주식에서 나오는 쥐꼬리만큼의 배당금의 합이 자금의 규모가 크다 보니 2,000만 원을 훌쩍 넘는다. 이미 세금으로 15.4%를 뗐는데 2,000만 원 초과분에 대해서는 종합소득세로 넘어간다. 이렇게 되면 최고구간의 세율로 엄청난 세금을 다시 물게 된다. 특히 종합소득이 많은 부자의 경우 2021년부터는 이자 및 배당소득에 대한 세금이 최고구간인 49.5%에 턱 하니 가서 붙는다. 이런 이유로 부자들은 이자소득과 배당소득을 좋아하지 않는다. 그래서 부자들은 달러 투자로 자산을 이전해 양도소득세 22%로 납세의무가 종결될 수 있도록 포트폴리오를 조정한다.

일반 중산층의 절세 방안

우리나라 국민은 너나 할 것 없이 전부 세금에 민감하며 자신이 많은 세금을 낸다고 생각한다. 하지만 국세청 통계연보에 따르면 2019년 연말정산 신고자(2018년 귀속분)를 기준으로 근로소득세를 한 푼도 내지 않은 사람은 721만9,101명이다. 근로소득이 있어 납세 대상이 된 1,857만 명 가운데 38.9%를 차지한다. 1년 내 벌어들인 소득(총급여)에서 각종 기본공제, 의료비, 교육비 공제 등을 뺀 세금 부과 대상 금액이 '0원' 이하인 사람들이다.

이렇게 40% 가까운 소득세 면제자 비율은 OECD 평균인 10%대에 비하면 상당히 높은 편에 속한다. 과도한 소득세 면제자 비율을 낮추려는 시도는 과거 정권부터 계속되었지만 시행되지 않았다. 심한 소득 불균형에 따른 다수 근로자의 저소득 및 OECD 내에서 가장 높은 비율의 영세 자영업자의 저소득에 의해 발생하는 결과가 소득세 면제의 가장 큰 원인이므로, 이를 무시하고 소득세 면제자 비율을 낮추는 것은 엄청난 조세저항과 더불어 선거의 표심에도 막대한 영향을 미치기 때문이다. 그러므로 이 문제는 정권마다 계속 들여다보고 고민만 하는 뜨거운 감자로 계속 남아 있다.

이렇게 저소득으로 세금을 한 푼도 안 내는 40%의 근로자를 제외하면, 나머지 60%의 근로자는 절세를 위해 최대한 노력해야 한다. 그런데 사실 세액공제 상품에 가입하는 것 외에는 특별히 크게 세금을 절감할 수 있는 것이 거의 없다.

결론은, 유리 지갑이라고 불리며 세금 재원이 100% 노출된 근로소득자들은 세액공제 상품을 무조건 연간 700만 원까지 가입하고, 나머지 여유자금은 자신에게 필요한 4대 목적자금(주택자금, 은퇴자금, 교육자금, 결혼자금)을 마련하기 위해 적극적으로 투자에 나서야 한다는 것이다.

08 리스크를 헤지한다

'리스크 헤지'의 정의

금융 컨설팅 일을 하면서 늘 느끼는 것이지만, 상당히 많은 부분에서 영어 단어를 사용할 수밖에 없다는 것이다. 처음에는 왜 이렇게 영어 단어를 많이 사용해야만 하는가에 거부감을 느꼈지만, 금융의 역사를 공부하게 되면서 어쩔 수 없다고 체념하며 그냥 사용한다.

태권도를 배우는 세계의 모든 젊은이들이 동작 구호를 한글로 사용하듯이. 서구의 주식 시장 역사는 400년이 넘었고(우리나라는 60년이 조금 넘었음), 현대의 금융은 미국이 완전히 주도해나가고 있으며, 그들이 만드는 금융 관련 모든 용어는 당연히 영어로 되어 있기에, 영어의 사용은 어쩔 수 없음을 아쉽지만 쿨하게 인정하고 넘어가자.

리스크의 정확한 의미

우리가 평소 사용하는 리스크를 정확히 우리말로 옮기기는 간단하지 않다. 우리나라 사전을 찾아보면 '투자에 따르는 위험'으로 나와 있다. 그런데 이것만으로는 충분히 단어의 의미가 전달되지 않는다.

네이버 지식백과에는 "리스크(risk)란 불확실성에 노출(exposure to uncertainty)된 정도를 의미하며 부정적 상황 외에 긍정적 가능성도 내포하게 된다."고 나와 있는데, 이렇게 되면 리스크가 좋은 경우에도 사용 가능한 것이냐는 의문이 생긴다. 케임브리지 사전(Cambridge Dictionary)에서 간단한 설명으로는 "안 좋은 사건이 일어날 가능성"이라고 되어 있고, 상세한 설명으로는 "인간의 건강, 재산, 환경 등에 주로 부정적이고 안 좋은 결과로 귀착되는 영향을 미치는 불확실성"이라고 되어 있다.

그럼 우리가 주로 금융에서 사용하는 리스크의 정확한 의미를 정리해보자. 리스크를 '크기를 확정하기 힘든 손실이 발생할 가능성'으로 이해하면 앞으로 금융에서 사용하는 리스크의 의미가 정확히 와닿으리라 생각한다.

늘 들어왔던 "하이 리스크, 하이 리턴(High Risk, High Return)"을 우리가 내린 정의로 해석해보면, "큰 손실이 발생할 가능성을 감수해야 큰 이익을 얻을 수 있다."가 된다. 리스크에 대한 정의를 제대로 내렸음을 알 수 있다. 우리가 무엇인가를 얻기 위해서는 반드시 무엇인가를 지불해야 한다. 금융 컨설팅을 하면서 매일 수십 번씩 느끼는 격언 중에서도 으뜸가는 격언이 있다.

"세상에 공짜는 없다!(There is no free lunch!)"

헤지의 정확한 의미

영어 단어인 '헤지(hedge)'의 원래 단어의 뜻은 '맹수로부터 사람이나 가축을 보호하기 위해, 산에 치는 울타리'다. 금융에 사용하는 뜻으로는 '금전손실을 막기 위한 대비책'으로 사전에 나와 있다. 국어사전에도 헤지는 외래어로 등록되어 '투자자가 가지고 있거나 앞으로 보유하려는 자산의 가치가 변함에 따라 발생하는 위험을 없애려는 시도'로 나와 있다. 정리하면, 우리가 앞으로 계속 사용할 '헤지'는 '투자의 손실을 사전에 막기 위한 대비책'으로 이해하기 바란다.

결국 리스크 헤지는 이것이다

이제 우리는 '리스크 헤지'에 대한 정확한 의미를 알게 되었고, 용어의 정의를 내릴 수 있게 되었다. '리스크 헤지'란 '크기를 확정하기 힘든 손실이 발생할 가능성을 낮추기 위한 대비책'이다. 요약해 '손실 가능성을 낮추는 방안'으로 이해하기로 하자.

부자들은 가장 효과적인 리스크 헤지 방법을 알고 있다
보험에 의한 리스크 헤지, 적은 비용 대비 엄청나게 큰 보상이 따른다

부자들은 사업을 하면서 여러 가지 경우의 위험에 처해봤고 주위 사람들이 리스크 헤지를 못해 크게 낭패를 당하거나 실제로 망하는 경우를 상당히 많이 봐왔다. 그러므로 그들은 '리스크 헤지', 즉 '크기를 확정하기 힘든 손실이 발생할 가능성을 사전에 막기 위한 대비책'을 많이 연구했고, 아주 적은 비용으로 엄청난 리스크를 헤지하는 가장 좋은 방안이 보험상품의 이용이라는 것을 알게 되었다.

피해보상 및 배상책임 관련 보험

적은 비용으로 큰 피해보상 또는 배상 책임 비용을 받게 되는 보험으로는 다음과 같은 것들이 있다. 참고로 피해보상은 가입자 자신의 피해에 대해 보험사가 지급하는 보험금이며, 배상 책임 비용은 가입자가 남에게 피해를 줬을 때 지급해야 하는 비용을 보험사가 대신 지급하는 것이다.

자신의 재산에 대한 피해보상을 받기 위한 것으로는, 부동산(주택, 빌딩, 공장 등)의 화재보험, 자동차보험 등이 있다. 타인에게 입힌 손해에 대한 배상책임을 위한 것으로는, 화재보험 및 자동차보험을 비롯해 자동차보험과는 별도로 가입해야 하는 운전자보험, 일상생활배상 책임보험 등이 있다. 부자들은 이러한 리스크 헤지는 투자(내는 돈, 보험료) 대비 효과(받는 돈, 보험금)가 매우 탁월하다고 생각하기 때문에 확실하게 가입한다. 단, 전부 소멸성 보험으로 가입하며, 여기에 별도의 적립금은 더하지 않는다. 참고로 이러한 손해보험에 적립금을 넣는 경우가 있는데, 적립금에도 사업비를 차감한 후 적립하고 이를 공시이율로 굴려서 향후 돌려주기 때문에 현재와 같은 저율의 공시이율로는 저축의 기능을 상실한 상태다. 부자들은 이러한 사업비 구조에 대한 이해 여부와 상관없이, 보험의 원래 순수 기능인 적은 비용으로 최대의 보상을 받는 것에 충실하기 위해서라도 손해보험에는 적립금을 넣지 않는 현명함을 보인다.

종신보험

부자들은 자신의 생명과 관련한 종신보험에 상당히 많이 가입한다. 부자들에게 종신보험은 일반인들이 생각하는 사망보험금을 위한 것이 아닌, 자신의 유고 시 상속인의 상속세 재원을 마련해주기 위한 목적으로 종신보험을 활용한다.

건강보험

부자들은 사실 자신이 아프거나 다치면 본인의 자금으로 충분히 의료비를 낼 여유가 있어서 건강보험이 크게 필요가 없는데도 불구하고 상당히 넉넉하게 가입하고 있다. 건강보험도 일종의 리스크 분산 또는 적게 내고 많이 가져오는 투자의 개념으로 생각하고 충분한 담보를 확보한다.

여기에 더해, 여러 인맥(혈연, 지연, 학연, 주위의 소개 등)에 의한 보험설계사들이 찾아와서 가입을 권유할 때마다 하나씩 들어주다 보면, 나중에는 너무 과도하게 가입하는 경우도 많이 있다. 실제로 어떤 부자의 경우 상속세 재원 마련의 종신보험을 제외하고도, 가족 전체의 건강보험료로만 매월 1,000만 원 가까이 내고 있었다.

보험은 현대판 두레, 품앗이, 계

부자들은 보험에 가입하면서, 우선 자신의 리스크를 헤지한 것에 만족한다. 혹여 자신이 보험을 통한 보험금을 오랜 기간 한 푼도 받지 못하더라도, 이것은 자신의 건강이나 재산에 아무 탈이 없었던 것임을 방증하는 것이므로 이에 감사하며, 동시에 큰 사고로 어려움에 처한 누군가가 자신이 낸 보험료로 고난을 헤쳐나가는 데 도움을 받았을 것으로 생각하며 흐뭇하게 생각한다. 부자들은 보험이 옛날 우리 조상들의 두레, 품앗이, 계가 현대화한 것임을 정확히 파악하고 있는 것이다.

바람직한 건강보험
건강보험은 건물을 세우기 위한 기초 공사

우리가 건물을 세울 때 기초 공사를 단단히 해야 높은 건물을 세울 수 있다. 보험은 향후 투자의 포트폴리오를 잘 만들기 위한 기초 공사와 같다. 여기서 말하는 보험은 연금 등의 저축이나 투자가 아닌, 리스크 헤지를 위한 순수소멸성 보장성 보험을 말한다. 그러면 보험 가입의 적정선은 얼마인가? 이것은 사실 정확한 가이드라인이 있는 것은 아니다. 다만 보험역사가 오래된 미국의 적정 가이드라인을 참조하면, 중산층의 경우 월 소득의 6~11% 선이 적정한 것으로 나와 있다. 소득이 많은 경우에는 6% 정도로도 가족에 필요한 건강보험에 가입 가능할 것이며, 소득이 적으면 10% 정도가 되어야 어느 정도 가족에 필요한 건강보험에 가입 가능한 것이다.

소득이 낮을수록 보험료의 부담이 생길 수는 있겠지만, 이러한 가정에 큰 질병이나 상해의 불상사가 발생했을 경우 보험의 필요성과 효용성은 훨씬 높으므로 무조건 보험료를 낮춰서는 안 된다.

기초 공사가 엉망으로 되어 있다면 리모델링은 필수

앞서 언급한 순수 건강보험으로만 한 달에 월 1,000만 원을 내는 부자도 마찬가지지만, 이보다 더 안 좋은 경우도 있었다. 부부의 전체 월 소득보다 더 많은 보험료를 내는 경우도 본 적이 있다. 게다가 대부분이 저축성이 아닌 보장성 보험이었다. 어떻게 이런 상황으로 계속 해오고 있었는지 물었더니 가족, 친척, 친구 등 가까운 지인들의 권유로 보험을 들어주다 보니 여기까지 왔다고 했다. 어이가 없었다.

기초 공사가 엉망이면 건물을 세울 수 없다. 너무 부실해서도 안 되지만, 너무 과도해서도 안 된다. 본인의 보험이 제대로 된 플랜 없이 오랜 기간 이 사람 저 사람의 권유로 보험에 가입해왔다면 적정 시점에 본인의 보험을 반드시 리모델링을 하기 바란다.

건강보험 제대로 가입하기

우선 소유한 부동산(건물 및 아파트)이 있는 경우, 화재보험 및 배상책임보험에 가입하면 부동산 재산에 대한 보험은 간단히 끝난다. 다음이 건강보험인데 이것은 재산 보험보다는 훨씬 복잡하다. 신규 가입이든 리모델링이든 다음의 원칙을 따르기 바란다.

첫째, 가족 전체의 월 건강보험료는 월수입의 10%를 넘지 않도록 조정한다.

둘째, 비갱신이며 100세 만기로 가입한다(비갱신 20년납, 100세 만기). 갱신형이면서 앞으로도 아주 오랜 기간 내야 하는 담보는 잘 판단하

여 정리가 필요하다고 생각되면 과감하게 정리 후 비갱신으로 갈아
탄다.

셋째, 적은 보험료로 큰 위험을 보상해주는 담보부터 가입한다.

넷째, 보험사의 손해율이 높은 담보는 보험사에게는 미안하지만
무조건 먼저 가입한다. 이런 담보들은 곧 없어지거나 보장금액이 축
소되거나 보험료가 계속해서 올라간다.

다섯째, 3대 질병(암, 뇌, 심장) 진단금은 본인의 건강 상태 및 가족
력, 보험료 납입 여력을 고려하여 진단금의 크기를 결정한다.

위의 내용에 따라 아래와 같이 가입 설계를 해나간다.

첫째, 실손보험은 묻지도 따지지도 말고 1순위로 무조건 가입해
야 한다. 아주 적은 금액으로 질병, 상해 각각 최대 5,000만 원씩을
보장받는다. 현재 보험사들의 실손보험 손해율은 이미 100%가 넘
었다(손해율이 100%가 넘었다는 것은, 보험사 입장에서 받은 보험료보다 지급한
보험금이 더 많다는 의미). 최근 일부 보험사는 실손보험 가입을 아예 막
아버렸고, 설계사를 통해서 가입할 경우에는 다른 보험을 동시에 가
입해야 실손을 받아줄 만큼 보험사에는 계륵 같은 존재다.

둘째, 손해보험사의 손해율이 높은 담보로는 질병후유장해, 허혈
성심장질환, 뇌혈관질환, 수술비 등이 있다. 여기서 보험료가 비교
적 저렴하고 반복적으로 계속 보상을 하는 수술비에 우선하여 가입
한다. 수술비는 질병, 상해 양쪽 최대한도로 가입해도 20년납 100세
만기 기준으로 월 몇만 원 정도면 된다. 수술비가 반드시 필요한 이
유는 다음과 같다. 실손보험의 경우 모든 보험사의 실손이 동일하게

100세까지 갱신된다. 갱신의 주기가 1년이면 오르는 폭이 적을 것이고 3년이면 오르는 폭이 클 것이다. 실손보험료는 물가상승률, 보험사의 손해율, 나이에 따른 리스크를 고려하여 시간이 흐름에 따라 상승 폭이 계속 커진다. 의료비가 정말로 많이 발생하기 시작하는 70세, 80세 이후에는 아마도 실손보험료는 감당이 안 될 만큼 올라 있을 것이다. 이때 대안으로 수술비를 젊은 시절 풍족하게 가입해놓았다면, 엄청나게 비싸진 실손보험을 굳이 유지하지 않고도 어느 정도의 의료비는 대비할 수 있을 것이다.

셋째, 다음으로 우리나라 사망원인의 1위, 2위, 3위인, 암, 심장질환, 뇌질환의 진단 자금에 가입해야 하는데, 암은 나이에 따라 발병률이 높아져서 나이가 많을수록 보험료가 상당히 비싸진다. 그러므로 암의 진단비는 자신의 몸 상태와 가족력을 참조해 책정하고, 심장과 뇌질환의 경우는 허혈성심장질환 담보 및 뇌혈관질환 담보로 가입을 하기 바란다. 이 두 가지 담보의 손해율이 높은 이유는 심장 및 뇌질환 전체의 거의 100%가 보장되기 때문이다. 참고로 급성심근경색이나 뇌출혈로 가입 시에는 심장이나 뇌 질환 전체의 10%에만 해당하므로, 오랜 세월 보험료만 내고 막상 질병이 찾아왔을 때 보험금을 탈 수 있는 확률이 매우 떨어진다. 3대 질병의 진단 자금은 보험업 협회에 따르면 3,000만 원에서 5,000만 원을 적정금액으로 보나, 현재 젊은 층의 가입 시 100세 만기 및 물가상승을 고려한다면, 암의 경우 5,000만 원을 추천한다. 실제로 암에 많이 걸린 가족력이 있는 경우 또는 여유가 있는 경우, 암 진단 자금으로 1억 원 이상을 가입하는 경우도 상당히 많이 있다. 다만 자신의 월보험료 납입 여력에 맞춰서 진단비를 조정하기 바란다.

넷째, 위에서 언급한 질병후유장해(장해율 3%부터 지급)는 상당히 좋은 담보지만 혜택이 큰 만큼 보험료가 비싼 단점이 있다. 아이의 경우에는 그래도 보험료가 비교적 저렴하다. 여유가 있어서 보험료 부담이 없다면 질병후유장해는 100세 만기로 가입하기 바란다. 보험료 부담으로 이 담보에 가입하기 어려우면, 대안으로 보험료가 상대적으로 매우 저렴한 상해후유장해(장해율 3%부터 지급)에 가입 가능한 최대치로 가입하기 바란다.

다섯째, 여기에 추가로, 보험료는 매우 저렴하나 보상 금액은 매우 큰 보험인 일상생활배상 책임보험(1억 원) 및 운전자보험도 꼭 가입하기 바란다. 일상생활배상 책임보험은 1억 원 가입하는 데 월 몇백 원이며, 요즘 운전에 의한 중상해 및 사망사고 시 형사 처벌이 강화되어 필수품이 되다시피 한 운전자보험도 최저보험료로 설계하면 월 1만 원도 안 되는 보험료로 20년납 100세 만기 설계가 가능하다.

참고로 과거에 가입한 보험의 경우 80세에 만기가 되는 보험이 상당히 많이 있다. 이 경우에는 보험료를 이미 완납했거나 완납이 얼마 남지 않았을 것이다. 100세까지 보장을 받지 못하는 것이 현시점에서 너무도 아쉽지만, 과거의 보험은 100세 만기가 없었으니 어쩔 수 없다.

이런 경우에 새로 지금부터 20년납 100세 만기에 가입히는 것은 부담이 크니, 투자 상품을 하나 별도로 만들어서 상품에 꼬리표를 붙여준다. 이 상품의 이름은 '노후 의료비'다. 이 상품은 절대로 다른 용도로 사용하지 않고 의료비로만 80세 이후에 사용한다. 새로 20년납 100세 만기 건강보험에 가입한다고 생각하고 한 달에 10만 원 또는 20만 원을 투자 상품에 납입하면 된다. 그냥 미국의 S&P 500 지수에 계속 넣으면 끝이다. 큰 수익을 내려고 가입한 것이 아니라 의료비 마련 목적으로 가입한 것이고 금액도 적으므로 잘 쳐다보지도 않는다. 그런데 이것이 수십 년 후에는 엄청나게 불어나 있을 것이다. 그때 가서 놀라지 마시길.

일반인들을 위한 사망보험금 마련 꿀팁, 정기보험

꼬물거리는 아이를 둔 30~40대 가장의 경우, 자신이 혹시라도 하늘나라로 간다면 남겨진 배우자와 아이의 미래가 암울해질 것에 대비해서 사망보험금을 탈 수 있는 보험에 가입하고 싶을 것이다. 요즘 물가로 볼 때 1억 원은 너무 적고 최소 2~3억 원은 준비해주고 싶을 것이다.

그런데 최근 공시이율의 하락으로 종신보험의 가격이 많이 올랐다. S생명의 경우, 과거에는 40세 남자가 1억 원의 종신보험에 20년납 조건으로 가입 시 월보험료 20만 원이면 되었고 20년 후면 해지환급금이 납입원금에 도달했는데, 지금은 동일 조건 시 월보험료가 30만으로 올랐으며 해지환급금이 납입원금에 도달하는 기간도 거의 30년 가까이 걸린다. 그러면 3억 원을 준비해주려면 거의 100만 원을 20년 동안 납입해야 하는데, 이렇게 비싼 보험료는 감당이 안 된다.

이럴 때 가입을 하면 좋은 것이 정기보험이다. 사망보험금을 정해진 기간에만 보장해주고 만기 시에 해지환급금은 없다. 소멸성 보험이므로, 보험료는 엄청나게 저렴해진다. 아이들이 성장하여 성인이 될 20년 동안 사망보험금을 보장해주므로 원하는 목적에 정확히 부합한다. 40세 남자, 사망보험금 1억 원, 20년 납입, 20년 보장, 보험료는? 단돈 월 25,000원(우량체의 경우 22,000원)이다. 매일 1,000원도 안 되는 돈으로 사망보험금 1억 원을 보장받는다. 월 10만 원대 초반이면 20년간 5억 원까지도 보장받을 수 있다.

이 돈이 아깝거나 부담스러운가? 매일 먹는 커피 한 잔을 줄이거나 담배만 끊어도, 이 가격으로 정기보험을 들면 사랑하는 처자식을 위해 비상시 5억 원의 안전장치를 해줄 수 있다. 사랑하는 가족들을 위해서, 그들이 어떤 상황이 닥쳐도 최소한 크게 불행해지지는 않도록 사전에 준비를 해두자. 가족 사랑은 마음이나 말로만 하는 것이 아니다.

09 정보와 지식을 얻기 위해 투자한다

　부자들, 특히 스마트 리치들은 돈(금융, 투자, 세금 등)과 관련된 정보와 지식을 얻기 위해, 진정한 금융 프로를 만나기 위해 상당한 시간과 노력과 비용을 투자한다. 그리고 적임자를 만나게 되면 그에게 자기 자산의 포트폴리오 구성과 운용, 관리를 맡긴다.

전문가는 전문가를 알아본다

　스마트 리치들은 자신이 하는 일에서 스스로 전문가이며 최고라고 자부한다. 이렇게 되기까지 스스로 투여한 시간의 길이와 노력의 크기를 잘 알기에, 다른 분야의 전문가에 대해서도 그 가치를 인정하고 그에 상응한 대가를 지불한다.

　금융 분야에 상당한 시간과 노력을 기울이는 스마트 리치들은 자신의 전문 분야가 아닌 금융 분야에서 누가 진정한 전문가인지의 옥석을 가릴 수 있을 만큼의 시간과 노력을 기울인다. 수년간에 걸쳐서 몇 명의 금융전문가의 자문을 받아본 후 진정한 전문가를 만났다고 확신이 들면 그때부터는 그 전문가에게 자산 대부분을 맡긴다. 자신은 이때부터는 금융 쪽에 기울였던 시간과 노력은 최소화하고, 자신의 업에서 최고가 되기 위해 모든 시간과 열정을 쏟아붓는다.

프로와 아마추어

어떤 의사가 천 권의 투자 관련 서적을 읽고 자신이 투자 전문가가 되었다고 한다. 그는 제대로 된 금융전문가를 만나지 못해, 투자의 결과가 지속적으로 좋지 않음에 실망해 스스로 금융 공부에 엄청난 시간과 노력을 기울였으리라. 그런데 그는 여전히 전업 의사 일을 하고 있다고 한다. 그는 금융 프로인가?

프로란 한 가지 업을 전문으로 해 생계를 유지하는 사람들이다. 전문성을 인정받지 못하면 생계의 유지가 불가능하고 바로 도태된다. 그러므로 프로들은 하루 24시간 내내 자신의 업만을 생각하며, 죽기 살기로 노력한다. 그렇게 노력한다고 다 인정받는 것도 아니다. 그렇게 노력한 사람 중에 실력을 인정받은 극히 일부만이 고객들에게 선택받고 그 업으로 생계를 유지하며 돈을 번다. 금융전문가들도 마찬가지다. 하루 24시간 금융만을 생각하며 죽도록 노력하는 사람 중 극히 일부만이 고객에게 인정받고 성공한다.

위의 의사가 낮에는 의사로서 일하고 저녁에는 금융 관련 공부를 아무리 열심히 한다고 해도 그는 금융 쪽에서는 아마추어다. 금융의 프로가 될 수는 없다. 진정한 프로는 두 가지의 일을 하는 사람들이 아니기 때문이다. 그가 진정한 금융 프로를 만나기 위해, 자신이 천권의 금융 관련 책을 읽는 만큼의 십 분의 일만 노력을 기울였어도, 아마 이 업계에서 가장 뛰어난 프로 금융전문가를 찾을 수 있었을 것이다. 자신이 금융 서적을 읽는 대신 그만큼의 의학서적을 더 읽었다면 그는 의학 쪽의 더욱 뛰어난 프로가 되었을 것이며, 그가 더 쌓은 의학지식으로 인해 그를 만나는 환자들은 훨씬 더 훌륭한 의술의 혜택을 받았을 것이다.

여담으로 의사 얘기가 나와서 말인데, 미국 속담에 전문가 세 명을 잘 알고 지내면 인생이 참 편해진다고 한다. 한 명은 의사, 한 명은 변호사, 나머지 한 명은 금융 컨설턴트다. 뼛속까지 자본주의인 나라, 주식회사 미국에 참 잘 어울리는 속담인 것 같다.

일반인들도 전문가를 찾는 노력을 기울여야 한다

우리나라의 경우 다른 분야는 상당 부분 선진국에 속하면서도, 금융성숙도나 금융문맹률로는 아직도 OECD 최하위 레벨에 속해 있는 것이 대한민국의 현주소다. 어려서부터 어떻게든지 남과의 경쟁에서 이기고 열심히 돈을 버는 것까지는 배웠는데, 버는 것 못지 않게 중요한 그다음 과정들, 즉 잘 모아서 잘 증식시키고 잘 관리하는 것에 대해서는 부모, 학교, 사회 등 어디서도 배워본 적이 없으므로 금융문맹 상태인 것이 어쩌면 당연한 일이다. 그런데 돈을 잘 모으고 잘 증식시키고 잘 관리하는 방법은 사실 웬만큼 공부하고 시간을 투자한다고 해서 얻을 수 있는 것은 아니다. 전문가의 도움이 꼭 필요한 또 다른 전문 영역인 것이다.

스마트 리치들처럼 이 책의 독자들도 금융에 관련된 지식과 전문가를 판단할 수 있는 역량을 쌓기 위한 노력을 해야 한다. 그래야 자신들이 만나는 금융전문가가 진짜인지 가짜인지 옥석을 구별할 수 있는 판단 능력을 키울 수 있기 때문이다. 그리고 운이 좋아서 정말 자신의 미래를 맡길 수 있을 만한 실력이 되는 진정한 금융전문가를 만나게 된다면, 자산을 불려나가는 것은 이제 금융 프로인 그에게 맡기고, 자신은 자신이 속한 업에서 최고의 프로가 되기 위해 최선을 다하기 바란다.

부자들의 투자 순서
따라 하기

RICH

01 현재의 현금흐름 및 자산상태를 정리·분석한다

내 자산은 어떤 상태일까

무엇인가를 이루기 위하여 가장 먼저 해야 하는 일은 현재 상태를 정확히 파악하는 것이다. 우리가 병원에 가면 가장 먼저 하는 것이 피검사다. 현재의 상태를 정확히 파악해야만 정확한 치료의 단계로 넘어갈 수 있다. 건물을 지을 때도 지반 검사를 가장 먼저 한다. 그 땅이 모래땅인지, 암반은 어느 정도의 깊이에 위치하는지를 파악해야 그 땅에 어느 정도 높이의 건물을 올릴지가 결정된다.

부자가 되기 위해서는 장시간에 걸쳐서 돈을 모아서 증식시키고 관리해야 한다. 그렇다면 그 전에 어떻게 돈을 모을지 설계해야 하지 않을까? 더구나 나와 나의 배우자, 가족들의 미래가 걸린 시점에서는 더욱 정확히 현재의 상태를 파악한 후 설계를 시작해야 한다.

그럼 부자들은 어떨까? 부자들은 이것저것 바쁘고 보유한 자산군이 많다 보니, 큰 덩어리의 부동산 외에는 자신의 자산을 제대로 정리하지 하지 못한 경우도 많다. 하지만 스마트 리치들은 확실히 다르다. 그들은 자신의 전 자산을 엑셀로 상세히 정리해놓고 주기적으로 현 상태를 점검한다.

현재 상태 파악을 위한 표 만들기

재무제표(財務諸表)는 한자 뜻 그대로 '재산에 관한 일을 모두 기록한 표'를 의미한다. 재무제표를 이루는 가장 중요한 3가지는 재무상태표(대차대조표, Balance Sheet), 현금흐름표(수입지출현황표, Statement Of Cash Flow), 손익계산서(Income Statement)다.

이 중 손익계산서는 1년간 영업으로 얼마만큼의 손실과 이익이 발생했는지를 기록하는 것으로 세금 산정의 기초가 된다. 사업이나 장사를 하는 사람들은 이 부분을 기록하면서 모든 비용을 꼼꼼히 잘 챙겨야 세금을 절감할 수 있다.

봉급생활자들도 손익계산서를 작성한다. 매년 1월에 하는 연말정산이 일종의 손익계산서 작성인 것이다. 만일 당신이 봉급생활자라면 위 3가지 중에서 손익계산서는 연말정산 시에 작성한 것과 마찬가지니, 미래를 설계하기 위해 준비할 것이 2개로 줄어든다.

재무상태표

재무상태표는 대차대조표라고도 한다. 여기서 한자어인 대차(貸借)는 '빌려줄 대'와 '빌려올 차'다. 예를 들면 상가 주인을 임대인이라고 하고 여기에 세들은 사람을 임차인이라고 하는 것을 떠올리면 된다. 즉, 빌려주고 빌려온 총자산의 상태를 일정한 시점을 기준으로 정리해놓은 표다. 이 표를 만드는 목적은 현재까지 열심히 일해서 번 돈의 결과가 어떻게 되었는지 확인하는 것이다.

재무상태표의 좌측은 '자산'이며, 우측은 '부채 + 자본'이다. 즉, '자산 = 부채 + 자본'의 공식으로 정리를 하며, 자본을 '순자산'이라고도

| 표 3-1 | 재무상태표 예시

(단위: 만 원)

자산			부채와 순자산	
항 목	금 액		항 목	금 액
1. 부동산	200,000		1. 단기부채	10,000
아파트(주거)	120,000		카드론	0
아파트(임대)	50,000		스탁론	5,000
임차아파트 보증금	0		신용대출	5,000
오피스텔	20,000			
대지 및 임야	10,000		2. 장기부채(무이자 및 저리)	85,000
			아파트담보대출	50,000
2. 현금성 자산	85,000		전세자금대출	0
은행 입출금통장잔액, 증권사 CMA	3,000		임대아파트보증금	30,000
은행 예금, 적금 및 청약 통장	20,000		가족	2,000
주식 및 펀드	20,000		기타(저리의 사원대출 등)	3,000
저축성 보험(변액/연금/저축보험)	10,000			
퇴직금(퇴직연금DB/DC, 연금저축, IRP)	30,000		부채	95,000
기타 자산(금, 보석 등 판매가치 기준)	2,000			
			순자산(자산 − 부채)	190,000
자산	285,000		부채 + 순자산	285,000

• 보장성(소멸성)보험 및 먼 미래에 가치가 없는 소비성 재산(차량, 골프 장비, 명품백 등)은 자산의 항목에 넣지 않는다.

한다. 우리가 생산적인 목적으로 남의 돈을 빌려오면 우측에 부채가 증가함과 동시에 좌측의 자산도 증가해야 한다. 그것이 정상이다. 그런데 자산보다 만일 부채가 더 많다면 이는 어디선가 손실이 일어났거나 비생산적인 곳에 돈이 새고 있다는 증표이므로 상당히 심각하게 봐야 한다.

상당히 많은 사람이 재무상태표를 만들어보고 실망한다. 나름대로 열심히 살아왔다고 생각했는데 모아놓은 순자산이 생각보다 턱없이 작기 때문이다. 당연한 결과다. 본인의 재무상태도 파악하지 않고 계획 없이 남들이 하는 것 다 하면서 살아왔으니 그렇게 될 수밖에 없다. 하지만 너무 낙담하지 말자. 이제부터라도 현실을 파악하고 계획을 세워서 미래를 가꿔나가면 된다. 시작이 반 아니던가? 주위를 살펴보라. 아직 시작도 안 한 사람들이 훨씬 더 많다.

현금흐름표

현금흐름표는 수입지출현황표라고도 한다. 일정 기간(일반 개인은 한 달, 법인은 일 년) 현금의 흐름을 정리한 것이다. 현금흐름표를 정리함으로써 현재의 현금 흐름의 상태를 직시하게 되는 동시에 지출을 적절히 관리할 수 있게 된다. 현금흐름표를 작성하고 나면, 대부분 소득과 비교할 때 자신이 얼마나 방만하게 사는지를 확인하고 상당히 놀란다. 그리고 처절한 반성을 하게 된다.

궁극적으로 미래의 순자산을 증가시키려면 매월 저축의 규모를 키워나가야 하는데 이를 위해서는 현금흐름표의 '저축 가능 잉여자

| 표 3-2 | 현금흐름표 예시

(단위: 만 원)

수입		지출	
항목	금액	항목	금액
1. 근로소득	1,200	**1. 고정비용(소멸성)**	660
본인	1,200	장기부채원리금상환액	100
배우자	0	단기부채원리금상환액	100
		보장성(소멸성) 보험료	60
2. 사업소득(임대사업 포함)	200	아파트 월세	0
본인	0	아파트관리비 공과금 각종세금	50
배우자	200	자동차유지비(할부금,보험,유류비,벌금)	50
		공교육비(자녀 및 부부)	20
3. 이자소득 및 배당소득	100	통신비	20
본인	100	교통비	20
배우자	0	자녀양육비	0
		부식비 및 의복비	200
4. 연금소득	0	의료비	40
본인	0		
배우자	0	**2. 비고정비용(소멸성)**	550
		사교육비(자녀)	100
5. 기타소득(강의료, 인세 등)	0	종교 헌금	50
본인	0	가족 용돈	100
배우자	0	부모님(양가) 용돈	100
		문화생활비(외식,운동,예술,쇼핑 등)	100
		여행비	100
		3. 저축 및 투자	150
		은행 예금 적금	0
		증권사 주식, 펀드, 세액공제(연금저축,IRP)	100
		보험사 저축성보험(변액/연금/저축보험)	50
수입 합계	1,500	지출 합계	1,360
		저축가능 잉여자금	140

• 모든 항목의 값은 월별로 환산된 금액을 적는다.

금'을 키워야 한다. 그런데 우리가 갑자기 우리의 수입을 늘릴 수는 없는 일 아닌가? 수입이 고정된 상태에서 저축 가능 잉여자금을 늘리려면 지출을 줄여야 한다. 그러나 고정 비용 항목에는 줄일 수 있는 것이 거의 없으니, 비고정 비용 쪽을 손대야 한다. 용돈도 줄이고, 아이의 사교육비도 줄이고, 문화생활 쪽도 조금 줄이고, 만일 해외여행도 매년 갔다면 3년에 한 번 가는 등 나와 내 가족의 풍요로운 미래를 위해 허리띠를 한 칸만 줄이기로 하자.

금융소비자정보포털을 활용하라

사실 이 두 개의 표를 작성하려면 과거에는 엄청난 시간과 노력이 필요했다. 특히 정리가 안 된 상태에서 기초 데이터를 모으는 것부터 우선 너무도 힘들었다. 게다가 앞서 제시한 정리를 위한 엑셀 파일을 구하는 것도 쉽지 않았다. 이러한 표를 작성하는 것 자체가 엄청난 작업이었고 상당한 스트레스를 받는 일이었다. 그래서 시작이 반인 줄을 알면서도 가장 중요한 시작 단계에서 포기하는 경우가 대부분이었다.

그런데 2017년 말에 금융에 관련된 모든 것을 담고 있는 시스템이 개발되었고, 3년도 채 지나지 않아서 엄청난 물건으로 발전했다. 바로 금융소비자정보포털, 파인(FINE, http://fine.fss.or.kr)이다.

그야말로 금융과 관련된 모든 정보를 한몸에 담고 있는 보물창고다. 모든 내용을 들어가보면 상당한 도움을 받겠지만, 파인 사이트에서 최소한 다음 7개 붉은 박스(잠자는 내 돈 찾기 / 금융상품 한눈에 / 상

출처: 금융소비자정보포털, 파인(FINE)

속인 금융거래조회 / 내 계좌 한눈에 / 내 보험 다보여 / 내 보험 찾아줌 / 통합연금
포털)를 쳐놓은 것들은 반드시 들어가서 확인해보기 바란다.

내가 가지고 있는 모든 금융사의 계좌와 자산 목록들이 확인되고
심지어 보험사에 가입된 상품 및 보장 담보들까지 한눈에 확인된다.
갑작스레 상을 당했을 때도 '상속인 금융거래조회'에 들어가면 고인
의 금융자산을 한 번에 확인할 수 있다.

또한 '통합연금포털'에 들어가면 나와 관련된 모든 연금성 상품들
(국민연금, 퇴직연금, 연금보험, 연금저축 등)이 확인된다. 파인 덕분에 반나
절이면 재무상태표와 현금흐름표를 충분히 작성할 수 있다.

위 그림 상단에 있는 '내계좌 한눈에'를 누르면, '계좌정보통합관
리서비스(www.payinfo.or.kr)'로 연결된다. 아래 붉은 테두리를 헤놓은
Quick Menu는 꼭 들어가서 전부 확인해보기 바란다. 은행, 증권사,
보험사, 저축은행 등에 나도 몰래 꼭꼭 숨어 있던 돈을 찾을지도 모

르니까. 참고로 나도 전혀 생각지도 못한 모 증권사 계좌에 꼭꼭 숨어 있던, 나도 몰래 가출했던 거금 300만 원을 찾았다. 횡재한 느낌이 들었다.

02 노후자금 마련
플랜 세우기

4대 목적자금

현 상황 파악이 끝났으면, 이제 계획 수립의 단계로 넘어가야 한다. 4대 목적자금인, 결혼자금(본인 또는 자녀), 교육자금(자녀), 주택자금, 노후자금(부부)의 달성 계획 수립(필요자금, 현재 준비된 자금, 준비 가능한 자금, 부족 금액 마련 방안 등) 및 단기 목적자금(자동차 구입, 해외여행, 가족들의 중요한 각종 이벤트) 달성 계획 역시 마련해야 한다.

4대 목적자금 중 결혼자금, 교육자금, 주택자금은 가능하면 줄여나가야 한다. 결혼자금의 경우 점점 작은 결혼식의 필요성이 대두되고 있고, 교육자금의 경우 가장 심각한 사교육비 문제가 해결되어야 한다. 통계를 보면 아이 한 명을 낳아 대학교육까지 마치는 데 드는 비용은 사교육비 제외하면 1억 원이고 사교육비를 포함하면 3억 원이라고 한다. 우리의 조부모나 부모 세대처럼, 제발 자녀의 교육비에 노후자금까지 다 투입하는 우를 범하지 않길 바란다. 주택 구입

역시 너무 무리해서는 안 된다. 반면에 무리해서라도 키워나가야 하는 것이 바로 노후자금이다.

선진국 진입의 명암

'한강의 기적', '쓰레기통에서 핀 장미' 등은 한국의 경제적 정치적 발전을 표현한 단어들이다. 50년대 초 6·25전쟁으로 정말 모든 것이 다 산산이 부서져 버린 전쟁의 폐허로부터 60여 년 만에 대한민국은 선진국이자 강대국에 진입했다. 우리만 잘 모르고 있었을 뿐이다.

2020년 말을 기준으로, 4차산업의 쌀인 반도체 중 메모리 반도체 생산 세계 1위, 중공업 중에서도 진입 장벽이 가장 높은 업종인 조선업 세계 1위, 가전제품 브랜드 세계 1위, 스마트폰 및 초고속 인터넷 보급률 세계 1위, 눈앞으로 다가온 거대한 전기차 시장의 큰 축인 2차전지 시장의 세계 패권을 놓고 중국과 각축을 벌이고 있으며, 의약품 생산능력 세계 2위, 전자상거래(E-commerce) 시장 규모 세계 3위, 자동차 생산량 세계 5위, 데이터 발생 규모 세계 5위, 수출 세계 6위, 비대칭 전력인 핵을 제외한 군사력 세계 6위, 외환보유고 세계 8위, GDP 세계 9위(OECD 잠정치), 주식 시장 규모 세계 10위, 더불어 국민의 생활 수준을 보여주는 1인당 국민총소득(GNI)이 사상 처음으로 주요 7개국(G7) 구성원인 이탈리아를 넘어선 것으로 추정된다. 2018년에는 세계에서 7번째로 '30-50클럽' 가입했다(국민소득 3만 달러 이상, 인구 5,000만 명 이상을 보유한 국가, 질적 양적으로 선진국이자 강대국의 척도로 삼음. 가입 순서는 일본, 독일, 미국, 영국, 프랑스, 이탈리아, 대한민국임).

이미 IMF는 수년 전부터 한국을 선진국에 포함시켰다. 미국의 트럼프 전 대통령이 2020년 G7에 한국, 호주, 브라질, 러시아, 인도를 포함해 G12로 만들자는 제안을 했고, 2021년 G7 의장국인 영국의 보리스 존슨 총리는 한국, 호주, 인도 3개국을 게스트 국가로 초청할 만큼 대한민국은 이미 선진국을 넘어 강대국 그룹으로 올라선 것이다. 여기에 더하여, 진정한 선진국의 척도인 소프트 파워도 계속 증가되고 있다. 전 세계인들에게 K팝, K드라마, K필름, K뷰티, K푸드, K패션, K랭기지(최근 전 세계 대학의 언어학과 중 한국어과가 가장 많이 생기고 있으며 수강률도 엄청나게 높다고 한다) 등의 인기 및 인지도가 날로 높아지면서, 한국의 문화적 위상도 계속 상승하고 있다.

이러한 위대한 기록 뒤에는 암울한 데이터도 존재한다.

세계에서 가장 빠른 고령화(2024년 초고령 사회진입 예정)와 세계 유일의 0명 대인 최저 출산율이 사회의 심각한 문제로 대두되었다. OECD 국가 중 노인빈곤율은 10년 넘게 1위다. 한국경제연구원의 2021년 2월 리포트에 따르면, 우리나라의 노인빈곤율은 43.4%로 OECD 평균 14.8%의 거의 3배에 달할 만큼 압도적으로 높았다. 2019년 OECD 발표자료에 따르면, 노인 자살률 역시 수년간 OECD 국가 중 압도적인 1위다. 10만 명당 자살 수 24.7명으로 OECD 평균 11.5명의 2배가 넘는다. 게다가 우리나라 노인의 자살 이유 중 1위가 경제적 어려움이라고 한다. 앞서도 언급했지만, 폐허 속에서 먹고 싶은 것, 쉬고 싶은 것 다 참아가며 후손들에게만은 가난을 물려주지 않기 위해, 뼈가 빠져라 일을 하면서 희생하셨던 우리의 할아버지 할머니 아버지 어머니들. 우리가 이렇게 풍족한 삶을 살 수 있도록 만들어주셨고, 자신들이 가진 모든 것을 자식들 먹여 살리고 공부시키는 데 다 쓰셨던 그분들이 말년이 되어 돈이 없어서 자살하신다. 그들에게 단 한 가지 잘못 아닌 잘못이 있었다면, 이렇게 오래 사실 줄은 꿈에도 모르셨다는 것이다. 슬프다.

가장 중요한 연령 지표, '최빈사망연령' 150세를 향한다

한때는 장수(長壽)란 단어 뒤에는 만세(萬歲)란 단어가 붙었지만, 이제는 장수란 단어 뒤에는 리스크란 단어가 붙어 다닌다. 더 이상 장수가 축복이 아닌 것이다.

미국의 유명 시사주간지 〈타임〉은 2015년 2월 넷째 주 표지에 귀여운 아기의 얼굴 사진을 넣고 하단에 다음과 같이 써 놓았다. "올해 태어난 이 아기는 142세까지도 살 수 있을 것이다."

이때만 해도 사실 실감이 나지 않았었다. 그런데 최근 몇 년 사이에 돌아가시는 분들의 연령대가 대부분 90대이고 80대가 오히려 더 적어졌다. 바야흐로 이미 100세 시대가 성큼 우리에게 다가온 것이다. 그런데 무서운 사실은 사망연령의 증가가 여기서 멈추지 않고 있다는 것이다.

기대수명이나 평균수명보다 실제 사망에 근거하는 최빈사망연령이 인간 수명의 평균 척도로서 더 적합한 측면이 있다. 실제로 최빈사망연령 근처에 대다수 사망자가 집중되기 때문에 자신이 몇 세까지 살 것인가를 예상하고 준비하는 데 가장 유용하고 실질적인 것이 최빈사망연령 지표다. 표 3-3에 의거하여 유추해보면, 1960년

| 표 3-3 | 평균수명과 최빈사망연령

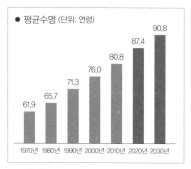

출처: 2011년 1월 고려대학교 박유성 교수팀,
〈이코노미플러스〉

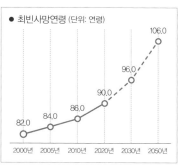

출처: 2011년 경제인문사회연구원 연구보고,
〈이코노미플러스〉

생(2020년 현재 만 60세)은 최빈사망연령이 120세가 될 수도 있으며, 1980년생(2020년 현재 만40세)부터 1990년생(2020년 현재 만30세)의 경우는 130세가 최빈사망연령이 될 것으로 예상한다. 결국 〈타임〉의 예견대로, 2015년에 태어난 아기는 충분히 140세까지 살 것이고, 이를 넘어 150세까지도 살 수 있을 것이다.

노후 적정생활비

사망연령은 계속해서 늘어가는데 은퇴의 시점은 60세에서 고정되어 있다. 아니, 4차산업혁명이 가속화되면 은퇴 나이는 그보다 더 낮아질 수도 있다. 이 결과로 우리의 노후 기간은 엄청나게 늘어나고 있으며, 이 기간이 늘어날수록 노후자금의 준비금액은 계속 증가해야 한다. 그러므로 4대 목적자금 중에서 노후자금의 비중을 압도적으로 많이 늘려나가야 한다.

KB경영연구소 골든라이프연구센터가 '2017 KB골든라이프 보고서'에서 우리나라 가계의 노후 자산과 연금 규모를 추산하고 설문 조사를 통해 한국적 재무설계를 위한 노후 실태를 파악한 결과를 발표했다. 설문 조사는 서울 및 수도권, 광역시에 거주하는 20세 이상 74세 이하 가구주 2,000명을 대상으로 온라인조사와 대면조사를 통해 이루어졌다.

보고서에 따르면, 은퇴 전 가구는 노후에 필요한 적정생활비를 월평균 251만 원으로 생각했다. 기본적인 의식주를 해결하기 위한 최소생활비로는 월평균 177만 원이 제시되었다. 은퇴 후 가구의 적정생활비와 최소생활비도 각각 250만 원과 172만 원으로 비슷한 수준으로 나타났다. 이 통계는 응답자 개인들이 현재 생각하는 금액을 평균 낸 것이며, 평균사망연령이 대략 85세인 현시점에서 이루어진 결과다. 그런데 사망연령이 늘어나면 연금을 받는 기간도 늘어나므로, 이 연금의 재원이 되는 은퇴 시점의 연금 준비 자금의 규모는 훨씬 더 커져야 한다.

한쪽 혹은 양가의 부모님이 부자여서 노후 걱정은 안 해도 된다는 생각을 가지고 노후대책을 안 하는 젊은 30~40대 부부를 가끔 만난다. 그래서 그들은 젊은 시절 자신들이 번 돈을 펑펑 쓰고 산다. 노후에는 부모님의 유산으로 먹고살면 된다고 생각한다. 착각은 자유라지만, 가끔 중요한 사안에 대한 착각은 치명적인 결과를 가지고 온다.

당신의 부모님도 이제 110세 아니 120세까지 사실지도 모른다. 그들은 살아서 번 돈을 자식들에게 미리 나눠준 사람들의 말로가 어떠했는지 이미 수도 없이 목격했다. 생전에 그들이 자산을 미리 나눠 주리라 꿈도 꾸지 마라. 그렇게 되면, 당신은 부모님으로부터 90세는 되어야 유산을 상속한다. 그때 가서 그 돈으로 뭐를 할 것인가? 아무리 100세 시대, 150세 시대라 한들 90세가 넘으면 돈이 많아 봐야 할 일은 별로 없다. 자, 이제 부유한 부모님을 둔 당신도 부모님의 유산은 잊어버리고 당신 스스로 노후를 준비하기로 하자.

노후자금 마련을 위한 50:50 법칙

지금 내가 30세라고 생각해보자. 최빈사망연령은 거의 130세로 예상되지만, 그냥 120세라고 가정해보겠다. 그러면 나는 30세부터 60세까지 약 30년을 일하고, 60세부터 약 60년의 노후 인생을 보내야 한다. 그러면 지금의 나는 미래의 나에게 얼마를 보내야 할까? 지금의 나만 챙기다가 노후의 내가 가난에 찌들어 스스로 극단적인 선택을 하게 하면 안 되지 않는가? 그때 가서 미래의 나를 만나면 어떤 변명을 할 것인가? 시간은 돌이킬 수 없다. 물론 미래의 나의 행복을 준비하기 위해 현재의 내가 너무 쪼들려서 불행해져서도 안 된다.

그래서 나온 것이 50:50 법칙이다. 돈을 버는 시절에 반은 현재의 나와 내 가족에게 사용하고, 나머지 반은 미래의 나와 배우자에게 보내는 것이다. 미래의 나와 배우자가 사용하는 기간이 2배로 훨씬 더 많지만, 지금의 나도 너무나 소중한 데다 지금의 나에게는 자식도 있으니 반을 사용하는 것이다. 나머지 반만 미래로 보내는 것이 적어 보일 수도 있겠지만, 미래의 내가 사용할 시점의 기간은 아직 많이 남아 있으므로, 시간과 복리의 이점을 잘 살린 투자로 금액을 늘려나가면 노후의 나와 배우자가 충분히 먹고살 수 있을 만큼 불어나 있을 것이다. 이렇게 하면 현재의 나와 내 가족, 그리고 미래의 나와 배우자 모두가 다 행복하게 살 수 있을 것이다. 맞벌이 부부의 경우에는 가능하면 수입이 적은 쪽의 돈을 지금 사용하고 많은 쪽의 돈은 전부 노후의 나와 배우자에게 보내기 바란다.

미혼을 위한 노후자금 마련 70:30 법칙

70:30 법칙은 아직 결혼을 안 한 직장인의 경우에 해당한다. 부양가족이 없다고 흥청망청 버는 족족 써버리면 절대로 안 된다. 이 기간이야말로 부담 없이 저축할 수 있는 황금기이며, 지금의 한 푼은 미래의 한 푼과는 비교할 수 없을 만큼 큰 금액이다. 시간을 만난 복리의 마법을 가장 극대화할 수 있는 기간이 바로 이 기간이기 때문이다. 이 기간에는 버는 돈의 70%를 노후의 나에게 보낸다.

만일 당신이 아직 독립을 안 하고 부모님과 함께 살고 있어 생활비가 하나도 들지 않는다면, 80% 이상도 당신의 노후에 보낼 수 있을 것이다. 부모님께 감사드리자. 월급 타면 부모님이 좋아하시는 음식도 좀 사드리고 큰돈은 아니더라도 용돈도 조금 드리자. 속없는 당신의 부모님은 이 정도만 해도 엄청 행복해하실 것이고, 밖에 나가서 친구분들에게 팔불출 소리 들으며 자랑도 하실 것이다. 행복은 결코 멀리 있는 것이 아니다.

노후를 위한 준비도 유동성을 최소 50%는 확보해야 한다

노후자금 마련을 위해 저축 및 투자를 할 경우에도, 전액을 노후에만 사용할 수 있도록 유동성을 제한시켜서는 안 된다. 연금저축 및 IRP 등으로 대표되는 노후전용 상품으로 준비해야 하지만, 일부는 유동성이 보장되는 상품으로 가입해야 한다. 본인이 생각지도 못한 시점에 큰 자금이 급히 필요할 때 모든 자금이 유동성이 제한된, 즉 중도 해지 시 손해를 보는 상품으로만 묶여 있어서는 안 된다. 인생에는 굴곡이 있기 마련이며, 필요 시 일부는 다른 목적자금 또는 긴급자금으로 사용 가능해야 한다. 비록 노후를 위해 준비한다고는 하더라도, 가능하다면 전체 금융자산의 최소 50%는 유동성이 확보된 상품에 넣어둬야 한다. 이 내용은 아무리 강조해도 지나치지 않으니, 반드시 기억하고 있기 바란다.

03 묻지도 따지지도 말고 세액공제 상품은 최우선으로 가입한다

국가가 보증하는 엄청난 혜택, 세액공제 상품

1년 만기 정기적금 연리 36%짜리가 있다고?

A은행이 잠깐 미쳐서 오늘만 연리 36%짜리 1년 만기 정기적금을 연간 총 납입금액 700만 원을 한도로 판매한다고 한다. 참고로 2021년 2월 기준, 6대 시중은행의 정기적금 평균 이자율은 0.6%다. 36%는 거의 현재 금리의 60배다. 즉 60년 치의 이자로, 상상을 초월하는 금리다. 당신은 운이 엄청 좋아서 이러한 대박 정보를 입수했고, 매월 583,333원씩 12개월간 납입했다. 1년 후 이자 소득세 15.4%를 제하고 정확히 1,155,000원의 이자를 받았다.

B은행은 더욱 미쳐서 700만 원 한도로 한 달만 예치해도 한 달 후에 이자를 주는데, 연리 234%로 계산해 지급한다는 가판대를 은행 앞에 설치했다. 당신은 아예 콧방귀를 뀌며 "장난치고 있네" 하면서 지나갈 것이다. 그런데 다시 자세히 보니 우리나라 국세청이 이

자를 보증해준다고 밑에 쓰여 있었다. 이번에는 사채라도 빌려서 700만 원을 넣을 것이다. 연리 234%로 700만 원을 한 달간 은행에 예치하고 한 달 후에 받는 이자는 얼마나 될까? 이자소득세 15.4%를 제하고 나면 한 달 후 정확히 1,155,000원을 받는다.

국세청이 보증하는 미친 상품, 세액공제 상품

이러한 미친 상품이 설마 있겠냐고? 정말로 있다. 적금으로 치면 연리 36%, 한 달 예금으로 치면 연리 234%인 상품. 바로 세액공제를 받는 상품, 연금저축과 IRP다.

연간 700만 원 한도로, 1월 1일에 납입을 했든, 매월 일정 금액을 납입을 했든, 12월 말에 납입을 했든 상관없이, 국세청이 연말정산을 한 1월 말경 당신에게 1,155,000원을 무조건 확실히 돌려준다. 그것도 비과세로!(단, 연봉이 5,500만 원 이상인 경우, 924,000원을 돌려준다.)

이게 바로 세액공제 상품인 연금저축과 IRP의 엄청난 위력이다. 현존하는 대한민국 최고의 상품임을 인식하고, 반드시 무조건 최우선으로 가입해야 함을 꼭 기억하길 바란다. 다만 이렇게 혜택을 받은 금액은 55세 이후에 연금으로 찾아가야 페널티를 물지 않는다. 만일 그 이전에 찾아가거나 연금이 아닌 일시금으로 찾으면 16.5%의 기타소득세를 물어야 한다. 돈이 잠기는 단점이 있지만, 어차피 우리는 장수 리스크에 대비해야 하므로 자금의 일부는 중간에 써버리지 못하게 만들어놓은 장치는 오히려 100세, 아니 150세 시대를 대비하는 데 도움이 될 것이다.

그런데 아직도 가입을 안 하고 있다고? 아마도 이런 상품에 대한 안내를 받은 적이 없거나, 장점을 제대로 이해를 하지 못하고 있거나, 또는 돈이 장기적으로 묶이는 것이 싫다는 단순한 이유로 아직도 가입을 안 하고 있을 것이다. 그렇다면 지금 당장이라도 가입하기 바란다. 나라가 모든 국민에게 주는 가장 큰 특혜, 남들은 다 받는 특혜를 당신만 아직도 못 받는 것이 억울하지 않은가?

참고로 IRP는 Individual Retirement Pension(개인형 퇴직연금)의 약자이며, 연금저축과 함께 세액공제를 받을 수 있는 저축계좌다. 향후 퇴직금 및 퇴직연금을 이 계좌로 받으면 퇴직소득세의 납부가 미뤄지며, 이 계좌에서 퇴직금을 10년 이상에 걸쳐서 연금으로 받으면 퇴직소득세의 30% 또는 40%(10년 이상의 연금 수령분)를 면제해준다.

부자들은 왜 세액공제 상품에 가입할까

부자들은 1년에 100만 원 정도 버는 것은 푼돈으로 생각하고 노후에 연금으로 월 100만 원 정도 찾아가는 연금저축에 별로 관심이 없으리라 생각하겠지만, 그들은 무조건 가입한다. 그 이유는 이러한 상품은 그들이 사업을 하면서 몸소 배운 철칙, '확실하게 보증된 실리는 금액이 많든 적든 무조건 챙긴다!'에 부합하기 때문이다.

그들은 이러한 고율의 확정된 수익은 어디서도 확보하지 못할 것을 잘 알고 있기에 이 상품의 매력을 잘 인지하고 가입하고 있다. 또한 그들은 고소득자로서 고율의 세금을 내고 있으므로 나라가 세금으로 가져간 자신의 소중한 돈을 다시 찾아온다는 일종의 피해보상 심리도 가입의 주된 이유로 작용한다.

세액공제 상품, '연금저축' 용어의 정리

'연금저축'이란 단어가 쓰이면 전부 세제적격(세액공제를 받을 수 있는 상품)이다. 금융상품에서 사용하는 단어인 '연금저축'은 일반 명사가 아닌 '세액공제를 받는 상품'을 의미하는 고유 명사로 쓰인다.

만일 상품 이름에 연금저축펀드, 연금저축보험 등과 같이 '연금저축'이란 단어가 포함되지 않았다면, 이것은 세액공제 상품이 아니다.

예를 들면, '비과세 연금보험'은 세액공제 상품인가? 아니다. 상품 이름에 '연금저축'이란 단어가 들어 있지 않으므로 세액공제 상품이 아니다. 그냥 비과세 보험상품이다. 이런 상품에 가입하고 본인이 세액공제 상품에 가입한 것으로 착각해, 매년 연말정산 시에 세금을 환급받을 기회를 안타깝게도 오랜 기간 놓친 경우를 꽤 자주 보게 된다.

같은 듯 다른 이란성 쌍둥이, 연금저축과 IRP

현재는 연금저축과 IRP 두 개를 합해 연간 700만 원 한도로 세액공제를 받을 수 있다. 아주 약간의 차이는 있지만 두 개가 거의 같은 상품이라고 생각하면 되는데, 그럼에도 큰 차이가 세 개가 있다.

첫째, 연금저축은 위험자산(주식형 펀드)에 100% 투자가 가능하다. 이에 반해 IRP에는 안전자산(채권형 펀드)에 최소 30% 이상을 반드시 투자해야 한다.

둘째, 연금저축은 담보대출이 가능하다. 이렇게 장기간 이렇게 마련한 노후자금을 빼서 쓰는 일이 발생하면 안 되겠지만, 당장 급하게 자금을 사용하지 않으면 안 될 위급한 상황이 발생하게 되면 어

| 표 3-4 | 소득구간에 따른 연금저축과 IRP의 세액공제 한도 및 세액공제율

총급여액이 1억 2,000만 원 초과(근로소득만 있는 경우) 또는 종합소득금액 1억 원 초과인 경우 연금
저축계좌 세액공제 한도는 연 300만 원, 연금저축계좌와 IRP에 납입한 금액은 연 700만 원까지 세액
공제 가능

(단위: 만 원)

총급여 (근로소득만 있는 경우)	종합소득 금액	IRP 납입금액	연금저축 납입금액	공제대상 금액	세액 공제율	연말정산 환급액
5,500만 원 이하	4,000만 원 이하	700	0	700	16.5%	115.5
		400	300	700		115.5
		300	400	700		115.5
		0	700	400		66.0
5,500만 원 초과 ~ 1.2억 원 이하	4,000만 원 초과 ~ 1억 원 이하	700	0	700	13.2%	92.4
		400	300	700		92.4
		300	400	700		92.4
		0	700	400		52.8
1.2억 원 초과	1억 원 초과	700	0	700	13.2%	92.4
		400	300	700		92.4
		300	400	600		79.2
		0	700	300		39.6

[참고] 2020년부터 3년간, 즉 2022년까지 한시적으로, 50세 이상이며, 총급여 1억 2,000만 원 이하, 종합소득금액 1억 원 이하, 그리고 금융소득종합과세 대상이 아닌 경우, 연간 900만 원까지 세액공제 가능함. 한도: 연금저축에 600만 원, IRP에 900만 원, 두 상품 합쳐서 900만 원

쩔 수 없는 일이다. 이렇게 급할 때 담보대출을 활용하면, 앞에서 말한 대로 인출 시 16.5%라는 고율의 기타소득세를 페널티로 내지 않고 비교적 저율(금융사마다 다르지만, 2020년 10월 현재 대출 이율 약 3%)의 금리로 쉽게 담보대출을 받을 수 있다. 단, 대출한도는 연금저축 자산총액(원금+수익)의 60%까지다.

셋째, 세액공제 한도액이 다르다. 연금저축은 소득에 따라서 세액공제 한도액이 300만 원 또는 400만 원까지만 가능하지만, IRP는 소득금액과 상관없이 700만 원까지 전액 세액공제가 가능하다.

정리하면, 연금저축에 300만 원, IRP에 400만 원을 넣으면 된다(매월 연금저축에 25만 원, IRP에 34만 원을 내거나 연말에 한 번에 연금저축에 300만 원, IRP에 400만 원을 내도 되지만 월 자동 납입을 더 추천한다). 그렇게 하면 소득의 크기와 상관없이 항상 700만 원 전액을 세액공제 받을 수 있고, 대세 상승기에는 연금저축에 주식형 펀드 비중을 높여서 수익을 극대화할 수 있으며 꼭 필요하면 담보대출도 받을 수 있기 때문이다.

정부는 이러한 상품을 도대체 왜 만들었을까

우리나라는 2000년도에 고령화사회(65세 이상 인구비율 7% 이상)에 진입한 후에 세계에서 가장 빠른 속도로 고령사회(65세 이상 인구비율 14% 이상)에 2018년도에 진입했고, 2025년도에는 초고령사회(65세 이상 인구비율 20% 이상)에 진입이 예상된다. 참고로 프랑스가 고령화사회에서 고령사회를 거쳐 초고령사회로 가는 데까지 156년이 걸린 반면, 우리나라는 단 25년 만에 해치웠다. 여기서도 '빨리빨리' 대한민국의 위력을 유감없이 보여줬다.

이렇게 지속적으로 급격하게 늘어만 가는 국민의 노후를 정부는 책임질 수 없을 것으로 예상했고, 국민 각자가 젊은 시절 소득이 발생할 때 자신의 노후를 일부 책임질 수 있도록 하는 방안을 모색했다. 이러한 배경 속에서 세액공제상품인 연금저축이 1994년도에 먼저 태어났다. 세액공제 한도는 400만 원까지 증액되어왔고, 이 금액도 모자라다고 생각한 정부는 추가로 세액공제상품인 IRP를 2012년에 탄생시켰고, 2014년부터 연금저축과 IRP를 합쳐서 총 700만 원까지 세액공제가 가능하도록 세법을 수정했다. 엄청난 특혜라면 특혜인 이런 세액공제 상품은 초고령사회를 배경으로 만들어진 것이다.

세액공제 상품 취급 금융기관

정부는 금융 3사(증권사, 은행, 보험사) 모두가 이 상품들을 팔 수 있도록 했다. 증권사가 팔면 '연금저축펀드', 은행이 팔면 '연금저축신탁'(은행은 2018년 이후에는 증권사와 마찬가지로 연금저축펀드만 팔고 있음), 보험사가 팔면 '연금저축보험'이라고 부른다.

이렇게 엄청나게 큰 새로운 시장을 금융 3사에 열어주는 대가로 정부는 상품판매보수를 기존상품보다 적게 책정하고, 금융 3사가 제대로 상품의 관리 및 운용을 하지 못할 경우, 금융사는 소비자가 요청할 경우 소비자에게 아무런 피해 없이 연금저축을 다른 금융사로 이전해주도록 길을 터놓았다(세액공제 상품인 IRP도 마찬가지로 금융사 이전이 가능하다). 이와 같은 배경으로 금융사의 입장에서는 저축성 상품 중에서는 가장 영업 마진이 적은 상품이며 언제든 타사로 이전이 가능한 상품이므로, 금융 3사의 판매원들이 적극적으로 판매를 하지 않았다. 그렇기에 소득이 있어서 세금을 내는 사람들에게는 최고로 좋은 상품임에도 불구하고 가입률은 의외로 생각보다 높지 않다.

금융 3사의 연금저축 수익률이 엄청나게 차이가 난다고?

금융 3사의 수익률 관련 운용 실적을 보면 다음과 같다. 표 3-5의 그래프는 금융감독원이 발표한 자료를 정리한 것이다. 증권사의 펀드 수익률은 모든 보수를 차감한 후의 수익률이며, 보험사의 수익률은 사업비를 차감한 후의 금액을 기준으로 한 수익률이므로 납입원

| 표 3-5 | 금융 3사의 연금저축 평균수익률 비교(2002~2012년)

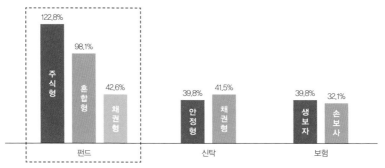

- 2002. 7. 1.~2012. 6. 30. 기간 중(10년간) 연금저축상품 가입자가 '매월 30만 원씩 납입했다'고 가정함
- 과거 실제 수익률을 기초로 분석하고 자산운용 및 수수료 구조가 유사한 상품을 묶어서 비교함
- 자산운용사의 주식형 및 혼합형 연금저축펀드는 주식투자비중이 높아 주식시장의 영향을 많이 받으므로 타업권과 직접 비교가 어려움

출처: 금융감독원 자료, NH투자증권

금을 기준으로 하면 수익률은 이보다 훨씬 더 떨어진다.

최근의 수익률을 비교한 발표를 보면 그 차이는 더욱 벌어진다.

| 표 3-6 | 금융 3사의 연금저축 수익률 비교(2019~2020년)

(단위: %)

구분	생보	손보	신탁	펀드	전체
2019년	1.84	1.50	2.34	10.50	3.05
2020년	1.77	1.65	1.72	17.25	4.18

- 납입원금 대비 수익률(통합연금포털 공시 기준)

출처: 금융감독원 자료

위와 같은 수익률의 차이는 대체 왜 발생하는 것일까? 수수료(사업비) 차감 방식 및 수익을 만드는 구조의 차이에서 기인한다.

주식형 펀드는 국내 및 해외를 평균하면 연간 약 1.45% 정도, 채권형 펀드는 국내 국공채를 기준으로 하면 연간 약 0.35% 정도의 보수를 차감한다. 주식과 채권의 비율을 6:4 정도로 투자한다고 가정할 때, 연간 전체 자산의 약 1% 정도의 보수를 차감해간다. 매일 자산 총액에서 1%의 1/365인 0.00274%를 차감해나간다.

보험사는 월 보험료를 낼 때마다 약 8% 정도의 사업비를 차감하고 나머지 금액에 공시이율(보험사가 매월 정해 발표하는 금리)로 부리(원금에 이자를 더하는 것)하는데, 현재 연금저축보험에 사용되는 보험사들의 평균 공시이율은 2021년 2월 기준 약 2% 정도다.

그러면 보험료를 매월 낼 때마다 8%를 차감하고 남은 원금의 92%를 연리 2%로 운용할 경우, 운용 누적 금액이 납입원금 총액과 같아지려면 몇 년이나 걸릴까? 100개월이 걸린다. 즉, 매월 낸 돈이 원금을 회복하는 데 8년 4개월이 걸린다는 얘기다. 충격적인가? 아니면 나라가 주는 세액공제 혜택을 별도로 받았으니까 몇 년이 걸리더라도 원금만 회복되면 된다고 만족하면서 애써 자위할 것인가? 그런데 더욱 충격적인 사실은 과거에 가입한 상품은 최저보증이 그나마 2% 정도는 되었지만, 최근에 가입한 상품의 경우에는 10년 이후부터는 최저 보증으로 0.5%가 적용된다는 것이다.

이제는 연금저축보험에 가입한 경우는 타 금융사로 이전을 고민해야 하며, 신규로 가입 시에는 반드시 증권사나 은행에 가서 연금저축펀드에 가입해야 한다. 그런데 증권사와 은행의 연금저축펀드는 거의 조건이 비슷한가? 아니다. 증권사는 원래부터 펀드를 오랜 기간 판매해왔기 때문에 연금저축에도 구성하고 있는 펀드의 숫자와 종류가 은행보다 훨씬 많고 다양하다. 그러므로 연금저축은 가능하면 증권사에 가입하는 것이 좋다(세액공제 상품인 IRP도 마찬가지다).

단, 보험사의 연금저축보험을 증권사로 이전 시에는 해지환급금 기준으로 이전을 해야 하는데, 가입 후 5년이 안 되었을 때는 납입

기간이 짧을수록 해지 페널티가 높다. 이 경우에는 최소 납입 가능 금액으로 신규 보험료 납입 금액을 낮추고 총 납입 기간이 5년을 넘어간 후 이전하면 된다. 만일 가입한 보험사의 연금저축보험이 5년을 넘긴 상태이면 해지환급금의 페널티가 거의 없으므로 그대로 증권사로 이전하면 된다. 참고로 세액공제를 받은 개인형 IRP 역시 연금저축과 마찬가지로 타 금융사로 자유롭게 이전이 가능하다.

이전을 결정하기 전에, 잠깐만!

세액공제 받은 연금저축 및 IRP를 증권사의 연금저축펀드 또는 IRP로 이전 시에, 잘못된 투자를 하게 되면 이전을 안 하느니만 못하게 되니 신중하게 판단한 후 이전을 결정해야 할 것이다. 증권사로 넘어오게 된 연금저축펀드 및 IRP의 경우에는 대부분 주식형 펀드 또는 채권형 펀드에 투자를 해야 하는데, 주식형 펀드에 잘못 투자를 할 경우에는 생각보다 큰 손실이 날 수도 있다(참고로 IRP의 경우에는 가입 가능한 상품 중에 은행의 예금상품도 있으나 권장하지 않는다. 이 역시 금리가 너무 낮기 때문이다).

연금저축과 IRP의 수익을 개선하기 위해 번거로움을 마다하고 금융사를 옮겼는데 수익은커녕 손실이 나게 되면 상당히 쓰라리다. 그러므로 주식과 채권의 펀드 선택 및 변경, 비율조정 등에 대한 조언을 받을 곳이 없다면, 연금저축의 금융사 이전의 결정은 더욱 신중히 해야 한다.

이전과 관련된 문제는 이 책의 Chapter 5 '부자가 되는 포트폴리오 만들기'를 잘 읽어보고 난 후, 마음속에 이전해도 되겠다는 확신이 들게 되면 그때 이전하기 바란다. 이전할 때는 증권사의 경우 창구에 직접 방문하거나, 증권사의 투자권유대행인을 만나서 안내를 받으면 된다. 최근에는 스마트폰으로도 이전이 가능해졌다.

세액공제 상품으로 노후 생활비의 40% 이상 미리 준비

매년 700만 원씩 세액공제를 받기 위해 연금저축과 IRP에 가입하면 미래의 내 삶에 얼마만큼이나 도움이 될까? 표 3-7은 40대에 가입해 20년간을 내고, 50세에는 연봉이 5,500만 원을 초과해 세액공제율이 16.5%에서 13.2%로 낮아지는 것을 가정으로 한 시뮬레이션이다. 단, 20년간 계속 납입해야 하며, 세액공제로 환급받은 금액은 반드시 여기에 추가로 납입하는 것을 전제로 했다.

세액공제 환급금은 반드시 세액공제 상품에 추가 납입한다

대부분 직장인은 연말정산 시 환급액을 13월의 보너스라고 부르며 마치 공돈이 들어온 것으로 생각하며 평소에 사고 싶은 것을 사버리는 데 탕진해버린다. 하지만 환급금이란 당신이 미리 세금을 더 냈던 부분을 다시 찾아온 것으로, 당신이 피땀 흘려 벌었던 원래 당신의 돈이다. 그런 돈을 공돈이라 생각하고 다 써버릴 것인가?

특히 연금저축과 IRP 가입으로 환급받은 돈은 원래 세금으로 가져갈 것을 나라가 당신 스스로 노후대비를 해서 착하다고 주는 보너스다. 그러므로 이 돈만큼은 노후를 대비한 연금저축 계좌에 반드시 다시 넣어둬야 한다(참고로 연금저축과 IRP 계좌의 세액공제 한도는 700만 원이지만 이 계좌의 연간 납입한도는 1,800만 원이므로, 매년 700만 원이 넘게 납입해도 된다).

은퇴 후 세액공제 상품을 연금으로 찾을 때 반드시 주의해야 할 사실

향후 세액공제를 받은 연금저축 및 IRP를 연금으로 찾아갈 경우, 두 개를 합산하여 연간 1,200만 원에서 단돈 1원만 더 찾아가더라도 전액이 종합소득세 과세대상 소득으로 잡힌다. 그러므로 연금을 찾아갈 때 연금 외의 소득이 있는 분들은 특히 신중해야 한다. 자신이 향후 연금 수령 시 별도의 소득이 있고 세금에 대해 정확히 잘 모르겠다면, 세액공제 받은 연금저축 및 IRP에서는 무조건 한 달에 정확히 100만 원만 찾는다고 알고 있으면 된다(세법이 바뀌지 않는다는 것을 전제로 한 것이다). 향후 이 한도는 더 늘어날 것으로 예상하지만 우선은 이렇게 이해하고 있어야 한다. 참고로 연금 외의 소득이 거의 없으면, 연간 1,200만 원을 넘더라도 추가로 낼 세금이 없거나, 있더라도 매우 적으므로 크게 걱정하지 않아도 된다.

은퇴 후 40년간 매월 130만 원씩, 총 6억 원 받는 통장을 만들다

연금저축과 IRP에 가입하고 이 책에서 안내한 대로 세액공제 받은 부분을 다시 추가로 20년간 납입한다면, 대기업에 아무 탈 없이 30년 다닌 분들이 받는 무려 3억 원짜리 퇴직금 통장을 하나 갖게 되는 것이다. 만일 20년이 아닌 30년을 낸다고 가정하면 향후 찾을 수 있는 금액은 훨씬 더 커질 것이다. 놀랍지 아니한가? 내가 납입한 원금은 1억 4,400만 원인데, 20년간 3억 2,297만 원으로 두 배 이상

| 표 3-7 | 매월 130만 원씩 인출, 총 6억 원의 연금 수령

(단위: 원)

20년간(41~60세) 연금불입				40년간(61~100세) 월 130만 원씩 인출				
월 납입금액			600,000	월 인출금액				1,300,000
연 납입총액			7,200,000	연 인출총액				15,600,000
투자수익(연리)			6%	투자수익(연리)				3.72%
나이	연 납입금	세금혜택	합계	나이	인출원금	세금	세후 인출금액	잔여금액
41	7,200,000	1,155,000	8,856,300	61	15,600,000	5.5%	14,742,000	319,384,969
42	7,200,000	1,155,000	18,243,978	62	15,600,000	5.5%	14,742,000	315,666,090
43	7,200,000	1,155,000	28,194,917	63	15,600,000	5.5%	14,742,000	311,808,869
44	7,200,000	1,155,000	38,742,912	64	15,600,000	5.5%	14,742,000	307,808,158
45	7,200,000	1,155,000	49,923,786	65	15,600,000	5.5%	14,742,000	303,658,622
중 간 생 략								
56	7,200,000	924,000	225,983,312	85	15,600,000	3.3%	15,085,200	179,156,876
57	7,200,000	924,000	248,153,751	86	15,600,000	3.3%	15,085,200	170,221,512
58	7,200,000	924,000	271,654,416	87	15,600,000	3.3%	15,085,200	160,953,752
59	7,200,000	924,000	296,565,121	88	15,600,000	3.3%	15,085,200	151,341,231
60	7,200,000	924,000	322,970,468	89	15,600,000	3.3%	15,085,200	141,371,125
합계	144,000,000	21,021,000	세액공제 혜택 14.6%	90	15,600,000	3.3%	15,085,200	131,030,131
				91	15,600,000	3.3%	15,085,200	120,304,452
납입원금 + 세금혜택			165,021,000	92	15,600,000	3.3%	15,085,200	109,179,778
				93	15,600,000	3.3%	15,085,200	97,641,265
60세 연금 적립금			322,970,468	94	15,600,000	3.3%	15,085,200	85,673,520
[시뮬레이션 가정] 40~50세: 연봉 5,500만 원 이하 → 세액공제율 16.5% 51~60세: 연봉 5,500만 원 초과 → 세액공제율 13.2% 세액공제 받은 금액 반드시 재투자				95	15,600,000	3.3%	15,085,200	73,260,575
				96	15,600,000	3.3%	15,085,200	60,385,869
				97	15,600,000	3.3%	15,085,200	47,032,223
				98	15,600,000	3.3%	15,085,200	33,181,822
				99	15,600,000	3.3%	15,085,200	18,816,186
납입 원금			144,000,000	100	15,600,000	3.3%	15,085,200	3,916,148
60세 적립금			322,970,468	합계	624,000,000		598,260,000	3,916,148
연금수령 합계 (세후)			602,176,148	100세까지 연금수령 합계(세후) + 잔여금액				602,176,148

※ 이 표는 골든크로스 투자자산컨설팅의 지적재산이므로 무단 사용 및 배포를 금함

| 표 3-8 | 매월 100만 원씩 인출, 총 7억 8,317만 원 수령(수익만 인출, 원금 유지)

(단위: 원)

20년간(41~60세) 연금불입			40년간(61~100세) 월 100만 원씩 인출		

월 납입금액		600,000
연 납입총액		7,200,000
투자수익(연리)		6%

월 인출금액		1,000,000
연 인출총액		12,000,000
투자수익(연리)		3.72%

나이	연 납입금	세금혜택	합계
41	7,200,000	1,155,000	8,856,300
42	7,200,000	1,155,000	18,243,978
43	7,200,000	1,155,000	28,194,917
44	7,200,000	1,155,000	38,742,912
45	7,200,000	1,155,000	49,923,786

나이	인출원금	세금	세후 인출금액	잔여금액
61	12,000,000	5.5%	11,340,000	322,970,468
62	12,000,000	5.5%	11,340,000	322,970,468
63	12,000,000	5.5%	11,340,000	322,970,468
64	12,000,000	5.5%	11,340,000	322,970,468
65	12,000,000	5.5%	11,340,000	322,970,468

중 간 생 략

56	7,200,000	924,000	225,983,312
57	7,200,000	924,000	248,153,751
58	7,200,000	924,000	271,654,416
59	7,200,000	924,000	296,565,121
60	7,200,000	924,000	322,970,468

85	12,000,000	3.3%	11,604,000	322,970,468
86	12,000,000	3.3%	11,604,000	322,970,468
87	12,000,000	3.3%	11,604,000	322,970,468
88	12,000,000	3.3%	11,604,000	322,970,468
89	12,000,000	3.3%	11,604,000	322,970,468

합계	144,000,000	21,021,000	세액공제 혜택 14.6%

90	12,000,000	3.3%	11,604,000	322,970,468
91	12,000,000	3.3%	11,604,000	322,970,468

납입원금 + 세금혜택	165,021,000
60세 연금 적립금	322,970,468

92	12,000,000	3.3%	11,604,000	322,970,468
93	12,000,000	3.3%	11,604,000	322,970,468
94	12,000,000	3.3%	11,604,000	322,970,468
95	12,000,000	3.3%	11,604,000	322,970,468
96	12,000,000	3.3%	11,604,000	322,970,468
97	12,000,000	3.3%	11,604,000	322,970,468
98	12,000,000	3.3%	11,604,000	322,970,468
99	12,000,000	3.3%	11,604,000	322,970,468
100	12,000,000	3.3%	11,604,000	322,970,468

[시뮬레이션 가정]
40~50세: 연봉 5,500만 원 이하
　→ 세액공제율 16.5%
51~60세: 연봉 5,500만 원 초과
　→ 세액공제율 13.2%
세액공제 받은 금액 반드시 재투자

납입 원급	144,000,000
60세 적립금	322,970,468
연금수령 합계 (세후)	783,170,468

합계	480,000,000		460,200,000	322,970,468
100세까지 연금수령 합계(세후) + 잔여금액				783,170,408

※ 이 표는 골든크로스 투자자산컨설팅의 지적재산이므로 무단 사용 및 배포를 금함

으로 늘어난 것이다.

일반 중산층이 생각하는 노후에 불행해지지 않을 월 생활비는 300만 원이다. 이번 장에서 당신이 불행해지지 않을 조건의 40% 이상을 해결했다. 이제 불행해지지 않기 위해 나머지 170만 원을 어떻게 마련하면 될지만 고민하면 된다. 다음 장에서 나머지 170만 원도 해결할 예정이다. 행복하지 아니한가?

절세 만능 통장, 개인종합자산관리계좌(ISA)

2016년 3월에 만들어진 ISA(Individual Savings Account)는 여러 가지 단점으로 외면받아온 상품이었다. 그런데 이 ISA가 2021년 1월 단점을 상당 부분 보완하여 새롭게 탄생했다.

ISA의 주요 내용을 정리하면 다음과 같다(2021년 개선된 혜택 내용 반영).

- 만 19세 이상 누구나 가입 가능. 15~18세의 경우 근로소득이 있으면 가입 가능
- 3년간 총 수익의 200만 원까지 비과세, 200만 원 초과 9.9% 과세
- 계좌 내의 각 투자 상품들의 손익 상계 처리 후, 수익이 난 부분만 과세
- 3년만 보유하면 되며, 납입원금 한도 내에서 중도 인출 가능. 만기 연장 지속 가능
- 전 금융기관 1인 1계좌. 타사 이전 시 기존 계좌 해지 후 가능
- 중개형의 추가 신설. 국내에 상장된 주식 & ETF & 리츠 등에도

투자 가능

- 3년이 지나면 해지 후 세액공제 상품인 연금저축 및 IRP로 전환 허용

연금저축 및 IRP로 전환시, 이체 금액의 10%, 최대 300만 원까지 세액공제가 가능하다. 즉 최대 혜택을 받기 위한 이체 금액은 3,000만 원이다. 만일 오래 전에 가입하여 올해 연말까지 3년이 지나게 될 경우, 수익이 나 있다면 2021년 12월까지 기존 ISA를 해지하고 연금저축 또는 IRP 계좌로 이전하면, ISA에서 1차 절세를 하고, 추가로 연금저축 및 IRP에서 세액공제(소득에 따라 최대 300만 원의 16.5%인 495,000원 또는 13.2%인 396,000원의 세금을 환급받게 됨)를 받게 된다. 그리고 원하면 3년짜리 ISA를 신규 가입하는 것이 유리하다.

위와 같은 여러 가지 장점이 있음에도 불구하고, 이 책의 전반에 걸쳐 강조하는 달러 투자, 즉 미국에 상장된 주식 및 ETF에는 투자할 수 없으며 받는 혜택도 별로 크지 않으며, 금융소득종합과세 대상자는 가입할 수 없어서 부자들은 ISA에는 거의 가입하지 않는다. 하지만 일반인들의 경우 현재까지 마련해둔 목돈 3,000만 원이 없다면, 3,000만 원 만들기 프로젝트용으로 ISA에 가입하여 꾸준히 매월 적립식 투자를 한 후, 3,000만 원 이상이 만들어지면 연금저축 및 IRP로 옮겨 해당 연도에 300만 원에 대한 추가 세액공제를 받고 나서, 나머지 금액은 그다음 해에 인출하여 달러 ETF 투자의 재원으로 사용하기를 추천한다.

04 퇴직금과 국민연금은
최후의 보루

　부자들도 사업체를 가지고 있거나 직장에 소속되어 있는 경우 당연히 퇴직금을 받고 있으며, 국민연금에도 역시 가입되어 있다. 부자들은 돈이 많으니 퇴직금과 국민연금은 별로 신경을 안 쓸 것 같지만, 그렇지 않다. 부자들은 한 푼의 돈도 소중하게 생각하며, 미래가 언제 어떻게 될지 확신할 수 없기에, 퇴직금과 국민연금은 자신들 노후의 최후의 보루라고 생각하며 소중히 다룬다.

퇴직금

　2005년 12월 1일 '근로자퇴직급여보장법'이 제정되어 퇴직급여 제도는 표 3-9와 같이 바뀌었다. 회사의 파산 시에 근로자가 퇴직금을 못 받게 되는 것을 방지하기 위해 퇴직연금제도가 도입되었고, 사업주 입장에서는 퇴직연금제도에 가입 시 퇴직금 명목으로 적립하는 금액이 당해 연도 비용으로 잡혀 법인세 절감 혜택을 받게 된다. 양측에 이익이 되므로 퇴직연금 가입률은 매년 높아지고 있다.

통계청 자료에 의하면(2018년 말 현재 퇴직연금제도 가입률, 종업원 수 기준), 300인 이상 69%, 100인 이상 300인 미만 63%로 100인 이상의 법인은 대다수가 퇴직연금제도를 도입했으며, 의외로 10인 이상 21인 미만의 소기업의 가입률이 45%로 높아졌다. 심지어 5인 미만의 영세사업장의 가입률도 11%나 되었다. 원칙적으로 2022년까지는 모든 사업체(종업원 1인 이상)가 퇴직연금제도를 도입해야 한다.

| 표 3-9 | 퇴직급여제도

출처: NH투자증권

퇴직연금DC는 세액공제 상품(연금저축, IRP)와 같은 형제

앞 장에서 다룬 세액공제 상품인 연금저축 및 IRP와 아주 비슷한 상품이 있다. 바로 퇴직연금DC다. 퇴직연금제도를 회사가 도입하게 되면, 회사가 운용을 책임지는 확정급여형인 DB(Defined Benefit)와 근로자가 운용을 책임지는 확정기여형인 DC(Defined Contribution)로 나뉘게 되는데, 최근에는 퇴직연금DC를 도입하는 경우가 많아지고 있다. 퇴직연금DC에 가입되면, 회사는 매월 근로자의 퇴직금을 회사와 근로자가 합의하에 선택한 퇴직연금 사업자(은행, 증권사, 보험사)의 퇴직연금DC 계좌로 넣어준다. 그런데 이때부터 문제가 시작된다. 근로자는 자신의 책임하에 자신의 퇴직금을 운용해야 하는데, 퇴직연금(DC)에 선택할 수 있는 상품은 금융회사인 퇴직연금 사업자마다 다르지만, 예금, 주식형 펀드, 채권형 펀드 등의 상품이 대략 수백 개가 있다. 어떤 것을 선택할지 모르겠고 퇴직금은 노후를 위한 상품이니 무조건 원금 손실이 없는 안전한 상품에 가입해야 한다고 생각해서 대부분 근로자가 예금에 가입하고 있다. 1%대의 예금에 자신의 노후를 맡기는 것이다. 주인은 돈 벌기 위해 피땀 흘려가며 열심히 일하고 있는데, 하인인 돈은 편한 데서 아무 일도 안 하고 놀고 있는 것이나 마찬가지다.

경영성과급은 반드시 퇴직연금DC 계좌로 받을 것

최근 경영성과급을 지급하는 회사가 늘고 있으며, 회사의 실적이 좋은 경우에는 지급 금액도 상당한 규모다. 그런데 경영성과급을 그냥 받게 되면 당해 연도의 소득으로 잡혀서 종합소득세율(액수에 따른 누진세, 6.6~49.5%)에 따라 세금을 내야 한다. 연봉이 많은 경우 상당히 높은 세율로 세금을 내게 된다.

퇴직연금제도를 도입한 회사의 경우에는 근로자가 이를 퇴직연금DC 계좌로 받을 수 있다. 이렇게 되면 퇴사할 때까지 세금이 이연됨은 물론 세금도 퇴직소득세를 적용받게 되어 종합소득세(근로소득세)의 적용을 받는 것보다 비교할 수 없을 만큼 유리하다. 그러므로 경영성과급의 지급이 많은 회사는 직원들을 위해서 하루라도 빨리 퇴직연금제도(퇴직연금DC)를 도입해야 한다.

퇴직금은 반드시 IRP 계좌로 받을 것

통계청에 의하면, 2018년 기준 우리나라 근로자의 평균 근속 기간은 5.3년이라고 한다. 25년에서 30년을 일한다고 가정하면, 평생 4~5번은 직장을 옮기게 되고, 이때마다 퇴직금을 수령하게 된다. 그런데 과거에는 IRP란 계좌가 없었으니 그냥 받아서 다 써버렸고 막상 노후에 사용할 퇴직금은 남아 있지 않았다.

지금은 IRP 계좌로 받을 경우, 퇴직소득세를 단 한 푼도 내지 않고 전액을 IRP 계좌로 넣어준다. 새로운 회사에 입사해 일하다 퇴사해도 역시 퇴직금을 자신의 IRP 계좌로 받으면 된다. 이렇게 회사를 몇 번씩 옮기더라도 퇴직소득세를 한 푼도 내지 않고 퇴직금을 계속 쌓아가면서 목돈으로 만들 수 있게 되었다.

퇴직금을 IRP 계좌로 받으면 퇴직소득세의 납세의무가 이연됨은 물론, 은퇴 후에 이를 10년 이상에 걸쳐서 연금으로 받을 경우, 10년까지는 원래 내야 할 퇴직소득세의 30%를 감면받으며, 10년을 초과한 기간에 대해서는 퇴직소득세의 40%를 감면받게 된다. 모으는 기간에는 세금을 한 푼도 내지 않고 계속 복리로 운용하면서 장기간에 걸쳐서 자산을 최대한 늘려나가고, 찾는 기간에도 찾는 금액에 대해서만 원래 퇴직소득세율보다 훨씬 낮은 저율의 세금만 내고 남은 금액은 복리로 계속 운용하면서 늘려나가는 눈덩이(snow ball) 효과를 최대한으로 얻을 수 있다. 이렇게 되어야 비로소 퇴직금이

| 표 3-10 | 퇴직금 수령 방법 및 조건

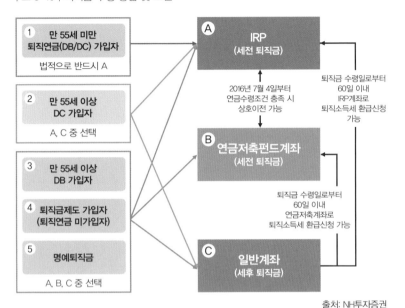

출처: NH투자증권

명실상부한 노후 자산의 한 축을 담당할 수 있게 되는 것이다.

표 3-10은 퇴직금 수령 방법 및 조건을 표로 정리한 것이다. 그냥 글로는 이해하기 어려워 정리된 표를 첨부했는데, 사실 표를 봐도 처음엔 헷갈리나 막상 자신에게 닥치면 안 보이던 것이 잘 보이게 된다. 특히 요즘 경기가 어려워져서 권고사직으로 인해 몇 개월에서 수십 개월치 월급을 더 받고 퇴사하는 경우가 많은데, 이는 명예퇴직금으로 수령이 가능하며, 명예퇴직금은 명칭 그대로 법적으로 퇴직금 처리가 가능하다. 즉 IRP 계좌로 받아 세금을 대폭 줄일 수 있다는 사실을 반드시 기억하기 바란다.

또한 이미 일반계좌로 퇴직소득세를 내고 퇴직금을 받은 경우에도, 자신이 IRP 계좌를 사후에 만들어 퇴직금을 이곳에 넣으면 이미 냈던 퇴직소득세 환급이 가능한 점도 알아두면 도움이 될 것이다. 단, 퇴직금 수령일 기준으로 60일 이내에 환급 신청이 이루어져야 하니 처리를 서둘러야 한다. 차일피일하다가 단 하루 차이로 퇴직소득세 환급을 못 받은 경우도 보았다.

퇴직금은 열심히 모으면 얼마나 되고 연금으로 얼마씩 찾아 쓸 수 있을까

퇴직금이 개인의 연봉과 근로 기간에 밀접하게 연동되어 있어서 금액을 정하는 것은 사실상 불가능하다. 앞의 은퇴 시점에 3억 원을 만들었던 '연금저축+IRP'의 경우 세액공제 받은 부분까지 합해 매년 800만 원을 납입했고 기간은 20년이었다. 반면에 퇴직금은 매년 이 정도 금액을 적립할 수는 없겠지만, 적립 기간은 이보다는 긴 30년을 할 수 있다. 이 기간에 제대로 된 투자 방법으로 키워나간다면, 일반 봉급생활자의 평균 소득 기준으로, 아마도 은퇴 시점에 대략 2억 원 정도를 만들 수 있을 것이다.

보수적으로 운용한다고 가정해, 투자 수익 4%로 2억 원을 운용하면서 월 100만 원을 찾으면 몇 년 동안 찾을 수 있을까? 약 330개월, 28년 가까이 찾을 수 있다.

65세부터 연금 수령을 개시한다고 가정 시, 93세까지 28년 동안 매월 100만 원을 받게 될 것이다(아마도 여기에 퇴직소득세는 일반적으로 5% 미만이 적용될 것이다).

국민연금(노령연금)

국민연금의 종류에는 노령연금, 장애연금, 유족연금이 있다. 노령연금은 노후소득 보장을 위한 급여이며, 장애연금은 장애로 인한 소득감소에 대비한 급여이고, 유족연금은 가입자의 사망으로 인한 유족의 생계 보호를 위한 급여다. 하지만, 우리가 평소 말하고 생각하는 국민연금은 대부분 매월 받는 노령연금이므로, 여기서는 노령연금을 국민연금으로 지칭하기로 한다.

국민연금 2054년 고갈 예상

현재 대부분 국민이 원하든 원치 않든 의무적으로 가입한 국민연금은 어떤 국민에게는 거의 유일한 노후 수단이다. 그런데 그렇게 중요한 국민연금이 고갈 위기에 직면해 있다. 국회 예산정책처가 2019년 8월 발표한 '2019~2060년 국민연금 재정전망 보고서'에 따르면, 국민연금 적립금은 2039년 1,430조 9,000억 원으로 정점을 찍은 뒤 급속도로 소진되어 2054년경 고갈될 전망이라고 한다. 국민연금 가입자 수도 2020년 2,187만 명으로 최고점에 이른 뒤 점차 감소할 전망이다.

그럼 이처럼 확실하게 예상되는 국민연금의 고갈을 정부는 손 놓고 방치할 것인가? 그렇지는 않을 것이다. 3가지 대처방안이 진행될 것으로 예상한다. 첫째, 국민연금의 납입금액을 높인다. 둘째, 국민연금의 개시 연령을 늦춘다. 셋째, 국민연금의 소득대체율을 낮춘다. 즉, 내는 금액은 많아지고 받는 금액은 더 늦게 더 적게 받게 될 것이다.

2020년 9월 말 기준, 국민연금 수급자의 월평균 수령액은 52만

3,000원이다. 20년 이상 가입 수급자의 연금액은 평균 92만 6,000원으로 올라간다. 이로부터 유추한다면 20년 이상 가입자의 경우 65세부터 약 100만 원(2020년 기준 현재가치)을 받는다면, 2050년대에는 이보다 30% 정도 적은 2020년 기준 현재가치로 70세부터 대략 70만원 정도를 받게 될 것으로 예상해볼 수 있다(이 예상치는 국민연금 관련 전문가마다 조금씩 다르므로 단순 참조만 할 것).

강남 부인들이 추가로 가입하는 생각보다 좋은 노후 자산, 국민연금

그럼에도 불구하고 국민연금이 고갈되면 어떻게 될까? 이 경우도 예상을 안 할 수는 없다. 현재 우리가 채택하고 있는 국민연금은 '적립 방식'이다. 국민 스스로가 젊은 시절 소득이 있을 때 연금의 재원을 납부한 후, 노인이 되면 연금을 받는 방식이다. 반면에 우리가 걱정하는 국민연금의 적립금이 고갈된 상태에서 채택하는 것이 '부과 방식'이다. 당해 연도에 국민들로부터 연금의 재원을 세금으로 걷어서 노인들에게 지급하는 방식이다.

실제로 국민연금의 적립금이 고갈되는 상황을 훨씬 먼저 겪었고, 현재 사회보장이 가장 잘 되어 있다고 평가받는 북유럽의 스웨덴과 독일이 부과 방식을 채택하고 있다. 우리나라도 급속히 감소하는 인구 및 급속히 증가하는 노령 인구의 추세를 고려할 때 머지않아 이 방식을 채택할 수밖에 없을 것이다. 그러므로 어떤 경우에도 국민연금을 받지 못하는 경우는 발생하지 않을 테니 걱정하지 않아도 된다.

결론은, 여러 가지 말들도 많지만 국민연금은 상당히 좋은 노후 대비 장치라는 것이다. 특히 소득이 낮을수록 낸 금액보다 더 많은 금액을 받는 일종의 사회보장제도이며, 무엇보다 좋은 점은 종신토록 받을 수 있고 물가상승률만큼 연금액도 따라서 올라가므로 그야말로 장수 리스크를 헤지하는 데는 이보다 더 좋은 상품은 없기 때문이다. 한때 강남 부인들에게 국민연금 추가 가입이 유행했던 적이 있을 정도로 국민연금은 여러분이 생각하는 것보다 훨씬 더 좋은 노후대비 연금 상품이다.

국민연금에 종합소득세가 붙는다고?

한 가지 사람들이 잘 모르는 것이 있는데, 국민연금은 종합소득세 대상이라는 사실이다. 세금 얘기만 나오면 우선 열 받게 되는데, 너무 열 받지 말자. 2002년 1월부터 납부한 국민연금의 금액은 연말정산 시, 소득공제를 받으면서 소득세를 상당히 줄였다. 그러므로 이러한 혜택을 미리 받았으므로 연금 수령 시에는 소득세를 내는 것이 당연하다. 수십 년 전에 냈어야 할 소득세를 이연시켜준 것이다. 또한 돈을 벌 당시에 혜택을 받았던 세율과 세금의 금액이 은퇴 시에 적용되는 세율과 세금의 금액보다 훨씬 높고 많다. 그러므로 전혀 억울해할 일이 아니다. 그리고 2001년 12월까지 납부한 국민연금에 대해서는 소득공제 혜택이 없었으므로 이때 납부한 부분의 국민연금이 기여하는 노령연금의 부분에 대해서는 전액 비과세다. 매월 받는 국민연금에 대해서도 기본공제 및 인적공제 등이 있으므로 세금은 아주 적으니 너무 걱정할 필요는 없다. 다만 은퇴 후에 국민연금을 받으면서도 소득이 매우 많은 경우에는 어쩔 수 없이 어느 정도의 세금은 감수해야 한다. 그 경우에도 너무 억울해하지 말고,

남들보다 여유로운 노후를 맞이했다는 사실에 감사해하자.

행복해질 최소 조건을 맞췄어요

퇴직금에서 65세부터 93세까지 28년 동안 매월 100만 원, 국민연금에서 65세부터(또는 70세부터) 종신토록 매월 70만 원, Chapter 3 '03 묻지도 따지지도 말고 세액공제 상품은 최우선으로 가입한다'의 '연금저축+IRP'에서 60세부터 100세까지 매월 130만 원, 합해서 매월 300만 원을 당신은 노후에 연금으로 받게 되었다. 이제 더 이상 돈 때문에 불행해지고 돈 때문에 극단적인 선택을 하지는 않을 것이다. 행복해질 최소 조건을 맞췄다. 더 노력하는 만큼 더 행복해질 일만 남았다.

그런데 세상에 공짜는 없다. 위의 퇴직금, 연금저축, IRP는 그냥 대충 예금 등으로 방치해서 만들어지는 금액들이 아니다. 적극적인 투자의 행위가 지속적으로 이루어져야 한다. 투자도 일단 시작하면 화초를 키우듯 정성스레 지속적인 관심과 노력을 기울여야 잘 자라서 꽃을 피운다.

자, 그러면 노후를 위한 자산은 어떻게 운용해야 안전하면서도 일정 이상의 수익을 낼 수 있을지 알아보기로 하자.

05 노후전용자산(퇴직연금DC, 연금저축, IRP) 운용 방법

부자들의 퇴직연금DC, 연금저축, IRP 운용방법

부자들은 돈이 많으니 이러한 장기 상품도 예금과 같은 절대 안정형에만 투자할 것으로 생각하는가? 절대 그렇지 않다. 이러한 상품들은 납입 기간만 보통 20~30년이고 은퇴 후에도 최소 10~20년 이상에 걸쳐서 인출하는 거의 반세기에 걸친 상품임을 부자들은 잘 이해하고 있다. 이런 초장기 투자 시에는 주식에 상당 부분 투자를 해도 무조건 이기는 게임이 될 것이란 확신을 하고 투자에 임한다.

그들은 피땀 흘려 벌어놓은 소중한 돈을 원금이 보장된다는 미명하에 1% 정도밖에 이자를 주지 않는 상품에 절대 맡기지 않는다. 이것은 마치 자신이 1년 내내 고생해서 가을에 추수한 벼를 창고에 넣어뒀는데 인플레이션이란 쥐새끼가 창고를 들락거리면서 벼 이삭을 훔쳐먹는 것을 마루에 앉아서 우두커니 지켜보면서도 아무런 대응도 하지 않는 것이나 진배없다고 생각한다. 즉 자기 자신의 노력에 대한 스스로의 배신행위라고 생각한다.

그럼 부자들은 노후전용자산인 퇴직연금DC, 연금저축계좌와 IRP(퇴직금+세액공제) 계좌에 있는 자금을 어떻게 운용을 하고 있을까? 그 5가지 방법을 소개한다.

나이의 법칙, 주식과 채권의 비중 조절 법칙

퇴직연금DC, 연금저축, IRP 등의 경우, 주식형 펀드와 채권형 펀드 두 군데에 나눠서 투자해야 한다. 참고로, 나라가 혜택을 주는 이러한 노후를 위한 상품의 경우에는 리스크를 줄여야 하므로, 개별 주식과 개별 채권에는 투자할 수 없게 되어 있다. 위험자산인 주식은 공격수고 안전자산인 채권은 수비수다. 축구에서도 공격수와 수비수의 구성하는 여러 가지 전술(4:4:2, 4:3:3 등의 전술)이 있듯이, 투자에도 주식과 채권의 비중을 조절하는 전술이 있다.

주식과 채권의 비중을 나눌 때 '나이의 법칙'이란 것을 사용하는데, 주식과 채권의 투자에서 가장 중요하고 반드시 지켜야 하는 기본적인 전술이다. 전체 투자자산에서 주식과 채권의 합을 100%라고 가정 시, 최소한 자신의 나이대만큼의 퍼센티지를 채권에 투자한다고 이해하면 가장 쉽다. 나이가 들수록 안전자산의 비중을 높이는 것이다. 젊을 때는 주식에 많은 비중을 두고 투자하다가 설령 손실을 보더라도 계속 투자가 이루어지면 시간이 흐름에 따라 주가가 회복할 때까지 기다릴 여유가 있는데, 나이가 들고 수입이 끊겨 이제는 돈을 찾아 써야 할 상황에서는 손실이 나게 되면 회복할 시간적 정신적 여유가 없어지므로 안전자산인 채권의 비중을 나이대에 맞쳐 높여나가는 투자 기법이다. 예를 들면, 40대는 채권 비중을 40%, 50대에는 채권 비중을 50%, 60대에는 채권 비중을 60%, 70대에는 채권 비중을 70%까지 올린다. 단, 채권 비중의 상한선은 75%다. 채권도 주식에 비해서 안전할 뿐이지 그 자체의 가격변동이 없는 것은 아니므로, 채권을 75% 이상으로 가져가는 것보다, 주식에 25% 정도는 가져가는 것이 안전과 수익 양쪽 측면에서 더 좋은 결과를 가져온다.

주식형 펀드는 가능한 미국 위주의 선진국 펀드를 선택한다

주식형 펀드는 선진국 중에서도 미국의 비중을 높게 가져가는 펀드를 선택한다. 2000년대 이후에, 특히 글로벌 금융 위기 이후에 모든 분야에서 미국으로의 쏠림현상이 두드러지게 나타나는데 주식 시장의 경우에는 그 경향이 더욱 심하다. 미국을 위시한 선진국에 투자하는 펀드 중에서도 꾸준히 오랜 기간 전체 주식 시장보다 높은 수익률을 달성하고 나라별로 분산이 골고루 잘 되어 있는 펀드들을 선택한다.

표 3-11을 보면 미국 한 나라의 GDP가 전 세계의 약 1/4이다. 너무도 엄청나다. 게다가 미국은 GDP의 70% 정도가 소비에 의해서 발생하며, 소비의 상당 부분을 수입에 의존한다. 전 세계 압도적 1위의 소비 시장이다. 그러므로 미국 경제가 무너지면 전 세계의 경제가 동시에 무너질 수밖에 없는 구조다. 전 세계가 미국의 눈치만 보는 이유는 군사력도 군사력이지만, 결정적으로 경제력에 의한 것이 훨씬 더 크다(참고로, OECD는 2020년 말 기준 한국 GDP 세계 9위 예상 발표, 2021년 초

| 표 3-11 | 전 세계 국가별 명목 GDP 백분율(2020년 말 IMF 추정치)

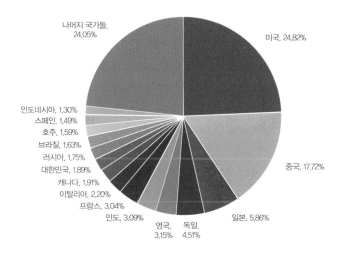

잠정치).

　표 3-12를 보면, 2021년 1월 기준 미국 주식 시장 규모는 전 세계 주식 시장의 약 56%를 차지하고 있다. 그러므로 기관투자자나 개인 투자자 가릴 것 없이 전 세계의 모든 투자자는 미국의 주식 시장만 쳐다보고 있다. 한술 더 떠서 미국 정규 주식 시장이 끝나면 미국 선물 시장을 보고 있다. 즉, 하루 24시간 내내 전 세계는 미국의 주식 시장 눈치만 살펴보고 있는 것이다. 그리고 그 의존도는 갈수록 더 심화되고 있다. 미국 주식 시장이 하락하면 대체로 전 세계 주식 시장은 하락한다. 하지만 미국 주식 시장이 상승한다고 다른 국가의 주식 시장이 덩달아 상승하는 것은 아니다. 결론은 미국 주식 시장 위주의 투자를 해야 한다는 것이다. 한마디로 미국에만 투자해도 전 세계 시장의 50% 이상에 분산한 것이나 마찬가지다.

| 표 3-12 | 전 세계 시가 총액 상위 10개국 순위(백분율)

2021년 1월 기준

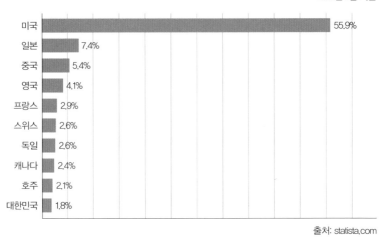

출처: statista.com

채권의 경우에는 가능하면 한국 국공채 위주의 단기 채권을 선택한다

채권은 공격수가 아니라 수비수이므로 평소에 여기에서 큰 수익은 바라지 않는다. 채권은 주식에 대한 헤지 차원의 자산이므로 변동성을 가능한 한 적게 만들어줘야 한다. 전 세계가 제로금리인 상황에서는 앞으로 금리가 더 하락할 가능성이 없으므로, 채권 자체로는 수익을 내기가 쉽지 않다. 만일 금리가 상승하는데 장기 채권을 보유할 경우 채권에서도 예상치 못한 상당한 손실이 발생할 수 있다. 주식에서 어느 정도의 손실은 받아들여져도, 채권에서 5% 이상의 손실이 발생하면 믿었던 친구에게 배신당한 것 같이 상처가 쓰라리다. 그러므로 한국 국공채 위주의 단기 채권을 보유하게 되면 큰 수익을 내지는 못하지만, 꾸준히 우상향하며 변동성도 거의 없다. 제로금리 상황 및 금리 상승이 예상되는 시점에서는 채권 투자 목적에 정확히 부합하는 투자자산인 것이다.

참고로, 세계 투자가들에게 한국 국채는 상당한 안전자산으로 평가받는다. 세계 3대 신용평가 기관들은 한국의 신용등급을 일본보다 무려 두 단계나 위로 평가하여 투자적격등급의 상단에 올려놓았다(등급 AA). 한국이 1998년 외환위기 이후에 20년 넘게 꾸준히 나라의 재정 및 금융 건전성을 높이기 위해 노력한 결과다. 우리나라의 주식이 지정학적 리스크 및 지배구조의 불투명성 등을 이유로 실제보다 저평가된 것과는 달리, 우리나라의 국채는 세계에서 상당히 높게 안전자산으로서의 가치를 인정받고 있으며, 선진국 국채와 완전히 동급으로 인정받고 있다.

원칙을 정해놓고 재분배(리밸런싱, Rebalancing)한다

주식형 펀드와 채권형 펀드의 기본 비중은 60대 40이다. 이렇게 배분을 하고 난 후, 이 배분 비율에 20~25% 이상의 변동이 생기면 다시 60대 40으로 재분배한다. 이렇게 재분배를 하면 주가가 올랐을 경우 이익 실현을 하는 효과를 보고 주가가 내려갔을 경우 저평가된 주식을 사는 효과를 보게 된다.

이 작업은 아무리 강조해도 지나치지 않을 만큼 중요하다. 수백 년의 주식 시장에서 내일의 가격변동을 누구도 예측할 수 없었기에 개발된 방법이다. 이러한 투자 기법은 간단해 보이지만 사실 지속적인 관리를 하면서 상황을 계속 지켜봐야 하므로, 부자들은 이러한 일들은 주로 자신의 금융컨설턴트에게 의뢰한다. 하지만 믿을 만한 컨설턴트가 없을 경우에는 본인이 직접 하면 된다. 조금만 신경 쓰고 정성을 기울인다면 사실 간단한 산수이므로 각자가 충분히 재분배를 할 수 있다. 상세 내용은 Chapter 2 '06 투자 수익률 관리의 6가지 기본 원칙을 지킨다'에서 포트폴리오 재분배를 참조하기 바란다.

대세 상승 및 하락장에서는 비율을 조정(업그레이딩, Upgrading) 한다

이 부분 역시 상세 내용은 Chapter 2 '06 투자 수익률 관리의 6가지 기본 원칙을 지킨다'에서 포트폴리오 조정을 참고하기 바란다. 여기서 한 번 더 강조하는바, 이 기법은 시장을 어느 정도는 예측하고 실행하는 것인데, 사실 최고의 전문가도 어려울 수 있으며 예측이 빗나갈 수도 있다. 확실한 금융전문가의 도움을 받기 어렵다면 이 방법은 함부로 하지 않는 것이 더 좋을 수도 있다. 위의 재분배만 시기적절하게 지속적으로 하더라도 꾸준한 수익을 낼 수 있다.

위의 작업이 힘들어 보일 경우의 대안, TDF

TDF란 Target Date Fund의 약자로서, 여기서 Target Date는 자신의 은퇴 시점의 연도를 지칭한다. 자신의 은퇴 시점이 결정되면, 이 은퇴 시점에 다가갈수록 채권의 비중이 계속 높아지며 은퇴 시점에는 채권의 비중이 80%까지 높아지게 설계된 상품이다. 앞에서 설명한 일종의 나이의 법칙(채권의 비중이 자신의 연령대만큼 늘어나는 것)이 적용된다. 만일 자신이 2020년 현재 만 40세인 80년생이고 은퇴를 60세에 한다고 가정하면, 은퇴 시점의 연도는 2040년이 될 것이다. 그러면 TDF2040을 선택하면 된다. 모든 TDF의 뒤에는 이렇게 4개의 숫자가 붙어 있는데 은퇴 시점의 연도를 나타내는 것이다.

2020년 현재 판매 중인 상품은 TDF2025부터 TDF2050까지 나와 있다. TDF2025는 곧 은퇴할 사람들이 선택하면 된다. 채권의 비중은 이미 60% 이상으로 높아져 있다. TDF2050은 30년 후에 은퇴할 1990년생, 2020년 현재 30세인 사람들이 가입하면 된다. 은퇴가 아직 30년이나 남아 있으므로 주식에 80% 넘게 투자되어 있다. 이렇게 높은 주식 비중은 세월이 흘러감에 따라 점점 낮아져서 2050년이 되면 채권의 비중이 80까지 올라가게 된다.

이러한 나이에 따른 일련의 주식과 채권의 비중 조절 작업을 펀드가 알아서 다 해준다. 나이의 법칙에 따르는 것과 같이 주식과 채권의 비중 변화가 일어나는데, 그 변화를 나타내는 그래프를 보면 마치 비행기가 착륙 시 활강하는 경로와 비슷하다고 해서 글라이드 패스(Glide Path)라는 용어를 사용한다. 이 글라이드 패스를 보면 주식의 비중이 시간에 따라 어떻게 줄어들고 채권의 비중은 어떻게 증

| 표 3-13 | TDF 글라이드 패스(Glide Path)

생애주기에 따른 포트폴리오 리밸런싱

출처: 삼성자산운용. Capital Group

가하는지 쉽게 이해할 수 있다.

주식의 경우 전 세계로 분산해 수백 개의 세계 최고의 기업들만 선별해 투자하며, 채권 역시 안전한 가운데서도 조금이라도 더 높은 수익을 내는 채권을 선별한다. TDF는 이미 수십 년 전에 미국에서 알아서 노후를 지켜준다는 발상에서 개발된 상품이며, 이러한 장점들이 소비자에게 파고들어 미국에서는 노후를 위한 연금의 주축 펀드로 자리 잡은 지 오래되었다. 참고로, 미국의 경우 1981년 레이건 대통령 재임 시 도입된 퇴직연금 401K(우리의 퇴직연금DC에 해당)에는 이러한 TDF를 기본(default)으로 30% 선택하게 되어 있다. 물론 본인이 싫으면 이 선택을 취소할 수 있지만, 대부분의 미국 퇴직연금 가입자는 기본으로 이것을 선택한 후, 나머지는 TDF를 더 추가하거나 다른 펀드의 조합으로 구성한다.

아직은 미국과 비교하면 퇴직연금 상품의 운용 경험이 부족한 우리나라의 경우, 한국의 대표 자산운용사들은 대부분 미국 최고의 자산운용사들과 합작해 한국형 TDF를 개발해 출시했다. 그러므로 현재 시판되고 있는 TDF는 우열을 가리기 어려울 만큼 다 좋으므로 선택 시에 큰 고민을 하지 않아도 될 것으로 판단된다. 우리나라에 2016년 말 도입 이후 4년이 지난 2020년 말 기준, 5조 2천억 원의 시장으로 성장했으며 앞으로도 지속적인 성장이 예상된다.

06 수익형 부동산에서 금융부동산으로

강남 불패의 진실

1970년대 초 강남이 개발되기 시작한 지 어언 반세기가 다 되었다. 수많은 위기 속에서도 강남은 꿋꿋하게 버티며 강남 불패 신화를 현재까지도 이어가고 있다. 그런데 실제로 강남의 부동산들이 다 그런 것일까?

현재 우리가 말하는 강남 불패에 해당하는 부동산은 현시점에서는 주거용 아파트에만 해당하며, 월 임대료를 받는 수익형 부동산에는 해당하지 않는 것으로 판단된다. 수익형 부동산은 시장금리와 경기에 매우 큰 영향을 받게 되는데, 2020년 8월 기준, 현재 기준금리 0.5% 하에서 시장금리를 대표하는 가계대출금리는 2.6%, 저축성 금리는 0.89%까지 떨어졌다. 이러한 금리의 하락은 수익형 부동산의 수익률에도 막대한 영향을 미치게 된다.

정부는 경기침체가 현실화하면 추가 하락을 막고 경기를 활성화

하려고 크게 두 가지 정책을 시행하게 된다. 기준금리 인하를 단행하고 이와 더불어 시장에 돈을 풀어 유동성을 공급한다. 이렇게 시중에 넘쳐나는 자금은 주로 부동산 시장이나 주식 시장으로 흘러 들어간다. 2020년 아파트 가격의 상승에는 이러한 요인도 일부 작용했다고 전문가들은 판단하고 있다.

수익형 부동산의 몰락

이렇게 시장에 넘치는 자금이 수익형 부동산으로는 흘러 들어가지 않고 있다. 왜 그럴까?

수익형 부동산은 크게 주거용과 상업용으로 나뉜다. 주거용 부동산은 아파트나 오피스텔, 연립주택, 원룸 등에 투자해 발생하는 임대수익을 주목적으로 한다. 그런데 점점 낮아지는 금리에 따른 임대수익률의 하락, 정부의 정책에 따른 보유비용 및 세금의 증가, 월세 체납 등으로 그 매력도는 계속 떨어지고 있다.

상업용 부동산의 경우, 크게는 개인들이 주로 하는 상가 등의 임대사업과 기업형 투자자들이 주로 하는 오피스빌딩 임대사업으로 나뉜다. 그런데 상업용 부동산의 경우는 경기에 더욱더 민감하게 반응한다. 만일 임대료 미납이나 공실이 자신이 투자한 곳에서 발생하면 수익률의 산정 자체가 무의미해지고 투자는 바로 손실로 전환된다.

임대료 미납이나 공실의 상태에서는 수익형 부동산 가격의 산정 자체가 무의미해지므로, 아무리 싸게 매도하려고 해도 아무도 관심을 두지 않는 악순환의 사이클로 들어가버린다. 이러한 리스크 발생

가능성이 상당히 크다는 것을 알기에, 코로나19와 같은 최악의 불경기에는 아무도 수익형 부동산에 눈을 돌리지 않게 되는 것이다.

초저금리에 경기가 안 좋아지기 시작한 2018년경부터 상가와 원룸 등 임대사업자들은 다음과 같은 문의를 하는 일이 많아지기 시작했다. 만일 임대사업을 접고 부동산을 팔게 되면 양도소득세는 얼마를 내야 하는지, 사전 증여를 하면 증여세는 얼마나 내야 하는지, 부동산을 팔아서 확보된 자금은 어디에 투자하면 부동산 임대사업 때처럼 투자 자금이 안전하게 유지되면서 꾸준한 월수입을 발생시킬수 있는지, 투자 수익률은 최소한 임대사업 시의 수익률보다는 높은지, 높다면 예상 수익률은 얼마나 되고 그 예상 수익률이 지켜질 수있는 확률은 얼마나 되는지 등을 묻는 내용이었다.

일반인들이 꿈에도 부러워하는, 요즘 아이들이 가장 되고 싶어한다는 건물주. '조물주 위에 건물주'라는 말까지 생길 정도로 그렇게 영광스러운 지위를 건물주들은 왜 스스로 내려놓으려 할까? 그이유는 크게 3가지였다.

수익률의 하락

투자 금액과 비교하면 과거와 같이 수익률을 올리는 것이 절대로불가능해졌다는 사실과 앞으로도 좋아질 확률은 거의 없어 보인다는 것이다. 2020년 9월 말 기준, 통계를 보면 이미 서울의 경우 수익형 부동산의 연평균 수익은 이미 3%대로 낮아졌다. 더 무서운 사실은 그 추세가 하향하고 있다는 것이다.

| 표 3-14 | 상업용 부동산 연간 투자수익률 추이

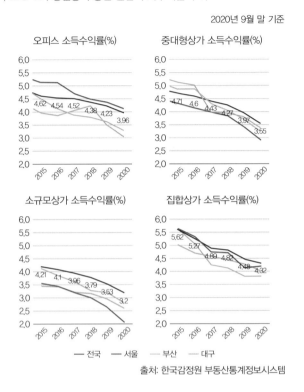

2020년 9월 말 기준

오피스 소득수익률(%)

중대형상가 소득수익률(%)

소규모상가 소득수익률(%)

집합상가 소득수익률(%)

— 전국 — 서울 — 부산 — 대구

출처: 한국감정원 부동산통계정보시스템

세금 및 유지관리비용, 스트레스의 증가

수익률 감소에 더해, 엎친 데 덮친 격으로 지급해야 하는 세금과 비용은 계속 늘어나며, 관리에 신경 써야 하는 스트레스는 계속 증가한다는 것이었다. 부동산 업계 관계자에 따르면, 수익률을 5%로 높게 잡더라도 모든 세금과 비용을 제하면, 실제로 손에 쥐는 것은 2%가 될까 말까 하다고 한다. 그나마도 공실이나 임대료 미납이 없을 경우다.

비교적 큰 규모의 5층짜리 원룸 빌딩의 건물주는 임차인들에게

| 표 3-15 | 수익형 부동산 관련 주요 세금 및 비용

2021년 6월 기준

취득 시 세금 및 비용	취득(등록)세 1.1~12%	부가가치세 10%	중개사수수료 0.4~0.9%
보유 시 세금	종합소득세(임대) 6.6~49.5%	종합부동산세 0.6~6.0%	재산세 0.26~0.65%
보유 시 비용 (보험료 포함)	유지관리 및 수선비 별도	리모델링비 별도	중개사수수료 임대차계약 시 0.4~0.9%
	건강보험료 별도	화재 및 배상책임보험 별도	소방안전관리자(건물) (월 15~50만 원)
양도 시 세금	양도소득세 6.6~49.5%(부동산의 경우 최대 82.5%)		
기타 리스크	공실 수익률 감소	임대료 미납 수익률 감소·명도소송비용	자산가치하락 화재·감가상각 · 각종 스트레스 시간, 노력, 걱정

• 분홍: 세금, 하늘: 비용, 초록: 기타
※ 이 표는 골든크로스 투자자산컨설팅의 지적재산이므로 무단 사용 및 배포를 금함

전화가 오기만 하면 가슴이 덜컥 내려앉는다고 한다. 에어컨, 냉장고, 세탁기, TV, 문고리 등이 고장났으니 당장 고쳐달라, 계단 청소가 엉망이다, 심지어는 바퀴벌레가 나오니 당장 보증금 빼달라는 등, 그들의 전화는 100% 돈과 시간, 스트레스가 발생하는 내용뿐이기 때문이다. 이래저래 임대인에게 상황은 점점 더 악화되고 있는 것이다.

임대료 체납 및 공실률의 증가

최근 저성장으로 경기가 나빠지고 있는 데다 코로나19까지 덮쳐서 임대료 체납 또는 공실이 점점 더 빈번하게 발생한다. 그나마 공실의 경우는 경제적 손실만 발생하지만, 임대료 체납의 경우 그 피해가 더욱 심각하다. 임대료가 두 달 이상 체납되면 임대인은 임차인에게 계약 해지를 통지하게 되는데, 나가라고 해도 안 나가며 끝

까지 버티는 임차인을 만나게 되면 명도소송을 진행해서 내보내야 한다. 여기에는 별도의 적지 않은 돈과 길게는 수년의 시간이 드는 것은 차지하고, 엄청난 스트레스가 동반하여 건강을 해치기도 한다.

수익형 부동산에서 '금융부동산'으로!

부자들, 특히 스마트 리치들은 수익형 부동산을 대체할 수 있는 상품이 금융상품에 있는지 찾아 나섰다. 그들이 원하는 금융상품은 수익형 부동산 고유의 장점은 유지하면서, 수익은 더 많고, 세금과 비용은 더 적고, 스트레스는 없어야 하는 다음의 5가지 조건들을 충족시켜야 했다. 그들은 이 모든 조건에 부합하는 상품을 발견했고, 해당 금융상품을 '금융부동산'으로 부르기로 했다.

부동산처럼 믿을 수 있으며, 장시간 존속할 수 있어야 한다

부동산은 실체가 있으며, 건물이 무너지기 전에는 계속 존속한다. 대공황이 와도 건물이 없어지는 것은 아니다. 그러므로 수익형 부동산을 대체할 수 있는 금융상품도 어떠한 금융 위기나 세계 경제 대불황 시에도 상품이 없어질 수 없는 구조를 갖춰야 한다. 그 상품을 운용하는 회사뿐만 아니라, 금융상품도 수십 년 이상을 구조적으로 아무 문제 없이 존속해야 한다.

월세는 매달 지급되면서도 투자 원금에서 빼먹어서는 안 된다

부자들이 수익형 부동산을 선호하는 가장 큰 이유는 매달 수익이 발생하면서도 투자 원금, 즉 부동산의 자산가치는 크게 훼손되지 않고 상당 기간 존속한다는 것이다. 수익형 부동산을 대체할 수 있는 금융상품도 이처럼 매월 꼬박꼬박 수익을 지급하면서도, 투자 원금에서 빼먹는 구조로 되어 있어서는 안 된다. 어떤 금융상품은 매월 이자 및 수익을 지급한다고 해놓고 그 구조를 잘 뜯어보면 제 살 깎아먹는 식의 이자 및 수익을 지급하는 경우도 있는데, 이러한 구조로 되어 있어서는 절대로 안 된다.

변동성이 크지 않으며, 원금이 소멸할 확률이 없어야 한다

부동산의 장점 중의 하나는 변동성이 크지 않으며 실물이 있으므로 원금이 소멸할 확률이 없다는 것이다. 수익형 부동산은 불황으로 일시적으로 가격이 하락하더라도 그 하락 폭이 아주 크지는 않으며, 경기가 회복하면 이내 본래의 가격을 회복하는 특성이 있다. 부동산을 대체하는 금융상품도 경기 불황 시에 하락하더라도 어느 정도 선에서 멈추며, 경기가 회복하면 이에 따라 투자 원금을 회복하는 구조로 되어 있어야 한다. 어떤 경우에도 원금이 소멸할 확률이 조금이라도 있어서는 절대로 안 된다.

수익은 더 높고, 세금과 비용은 더 낮고, 스트레스는 없어야 한다

부자들이 과거에 그토록 좋아했던 수익형 부동산의 대체상품을 찾아나선 이유는, 제로금리 시대에 과거와 같은 수익을 낼 수 없는 상황에서 세금과 비용의 지속적인 증가로 이것저것 다 제하고 나면 남는 것도 거의 없이 임차인과 씨름하면서 스트레스만 받기 때문이다. 그러므로 수익형 부동산을 대체할 금융상품은 이러한 단점을 전부 없앤, 더 높은 수익과 더 낮은 세금 및 비용을 보장하고, 스트레스를 주지 않아야 한다.

환금성을 가지고 있으면 금상첨화다

모든 부동산의 최대 단점 중의 하나는 환금성이 매우 떨어진다는 것이다. 특히 급하게 처분할 상황이 되면 상당한 손해를 감수해야 한다. 더구나 그 시점이 부동산 시장의 대세 하락장이라면 손실은 이루 말할 수 없을 만큼 커진다. 그러므로 수익형 부동산을 대체할 금융상품이 환금성까지 뛰어나다면 그야말로 금상첨화다.

부자들이 찾아낸 금융부동산의 특징
금융부동산의 안정성(회사 및 상품) 및 영속성

수익형 부동산을 대체할 만한 금융상품은 우선 상품 자체뿐만 아니라 그 상품을 개발하고 운용하는 회사의 신뢰도가 무엇보다 중요하다. 회사가 수십 년 이상 별 탈 없이 잘 성장해왔다면 일단 믿을 만하고, 운용자산 규모도 크면 클수록 신뢰가 더 가게 된다. 만일 자산운용 규모가 수백조 원 단위가 되면 믿음을 망설일 필요는 없을 것이다. 그리고 가입을 검토하는 해당 상품도 판매된 지 수십 년이 되었고 현재도 잘 운용되고 있다면 일단 믿을 만하다.

스마트 리치들은 이런 회사와 상품을 찾아냈다. 이들이 찾은 상품은 세계 최고의 자산운용사가 운용하므로 믿을 수 있으며, 그 상품도 이미 수십 년간의 운용이 검증된 것이다. 상품의 특성상 만기가 없으므로 원하면 아무 때나 찾을 수 있고, 영원히 가져갈 수도 있다. 회사와 상품 모두 세계 최고의 신뢰도와 영속성을 보유하고 있으므로, 사실 부동산을 산 것보다도 훨씬 안전한 상품이다(부동산은 지진, 해일, 태풍, 수해 등의 각종 천재지변에 의한 붕괴나 침강이 발생할 수도 있고, 수시로 발생하는 화재에 의해 소멸될 수도 있기 때문이다).

금융부동산의 월세 지급 구조

스마트 리치들이 선택한 금융상품은 만기가 서로 다른 전 세계 수천 개의 채권만으로 구성된 월 지급식 채권형 펀드다. 채권형 펀드이므로 가입 시에 채권수익률(이자)이 확정되며 특별한 변동 요인이 발생할 때까지 확정된 이자는 지속해서 월별로 지급된다.

여기서 가장 중요하면서도 특이한 사항이 있는데, 채권 가격의 상승 또는 하락과 상관없이 가입 시 정해진 이자 금액이 매월 정해진 날 틀림없이 지급된다는 것이다. 이것이 가능한 이유는 채권의 특성에 있다. 채권은 금리의 변화 및 수요 공급에 따라 시장에서 그 가격이 오르고 내리지만 채권이 발행 당시부터 가지고 있는 정해진 표면이자는 변하지 않는다. 그러므로 채권 가격이 변동해도 정해진 액수의 이자를 계속 지급하게 되는 것이다.

이 부분, 즉 원금에서 생살을 뜯어먹는 것이 아닌, 마치 수익형 부동산처럼 약속대로 정해진 금액의 이자가 지급된다는 사실에 더해, 수익형 부동산에서는 비일비재하게 일어났던 단 하루의 연체나 미납도 없이 매월 정해진 날 꼬박꼬박 확실하게 이자가 지급된다는 사실이 스마트 리치들을 매료시켰다. 이것이 바로 그들이 꼼꼼히 검토한 끝에 주저함 없이 부동산을 매각하고 금융부동산으로 옮겨 타게 만든 결정적인 동기다.

금융부동산의 변동성 및 원금 소멸 가능성

스마트 리치들이 선택한 금융부동산 상품은 주로 미국의 회사채와 이머징 국가의 국채로 분산되어 있다. 고수익을 위해 투자적격 바로 한 단계 아래 등급의 채권에 투자한다. 이러한 고수익 채권을 '하이일드 채권(High Yield Bond)'이라 부른다. 고수익 채권의 변동성은 주식보다는 작고, 일반 주거용 부동산보다는 크다. 하지만 리츠(REITs, Real Estate Investment Trusts)로 대표되는 수익형 부동산 펀드보다는 오히려 변동성이 작다. 수익형 부동산 펀드의 경우 경기침체 시 주식만큼 혹은 주식보다 더 많이 하락하고, 반등 시에는 주식보다 늦게 반등한다. 그 이유는 주식은 경기에 선행하는 반면, 부동산은 주식보다는 늦게 경기에 선행하거나 동행하기 때문이다.

금융부동산이라고 불리는 이 상품의 경우, 펀드에서 운용하는 단위가 천문학적으로 크고 채권의 숫자도 수천 개가 되므로, 상당한 금액의 채권들이 매일 만기가 도래한다. 이렇게 만기 도래된 채권의 원리금을 가지고, 당시 가장 저평가된 채권을 매수함으로써 보유채권의 가중평균 채권 이자율을 높이고 채권 펀드의 가치를 높인다. 또한 이러한 작업은 채권의 가격이 하락하더라도, 채권 가격의 회복 시기를 앞당기는 원동력이 된다.

경제 대공황 같은 일이 벌어지더라도, 전 세계로 분산된 만기가 다른 수천 개의 채권을 발행한 모든 국가나 회사가 한꺼번에 파산하지 않는 이상, 이 상품은 소멸할 수가 없는 구조다. 이러한 일은 세계 제3차 대전이 일어나서 핵전쟁으로 세계가 멸망하지 않는 한 일어나지 않을 것이다.

다시 정리하면, 판매되고 있는 수많은 고수익 채권형 펀드 중에서 잘 선별하기만 하면, 수익형 부동산의 변동성보다 오히려 변동성이 작은, 생각보다 안전하면서 수익성은 상대적으로 높고 영속성을 가진 '금융부동산'을 고를 수 있다.

수익은 높고, 세금과 비용은 적고, 스트레스는 없고, 이런 게 가능해?

스마트 리치들이 선택한 상품은 보수 및 비용을 차감 후 고객에게 비교적 높은 이자를 지급하고 있다. 기준금리 0%인 시대에 채권으로 높은 금리의 지급이 가능한 것은 앞에서 설명한 대로, 이자율이 높은 하이일드 채권에 투자 후, 만기도래하는 채권의 원리금으로 그 시점에 가장 저평가된 채권을 다시 사서 모으는 투자 방법을 구사하기 때문이다. 그러면서도 상대적으로 부도율이 낮은 채권을 선별하는 능력을 갖춘 금융회사에서만 이러한 상품을 개발하여 운용할 수 있는 것이다. 이 상품의 주요 특징은 다음과 같다.

① 이자율(수익률)

2021년 2월 말 가입 시, 연리 6.05%의 상당히 높은 이자가 매월 지급된다. 예를 들어 10억 원을 넣으면 매월 세전 약 500만 원, 세후 (이자소득세 15.4%) 약 423만 원의 이자가 매월 26일 어김없이 지급된다. 가입 당시 확정된 이자율은 이자율 조정이 일어나지 않는 한 계속 그대로 유지된다.

② 비용

부동산을 보유할 때는 관리비, 수선비, 건강보험료, 화재보험료, 중개사 수수료 등 여러 가지 비용이 들겠지만, 금융부동산은 최초 가입 시 1% 수수료(부동산 구매 시의 공인중개사 수수료라고 생각하면 됨)와 보유 시 연간 0%대 중반의 저율의 수수료만 내면 된다. 이러한 수수료를 고려하여 위의 이자율이 정해지므로 수수료는 무시해도 된다.

③ 세금

부동산을 사서 보유 후 팔게 되면 총 19가지의 세금의 대상이 된다(표 2-13 대한민국 전체 세금 참고). 수익형 부동산의 경우 매우 중요한 세금만 6가지다(표 3-15 수익형 부동산 관련 중요 세금 및 비용 참고). 그러나 금융부동산의 경우는 '이자소득세'만 내거나, '이자소득세+종합소득세'를 내면 된다. 매월 채권 이자를 받게 되면, 이자소득세 15.4%를 내게 된다. 이렇게 받는 이자소득이 연 2,000만 원을 넘게 되면, 2,000만 원의 초과분은 종합소득세에 합산된다.

약 3억 원 정도를 맡길 때는 연간 수령 이자 금액이 2천만 원이 안 되므로, 15.4% 이자소득세만 내면 분리 과세해 납세의 의무가 종결되지만, 이 금액을 넘어가면 종합소득세로 2천만 원의 초과분이 합산된다.

6억 원을 맡길 때는 부부가 반씩 나눠서 맡긴다. 이보다 많은 금액을 맡길 경우는 부부가 같은 금액으로 나누던지, 종합소득세를 안 내는 배우자 쪽으로 더 많은 금액을 넘겨야 한다. 하지만 이런 경우 향후 증여세 및 상속세의 문제가 발생하므로, 가입 전 상속증여세에 정통한 세무사 및 금융컨설턴트와 상의를 한 후 가입하여야 한다.

④ 스트레스

금융부동산에서 받게 되는 스트레스는 사실 전혀 없다고 해도 과언이 아니다. 고수익(하이일드) 채권은 선진국 국채와 같은 안전자산이 아니므로 주식과 상당 부분 궤적을 함께한다. 즉, 경기침체 시에는 가격이 하락하고 경기가 반등하면 가격이 오르는 구조다. 부동산도 항상 가격이 변하듯, 고수익 채권도 항상 가격이 변한다. 그런데 수익부동산의 대체상품으로 이 상품을 선택했다면, 매일 매일의 가격변동을 보면서 스트레스를 받을 필요가 전혀 없다. 가격변동과는 상관없이 자신이 받는 이자 금액이 확정되어 있으므로, 장기적으로 보면 매일 매일 일어나는 채권 가격 변화는 무의미하다.

원하면 아무 때나 펀드를 매도하여 현금화가 가능하다

부동산의 경우에는 매도 시 상당한 시간과 노력, 추가 비용이 든다. 만일 부동산 하락장에서 급히 팔아야 한다면 급매물로 내놓아야 하는데, 특히 수익형 부동산의 경우는 생각보다 훨씬 낮은 가격으로 내놓아야만 거래가 성사된다. 하지만 금융부동산의 경우는 원하는 시점에 현금화가 가능하다. 금융부동산은 채권형 펀드이며 모든 펀드는 매일 가격이 공시되고 있으므로, 그 가격에 매도하기만 하면 끝이다. 부동산처럼 매도 시에 추가로 더 신경을 써야 한다거나 비용이 들거나 하지 않는다. 또한 조기 해지 페널티 등도 일절 없다.

금융부동산의 결정 시 주의할 점

수익형 부동산의 대체상품으로서 '금융부동산'으로 이름 지은 금융상품인 '월 지급식 고수익 채권'을 선택할 때는 다음 사항을 반드시 짚어보고 최종 선택을 해야 한다.

첫째, '월 지급식 고수익 채권'이라고 다 같은 채권이 아니다. 수익형 부동산의 대체상품의 자격을 갖추려면 운용사와 상품의 신뢰도, 역사, 운용방식, 보수체계, 수익률을 철저히 검증한 후 가입해야 한다.

둘째, 고수익 채권은 가격의 변동 시 채권보다는 주식에 더 가깝게 그 궤적을 같이 하므로, 경기침체 시 펀드의 기준가가 떨어진다는 것을 사전에 알고 가입해야 한다. 부동산에 투자했을 때처럼 가격이 오르든 떨어지든 신경 쓰지 않고 장기투자를 하기로 마음먹은 경우에만 투자해야 한다.

셋째, 과거의 몇 년간의 기준가의 흐름을 잘 보고, 가입 시점의 가격이 높은지 낮은지를 잘 판단해 가입해야 한다. 채권형 펀드의 경우, 특히 가격이 낮을 때 가입해야, 확정되는 금리가 높아질 뿐만 아니라, 여기에 추가로 펀드의 가격이 오를 확률이 높아지기 때문이다. 부동산의 대체상품이라서 투자 단위가 높으므로, 최종 선정 시에 더욱더 신중히 판단해야 한다. 부동산 투자 시에도 한번 보고 좋아 보인다고 덜컥 투자하지 않는 것처럼.

넷째, 금융부동산은 꾸준한 월수입의 발생을 기본으로 한다. 펀드에는 전 세계의 국채와 회사채가 포함되어 있는데, 각 국가의 화폐로 환전해 투자된다. 만일 환헤지가 되어 있지 않으면 펀드의 리스크가 커지고, 펀드 가격에 큰 하락이 발생할 가능성이 있다. 이런 경우 펀드를 주 수입원으로 생활하는 경우에는 상당한 불안감을 느끼며 계속 펀드를 지켜볼 수밖에 없다. 그러므로 채권 대부분을 환헤지 했는지 반드시 사전에 확인 후 가입해야 한다.

다섯째, 스마트 리치들도 금융부동산과 같이 투자의 액수도 크고 상품의 구조도 복잡한 상품에 투자할 때는 절대로 혼자서 결정하지 않는다. 그들에게 오랜 기간 조언을 해준 금융컨설턴트와 상의를 한 후 결정한다. 이런 금융부동산 상품을 선택하고자 할 때는 반드시 믿을 만한 금융컨설턴트의 조언을 받고 결정하기 바란다.

부자들, 특히 스마트 리치들은 위와 같은 순서로 자금을 운용하고 난 후, 나머지 여유의 금융자산 및 매월 발생하는 여분의 자금은 거의 전부 달러에 투자한다. 그들이 왜 달러 투자에 집착하는지, 어떻게 달러 투자를 하는지 다음 장에서 상세히 알아보기로 하자.

부자처럼 달러 투자로
인생 역전하기

RICH

01 부동산에 올인하지 않는다

부동산 자산의 비중을 줄여야 기회가 온다

대부분의 자산을 부동산(국내)으로 가지고 있는 사람들은 큰 위기 때마다 자산 일부분을 달러 금융자산으로 가지고 있었다면 얼마나 좋을까 생각했을 것이다. 아무리 자산이 많아도 한국에만 부동산, 주식 등으로 투자가 되어 있다면, 위기 때마다 자신의 자산 가격은 하락하고 원달러 환율은 치솟는 걸 뼈아프게 지켜보면서 뻔히 보이는 엄청난 기회를 눈뜨고 날려 보냈을 것이다.

세계 최고 투자은행의 전문가들은 전체 자산 대비 금융자산의 비중을 최소 50%는 가져가라고 조언하고 있다. 그리고 금융자산의 60% 이상은 기축통화인 달러로 보유하라고 조언하고 있다. 다시 정리하면, 전체 자산의 30% 이상을 기축통화인 달러로 보유해야 한다는 것이다. 특히 우리나라와 같이 지정학적 리스크가 높고 환율 변동성이 큰 국가는 이보다 더 높은 비중으로 달러 자산을 보유해야 한다. 즉, 우리는 전체 자산의 30%가 아닌 40% 이상을 달러로 보유해야 한다.

우리나라 일반 가구의 부동산 비중 90% 육박

2020년 말 기준, 최근 몇 년간 갭투자 및 과도한 대출에 의한 아파트 구매와 아파트 가격의 상승으로 현재 우리나라 일반 가구의 자산 중 부동산의 비중은 80%를 넘어 90%에 육박하게 되었다. 이러한 국내 가계 자산의 부동산 비중은 해외 선진국과 큰 차이를 보인다. 메트라이프생명이 현대경제연구원과 함께 조사한 결과를 보면 그 차이의 심각성을 확인할 수 있다.

| 표 4-1 | 한미일 3국 금융자산 대 비금융자산 비율 (단위: %)

국가	금융자산	비금융자산
한국(2019년 기준)	20	80
일본(2017년 기준)	64	36
미국(2017년 기준)	70	30

출처: 메트라이프생명

우리는 이미 부동산으로 전체 자산의 80% 이상을 보유하고 있으므로 남아 있는 현금성 자산은 전체 자산의 20%가 되지 않는다. 안타깝게도 우리는 전 자산의 40%는커녕 자산의 20%도 달러로 보유할 수 없는 원천적 구조에 놓여 있는 것이다. 반면에 부자들은 꾸준히 금융자산의 비중을 높이는 동시에, 달러 자산의 비중을 계속 늘리고 있다. KB금융지주가 발간한 〈2020 한국부자보고서〉에 따르면, 2010년대 이후 부자들의 금융자산비율은 이미 40%를 넘어섰다. 특히 스마트 리치들은 선진국 부자들처럼 금융자산의 비율을 50% 이상으로 지속해서 높이는 동시에 이 대부분을 달러 자산으로 바꾸고 있다.

02 분산투자의 끝판왕, 통화의 분산

앞에서 언급한 대로, 제대로 된 분산을 위해서는 어떤 상황이 발생했을 경우 서로 다른 방향으로 반응하는 상품들로 포트폴리오가 구성되어야 한다. 그런데 우리가 잘 알고 있으며 우리에게 가장 중요한 것, 원화와 전 세계의 기축통화인 달러가 만일 음의 상관계수, 그것도 완벽한 -1의 상관계수를 가지고 있다면?

생사가 걸릴 만큼 중요한 원달러 환율

우리나라의 무역의존도는 약 70%에 달해 2020년 말 기준 OECD 국가 중 3위다. 우리보다 무역의존도가 높은 두 나라는 네덜란드와 독일이다. 네덜란드는 세계 1위의 중계무역국이고, 독일은 세계 최고의 완제품과 소재부품 강국으로서 유럽연합(EU) 내에서 상당 부분의 교역을 책임지고 있다. 이 나라들은 오랜 기간 탄탄하게 자신들 고유의 무역 시장을 확보해왔으므로 웬만한 경기 변동에서도 흔들리지 않는다.

이 두 나라와 달리, 한국은 경기 변화에 따른 무역의 변동성은 상당히 크다. 그럼 이렇게 높은 무역의존도가 우리 국민에게 미치는 영향은 무엇일까? 바로 환율이다. 전 세계 무역 대부분이 기축통화인 미국의 달러로 이루어짐으로 무역으로 먹고사는 우리에게 환율은 생사가 걸릴 만큼 너무도 중요하고 민감한 문제다.

환율의 계산 방식

환율은 어떻게 구성될까? 기축통화인 미국 달러에 대한 모든 나라의 환율은 다음과 같이 산출된다.

$$1US\$ = n \times 해당\ 국가\ 통화$$

이 수식은 미화 1달러가 해당 국가 통화의 얼마만큼의 가치가 있는지를 산출하는 수식이다. 여기서 n이 환율이다. 이 간단한 수식이 전 세계 모든 통화의 가치를 산출하는 너무도 중요한 수식이다.

미국이 아닌 서로 다른 두 개 국가의 환율도 이 수식을 통해 도출한다. 예를 들어 2020년 8월 10일 종가의 환율을 기준으로 중국 위안화의 환율을 한번 계산해보자.

$$6.97CN¥ = 1US\$ = 1,187.5KRW → 1CN¥ = 1,187.5 / 6.97KRW = 170.3KRW$$

이 수식으로 계산한 환율이 당일 고시된 위안화 환율 170.3원과 일치함을 확인했다. 만일 이렇게 환산한 환율에서 오차가 조금이라도 발생하면 순식간에 환차익을 노린 세력들이 달려들게 되고 오차는 순식간에 사라진다. 그러므로 그러한 오차는 발생할 일이 없다고 보면 된다.

완벽한 음의 상관관계, 원화와 달러화

자, 그러면 앞의 식처럼 1US$ = n × KRW에서 우리나라 원화의 환율 n값을 구하려면 다음의 수식이 된다.

$$US\$ / KRW = 환율$$

분자인 달러의 값어치가 오르면 환율이 오르고, 달러의 값어치가 떨어지면 환율이 내린다. 거꾸로 분모인 원화의 값어치가 오르면 환율이 내리고, 원화의 값어치가 내리면 환율이 오른다. 이건 초등학생도 아는 산수다. 즉, 환율이 오른다는 말은 '달러 강세 & 원화 약세'라는 의미이며, 환율이 내린다는 말은 '달러 약세 & 원화 강세'라는 의미다. 무역으로 먹고사는 우리에게 가장 중요한 환율을 구성하는 달러와 원화의 가치는 이처럼 완벽한 음의 상관관계에 있다.

너무도 뻔한 것을 뭐 그리 대단한 것을 발견한 양 떠드냐고 생각할 수도 있겠지만, 이것이 얼마나 대단한 것인지는 이 책을 다 읽고 나면 이해하게 될 것이다. 이 수식은 우리에게 그야말로 어느 순간에는 대박을 안겨줄 수식이다. 원화와 달러 양쪽에 쉽게 접근이 가능해진 현재의 우리 대한민국 국민에게 이 수식이 그야말로 엄청난 축복임을 알게 될 것이다.

아, 그때 달러만 있었다면!

멀게는 1973년 발생한 1차 석유 파동 1979년 발생한 2차 석유 파동 1997년 말 발생한 외환위기, 비교적 최근인 2008년 말 발생한 미국발 금융 위기 등 전 세계의 경제 위기 또는 우리나라 자체의 위기가 발생할 때마다 무슨 일이 벌어졌을까?

기본적으로 위기의 국면에서 한국은 위험한 곳이며 미국은 안전한 곳이다. 원화는 위험자산이고 미화는 안전자산이다. 미국이 세계 유일의 초강대국이고 미 달러가 전 세계 기축통화의 위치를 잃지 않는 한, 앞으로도 이 원칙은 계속 유효할 것이다.

1997년 외환위기 때는 환율이 한때 2,000원까지 치솟았고, 2008년 금융 위기 때는 환율이 1,575원까지 치솟았다. 그런데 아마 당시 대부분은 눈만 껌뻑이면서 '아, 달러를 가지고 있었으면 얼마나 좋았을까!'라고 생각했을 것이다.

세상에서 가장 쉬운 게 달러로 돈 버는 거였어요!

실례로 서울 강남의 삼성동에 있는 H아파트는 2008년 3월 30억 원(당시 환율 945원 기준, 317만 달러)에 매매되다가 금융 위기의 여파로 1년 후인 2009년 3월 20억 원까지 가격이 급락했다(당시 환율 1,575원 기준, 127만 달러). 원화로 하면 가격이 33% 정도 떨어진 것인데 달러로 하면 60%가 떨어진 것이다. 그 비싼 서울 강남의 아파트를 제 가격의 40%만 주고 살 수 있는 엄청난 바겐세일이 시작되었으니, 여유 있는 해외교포들이 볼 때 얼마나 좋은 기회였겠는가? 당시 실제로 강남의 고급아파트 급매물은 미국의 해외교포가 싹쓸이해갔다는 서글픈 뉴스도 많이 나왔다.

이 당시에 자산 대부분을 한국에 부동산으로 가지고 있었다면? 아무리 자산이 많아도 뻔히 보이는 기회를 눈뜨고 날려 보냈을 것이다. 그런데 아파트는 구매 시, 보유 시, 양도 시 세금 및 비용 등이 많이 발생하며, 특히 단기 투자시 양도세로 엄청난 세금을 내야 하므로, 단기 투자자에게는 좋은 투자의 대상이라고 볼 수는 없다. 그러면 아파트로 대표되는 부동산 투자 대신 대한민국 유가증권시장인 코스피(KOSPI)에 금융 위기 당시 달러를 가지고 투자했다면 어떻게 되었을까?

다음 사례를 읽어보고 너무 충격받지 않길 바란다.

미국과 무역을 하는 김 사장은 항상 여유자금을 미국 달러로 보관한다. 그는 1998년 외환위기 때 원달러 환율이 2,000원까지 가고 한국의 주식 시장은 폭락했을 때 큰 재미를 봤다. 그는 2008년 금융 위기 때도 외환위기 당시와 같은 방법으로 너무도 편하게 단시간에 엄청난 돈을 벌었다. 환율이 1,500원을 넘어가자 그는 100만 달러를 환전해, 폭락한 한국 주식을 샀다. 원화로는 48%가 하락했지만, 달러를 가지고 있는 그로서는 70%가 하락한 것이었다. 이렇게 터무니없이 싼 한국 주식을 매입 후 약 2년 후에 매도했다. 달러로 다시 환전하면서 환차익을 덤으로 얻었다. 306만 달러가 그의 손에 쥐어졌

| 표 4-2 | 금융 위기 당시 100만 달러를 원화로 환전해 KOSPI에 투자해 2년만에 얻은 수익

구분		2007년 10월 21일	2009년 3월 2일	2011년 4월 25일
KOSPI 지수		2,028	1,055	2,216
변동률(원화 기준)		48% 하락		
			110% 상승	
원달러 환율		910원	1,575원	1,081원
변동률(달러 기준)		70% 하락		
			206% 상승	
10억 원 투자 시 (2년간. 원화 기준)	자산 변화		10억 원	21억 원
	수익금(수익률)		11억 원(110%)	
1M$ 투자 시 (2년간. 달러 기준)	자산 변화		1M$	3.06M$
	수익금(수익률)		2.06M$(206%)	

※ 이 표는 골든크로스 투자자산컨설팅의 지적재산이므로 무단 사용 및 배포를 금함

다. 원화로는 주식이 두 배 올랐지만, 달러로 환산하면 세 배가 오른 것이다. 2년 만에 206만 달러의 수익을 올렸다. 게다가 부동산의 경우 매매 시, 보유 시, 양도 시 상당한 세금과 비용이 발생했겠지만, 국내주식에 투자했기에 세금은 없었다. 심지어는 한국 주식을 대표하는 코스피 지수 추종 ETF에 투자했기에 증권거래세조차도 면제되었다. 그가 206만 달러(당시 환율 기준 약 22억 원)를 2년 2개월 만에 벌고 낸 세금이나 비용은 단 한 푼도 없었다.

그는 속으로 중얼거렸다. "돈 벌기 참 쉽네!"

소중한 교훈 3가지

여기서 우리는 3가지 큰 교훈을 얻을 수 있다.

첫째, 부동산이나 주식으로만 자산을 보유한다면 위기 시에 발만 동동 구르고 있었겠지만, 자산의 일부를 현금성 안전자산으로 보유하고 있다면 위기를 기회로 만들 수 있다는 것이다.

둘째, 안전자산이라고만 생각했던 부동산도 위기 시에는 생각보다 큰 폭으로 떨어진다. 주식과 거의 같은 폭의 등락을 보인다. 그런데 부동산 투자자들은 이런 폭락장에서 주식 투자자들보다 덜 불안해한다. 일단 부동산 투자자들은 대부분 장기 투자자이기 때문이다. 그들에게는 시간이 지나가면 부동산 가격이 다시 원위치할 것이라는 믿음이 있다. 하지만 대부분 주식 투자자는 개별 주식에 투자하는 있으므로 자신이 투자한 주식이 언제 제자리로 복귀할지에 대한 믿음이 없다. 여기저기 회사가 부도나고 상장 폐지되는 회사에 대한 정보를 접할 때마다 엄청난 공포가 엄습한다. 그러므로 주식 투자 시 미국 최우량 기업 500개를 묶은 지수인 S&P 500 지수와 같은 곳에 투자해두면 부동산 못지않게 편한 마음으로 장기투자가 가능하며, 부동산보다도 더 높은 수익을 올릴 수 있다.

셋째, 원화와 달러로 자산을 분산하는 것 하나만으로도, 향후 어떤 시점이 왔을 때 만루 홈런을 칠 수 있는 엄청나게 큰 잠재력을 보유하게 된다. 그 시점이 왔을 때 얻게 되는 이익의 규모는 상상을 초월한다. 그러므로 자산을 달러로 일단 바꾼 상태에서는 매일 매일 변화하는 환율에 일희일비하지 말아야 한다. 원화가 아닌 달러 자산의 규모가 장기적으로 계속 증가한다는 것과 만루 홈런을 칠 수 있는 추가 기회를 동시에 보유하고 있다는 사실에 중점을 둬야 한다.

03 달러 투자의 성공 방정식

제로금리 시대의 달러 투자

과거에 대한민국의 국력이 지금과 같이 크지 않았고 지정학적 리스크에 매우 민감했던 시기에는 부자들은 원화를 그냥 달러로 바꿔서 보관하던 시절도 있었다. 달러 투자가 아닌 그저 달러 자체의 안전성에만 주안점을 뒀고, 환차익은 만일 생기면 좋은 부수적인 이익 정도로 생각했다.

그러나 이제 시대가 바뀌었다. 과거처럼 은행에 가서 원화를 달러 현찰로 바꿔서 금고에 넣어 보관하는 우를 범하는 분은 안 계시리라 믿는다. 현찰로 교환 시에는 가장 높은 환전수수료(최대 사고팔 때 각 2%씩 총 4%까지)를 지급해야 하며, 달러는 그때부터 신줏단지처럼 곱게 금고에 모셔야 한다. 그러므로 달러는 현물로 바꾸지 말고 환전수수료가 저렴한 전신환으로 환전해 달러 계좌에 입금해야 한다.

이제 바꾼 달러를 가지고 예금을 할 것인지 투자를 할 것인지만 정하면 된다. 예금의 경우, 현재 은행이나 증권사에 가입이 가능한 대표적인 달러 정기예금을 예로 들면, 최대 2% 이상의 이자를 준다고 하지만 여러 조건을 전부 충족시킬 때 이야기다. 실제로는 2020년 12월 기준, 초저금리의 여파로 대부분 1년 만기 달러 정기예금의 경우에 1%다(그나마 1년을 못 채우고 인출 시에는 0.5%의 이자를 받는다). 또한 VIP여서 환전수수료 우대를 조금 받더라도, 사고팔 때 합이 거의 1%에서 2%에 가까운 환전수수료를 제하고 나면 실제로는 마이너스 금리로 돈을 맡기는 것과 같다.

원화 자산이든 달러 자산이든 이제는 0~1% 사이의 예적금에 돈을 넣어두는 것은 인플레이션이라는 쥐새끼가 나의 자산을 갉아먹도록 내버려 두는 것과 마찬가지다. 자신이 피땀 흘려 모아놓은 자산가치의 하락을 방치하는 것이다. 물론 원금 손실을 원천적으로 싫어하고 못 견디는 성향의 사람들도 있다. 이런 성향을 지닌 분들은 그냥 어쩔 수 없이 저금리에 만족하며 예금에 넣어둬야 하지만 사실 확정적으로 손실을 결정짓는 가장 안타까운 행위다. 그런데 달러 투자 방법을 잘 몰라서 0%대에 그냥 자금을 두는 부자들도 꽤 많이 있다. 0%대에 돈을 두자니 불만족스럽지만 그렇다고 잘 알지도 못하는 위험자산에 투자하는 것은 더욱 꺼려진다. 그럼 도대체 어떻게 해야 하는가?

스마트 리치들이 달러 투자에서 이미 행하고 있는, 이길 수밖에 없는 투자 원리에서 그 해답을 찾을 수 있다. 달러 투자의 세계에 발을 들여놓는다면 이제는 무조건 이기는 게임에 진입할 준비가 된 것이다. 그럼 달러 투자의 세계로 함께 들어가보자.

참고로, 가끔 해외 투자를 할 때 세무조사 나오는 것이 아니냐고 걱정하는 사람들이 있는데, 원화를 달러로 바꿔서 해외로 반출하는 것이 아닌, 단순히 투자만 할 경우에는 환전 액수의 제한도 없고 국세청도 신경 쓰지 않는다. 그 이유는 본인이 이용하는 증권사를 통해서 해외 투자가 이루어지고, 이 자산을 환매하면 다시 증권사의 본인 계좌(원화 또는 달러)로만 돈이 들어오기 때문이다. 즉, 해외 투자 시 이 자금을 해외에서 외부로 빼낼 방법이 없다. 그러므로 아무리 큰 액수를 투자하더라도 외환 거래법에 저촉될 걱정은 할 필요가 전혀 없다.

본경기 시작 전 달러 투자 워밍업

달러 투자의 궁극적인 목표를 항상 기억하라

달러 투자를 시작하기 전에 이 2가지 목표를 명심해야 한다. 하나는 미국 주식과 채권 등에 투자하여 수익과 안전이란 두 마리 토끼를 잡는 것이며, 다른 하나는 환의 분산으로 자산을 증가시킬 수 있는 시스템을 만들어놓는 것이다. 세계 경제 위기 혹은 한국 자체의 위기로 원달러 환율이 폭등하고 이에 따라 한국 자산 가격이 폭락할 경우, 달러 자산을 한국으로 들여와서 저평가된 한국의 자산을 쇼핑하면서 자산의 증가를 극대화하는 것이다.

환전 당시의 환율을 확인하라

2010년대 중반 이후로는 환율이 대부분 1,100원에서 1,200원 사이에서 움직이고 있다. 물론 2020년 3월 19일에 코로나19로 한국 주식이 최고로 급락(당일 코스피 종가 1,457)한 당일 종가 기준으로 환율이 1,280원(장중 한때 1,296원)까지 급등한 적도 있었지만, 이는 정상적인 경우가 아니라서 코로나19로 주식시장이 폭락했던 2020년 2월 말부터 5월 말까지를 배제하면 대부분 위 구간에서 움직이고 있다. 참고로 2020년 말 기준, 최근 20년간의 환율 평균값은 1,126원이다.

세계 경기가 좋아지면 달러가 약세가 되고, 세계 경기가 나빠지면 달러 강세가 예상된다. 그리고 2010년대 후반부터 우리나라의 환율은 중국의 위안화와 거의 완벽하게 커플링(동조화)되고 있다. 또한 우리나라 자체의 리스크 및 경기에 따라서 환율은 오르고 내리고를 반복한다.

이렇게 우리나라의 환율은 세계(특히 미국과 중국) 및 우리나라의 상황 변화에 얽혀서 변화한다. 이런 여러 가지 변수를 다 사전에 예측하면서 달러 투자를 해나갈 수는 없다. "주식 가격은 신만이 맞출 수 있지만, 환율은 신도 맞출 수 없다"는 말처럼 환율의 예측은 거의 불가능하다. 우리는 지금 달러 투자 역시 장기투자를 하려고 들어가는 것 아닌가? 장기투자를 하려는 목표를 가졌으면 투자 진입 시점의 환율에 너무 민감하게 반응하며 일희일비할 필요는 전혀 없다. 환율이 1,100원대 초중반이면 투자 시 불편한 값이 아니다. 만일 환율이 1,100원 아래로 떨어지면, 달러 투자의 최적 환경이 조성되었다고 생각하고 달러의 매입을 과감히 늘려나가야 한다.

환전수수료를 체크하라

환전은 특별한 경우가 아니면, 항상 전신환으로 바꿔서 달러 계좌로 입금한다. 환전수수료는 전신환 기준으로 사고팔 때마다 각각, 적게는 0%대에서부터 많게는 1%까지 금융기관별로 다르다. 또한 각 금융기관에 대한 거래 기여도, 환전하는 금액의 크기, 달러로 가입하려고 하는 상품에 따라서도 많은 격차를 보인다. 즉 상황에 따라 환전수수료가 다르니 자신이 거래하는 금융사에 문의하기 바란다. 가능하면 환전수수료를 최소화할 수 있는 경우를 알아보고 가입하도록 하자. 증권사의 경우, 가입 상품 및 가입 금액에 따라 환전수수료가 면제되거나 거의 면제 수준인 경우가 꽤 있다.

금융 위기가 보여준 달러의 위력

2008년 글로벌 금융 위기 및 2020년 초 코로나19를 통해 우리는 많은 것을 확인했다. 2008년 글로벌 금융 위기는 누가 만들었는가? 미국이 만들었다. 미국의 서브프라임모기지 사태로 인해 상상도 못 할 공포 속에 전 세계의 경기는 침체했고 금융시스템은 붕괴했다. 여기서 우리는 여태까지 실감하지 못했던 광경을 목격했다.

미국의 연준은 침체한 경기를 살리기 위해 2008년을 시작으로 무려 수천조 원의 막대한 돈을 시장에 뿌렸다. 뿌려진 돈의 위력은 상상을 초월했고 이 덕택으로 미국은 채 2년도 안 되어 자신들이 만들어놓은 세계 불황의 늪에서 가장 먼저 빠져나왔다. 게다가 미국 역사상 가장 긴 경기 호황기를 만났으며 주식 시장 역시 역사상 가장 긴 11년의 상승장을 만들 수 있었다. 코로나19가 발생하지 않았다면 미국 주식 시장의 상승장은 조금 더 지속되었을 지도 모른다.

우리가 충격을 받은 것은 바로 이 대목이다. 자신들이 일으킨 금융 위기로 그렇게 천문학적인 돈을 찍어서 뿌려댔는데 어떻게 인플레이션 없이 불황을 바로 극복하고 성장 가도를 달릴 수 있었는가? 바로 이 상황을 통해 우리는 전 세계 최강국 미국과 그들만이 가진 기축통화의 엄청난 위력을 직접 목격하게 된 것이다. 글로벌 금융 위기는 전 세계의 모든 투자자가 자신들의 투자자산을 위험자산에서 안전자산으로 대피시키게 했다. 글로벌 금융 위기를 일으킨 장본인이 미국임에도 불구하고 가장 마지막까지 살아남을 나라, 가장 안전한 나라로 꼽힌 것은 아이러니하게도 전 세계 불황을 만든 주범, 바로 미국이었다.

전 세계의 자금은 선진국 후진국 할 것 없이 주식과 채권을 매각하고 미국의 채권과 달러를 사들였다. 전 세계로 퍼져나갔던 달러가 다시 미국으로 빨려 들어온 것이다. 천문학적인 액수로 전 세계에 풀렸던 달러 중 상당 부분이 다시 미국 정부의 품 안으로 들어왔고 인플레이션은 일어나지 않았다. 미국의 달러의 값어치는 오히려 상승했다. 미국의 계속되는 기준금리 인하로 미국 국채의 가격은 급등했고, 엄청나게 풀린 달러와 초저금리의 힘에 의한 유동성 장세가 위력을 발휘하기 시작했다. 미국의 부동산 시장이 기지개를 다시 키고 주식 시장은 하늘을 향해 비상을 시작했다.

인생을 역전시킬 수 있는 절호의 기회

스마트 리치들은 미국이 잘되야 전 세계가 잘되고, 미국의 주식이 올라야 전 세계의 주식이 오르고, 미국이 잘못되면 전 세계가 잘못되고, 아이러니하게도 전 세계의 돈은 미국의 국채(또는 달러 현찰)로 몰린다는 사실을 깨달았다. 즉, 미국의 주식과 채권(또는 달러 현찰)에 분산 투자한 후 경기 상황에 따라서 주식과 채권(또는 달러 현찰)의 비중을 어느 정도만 조절해준다면 비교적 안정적이면서도 생각 외로 높은 수익을 올릴 수 있다는 사실을 확실하게 깨닫게 되었다.

여기에 더해, 세계 혹은 한국 경제가 어려워지면 환율이 폭등하고 한국의 자산 가격은 폭락하는데, 이때 자산의 일정 부분을 달러로 가지고 있으면 달러를 원화로 바꾸면서 일차적으로 엄청난 환차익을 얻고, 폭락한 한국의 주식, 부동산 등을 사서 쉽게 이차적인 수익을 올릴 수 있다는 사실도 추가로 알게 되었다. 그리고 시간이 조금 지나면 환율이 안정되어 수익이 난 자산을 팔고, 다시 달러로 환전 시 또 한 번의 환차익이 발생한다는 것도 알게 되었다.

야구로 비유하면, 미국 주식과 채권에 투자해 꾸준한 수익을 내는 것이 안타고, 환율 폭등과 한국 자산 가격의 폭락이 함께 올 때 얻는 수익은 가끔 나올 인생 역전의 끝내기 만루 홈런인 것이다. 스마트 리치들은 이제 가장 중요한 게임인 달러 투자에서 반드시 이길 수밖에 없는 '달러 투자의 성공 방정식'을 찾아낸 것이다.

04 끝없이 우상향한다!
S&P 500 & NASDAQ 100

캘리포니아 드림

골드러시(Gold Rush)

1800년대 중반까지만 해도 현재 미국의 남부와 서부는 전부 멕시코 땅이었다. 하지만 스페인으로부터 독립한 지 얼마 되지 않은 멕시코는 이 넓은 땅까지 관리할 능력이 없었고 이곳에 거주할 주민도 없었다. 남부의 텍사스에 불법으로 자리 잡고 살던 미국인들은 이내 독립을 선언하기에 이르렀고, 멕시코는 당연히 이를 진압하려고 군대를 보냈다. 이것이 도화선이 되어 1846년에 미국과 멕시코 사이에서 전쟁이 발발했다(멕시코-미국 전쟁, Mexican-American War). 이미 한 세기 전 영국과의 독립전쟁에서도 승리했던 미국에게 멕시코는 상대가 되지 않았고 2년 만에 항복을 선언했다. 패전의 결과는 참혹했다. 텍사스뿐만 아니라 뉴멕시코, 애리조나, 콜로라도, 유타, 네바다, 캘리포니아까지 전부 미국으로 넘어갔다. 북아메리카 대륙의 남부로부터 태평양 연안에 이르는 서부까지의 광활한 대륙이 전부 미국의 소유가 되었다.

되는 놈은 물에 빠져도 잉어를 물고 나온다고 했던가? 빼앗은 땅 텍사스에서는 '검은 황금' 석유가 콸콸 쏟아져 나왔고, 캘리포니아에서는 땅을 넘겨받은 바로 그해인 1848년에 엄청난 양의 금이 발견되었다. 그야말로 "God bless America!"였다. 아메리카 대륙에 전설로 전해 내려오던 황금의 도시 '엘도라도(El Dorado)'가 바로 캘리포니아였던 것이다. 제대로 된 길도 없고 교통편도 없던 시절, 세상의 끝을 향해 캘리포니아 드림(California Dream)을 안고 미국 전역에서 금을 향해 몰려들었다. 골드러시(Gold Rush)가 시작된 것이다. 특히 절정을 이루었던 1849년에는 8만 명이 넘는 사람들이 캘리포니아로 몰려들었고 이들을 '포티나이너즈(49ers)'라고 불렀다. 이 호칭은 훗날 미식축구의 강자 샌프란시스코가 구단 명칭으로 사용하게 되었다.

역마차(驛馬車, stagecoach)

캘리포니아에서 금이 발견되기 몇 년 전, 청교도인 로버트는 영국에서 처자식을 데리고 아메리칸 드림을 꿈꾸며 미국에 이민을 왔다. 처음 자리 잡은 미국 동부에서 그가 할 수 있는 일은 부두의 하급 잡일밖에 없었고, 그 벌이로는 처자식을 먹여 살리기도 쉽지 않았다. 아메리칸 드림은 산산이 부서져 버렸다. 이때 캘리포니아에서 금이 발견되었다는 소문을 듣고 먼저 간 고향 친구에게서 빨리 오라는 기별이 왔다. 로버트는 절망에서 희망을 품게 되었고, 가족들과 깊이 고민한 끝에 캘리포니아로 가기로 결단을 내렸다. 5,000km의 대륙을 횡단하는 대장정이 시작된 것이다.

옛날 할리우드 서부 영화를 보면 역마차가 자주 등장한다. 미국 대륙횡단 철도는 1800년대 중반 이후에 놓이기 시작했고, 그 이전에 서부로 가기 위해서는 마차를 사용했다. 광활한 대륙에 띄엄띄엄 마차 역이 생겨났고, 역마차는 역과 역을 이어주는 유일한 교통수단이었다.

로버트는 두 종류의 마차 중 하나를 선택해야 했다. 하나는, 마차 역이 보유한 수십 마리의 말 중 천리마처럼 특출한 최고의 말 두 마리를 본인이 선택하는 것이다. 이 경우 엄청난 속도로 내달릴 수 있다. 하지만 역마다 쉬면서 갈 수는 있어도 도착 시까지 말을 교체할 수는 없다. 다른 하나는, 마차 역이 열 마리의 말을 정해주는 것이다. 위의 마차보다 속도는 반으로 준다. 하지만 말이 다치거나 아프게 되면 다음 역에서 마차 역이 다른 말로 교체해주는 옵션이 있었다.

로버트는 많은 고민을 했다. 하루라도 빨리 가야 더 많은 돈을 벌 수 있었기에 마음이 급했다. 하지만 전자의 경우는, 중간에 말이 다치거나 아프기라도 하면 대책이 없어 보였다. 하루라도 빨리 가고는 싶었지만, 가족의 꿈과 희망이 함께 하는 마차에 모험을 걸 수는 없었다. 반면에 후자의 경우는, 속도가 느려 시간은 더 많이 걸리겠지만 확실히 서부의 끝인 캘리포니아까지 갈 수 있을 것 같았다.

로버트는 후자를 택했고 몇 달 후에 무사히 캘리포니아에 도착해 친구를 만났고 새로운 일자리를 얻었다. 그와 그의 가족들은 행복한 삶을 살게 되었다. 로버트는 전자를 택한 사람 중 캘리포니아에 도

착한 사람은 아무도 없었다는 사실을 나중에 알게 되었을 때 안도의 한숨을 쉬었다. 후자를 선택할 수 있게 인도해주신 하나님께 깊은 감사의 기도를 드렸다.

여기서 전자는 본인이 판단하여 가장 많이 오를 것 같은 주식 한두 개에 몰빵 투자하는 것이다. 단기투자 시에는 주식 한두 개를 잘 선택하면 운이 좋아 많은 수익을 낼 수 있겠지만 장기로 갈수록 운이 계속되기는 어렵고 예기치 않은 매우 큰 손실을 낼 수도 있다. 이렇게 되면 회복하기가 사실상 불가능해진다. 후자는 여러 주식을 모아놓은 지수에 투자하는 것이다. 이 지수의 운영 방식은 처음에 선택한 주식 중 기대에 못 미치는 주식은 퇴출시키고 다른 건강한 주식을 포함시킴으로써 지수가 끝없이 최상의 컨디션을 유지하게 하는 것이다. 주식 한두 개에 투자한 것과 비교할 때 처음에는 수익률이 떨어질 수도 있으나, 장기로 갈수록 지속하여 우상향하게 되어 우리의 목표를 안정적으로 달성하게끔 해준다. 우리의 투자는 미국의 동쪽 끝에서 서쪽의 끝까지 가야만 하는 장거리 여정이다. 반드시 여기에 맞는 투자 방식을 선택해야만 한다.

워런 버핏의 최애 금융상품, 'S&P 500 지수'
워런 버핏 일화

버크셔 해서웨이(Berkshire Hathaway) 회장, 투자의 귀재, 오마하의 현인 등으로 불리는 워런 버핏은 "십 년 이상 보유할 주식이 아니면,

단 십 분도 보유하지 마라!"는 명언을 남겼을 정도로 가치투자 및 장기투자의 선구자이자 신봉자다. 그의 수많은 일화 중 현재 이 시점에 우리에게 딱 맞는 일화 하나를 소개한다.

어느 사업가가 워런 버핏에게 물어봤다. "회장님, 어느 주식에 투자하면 될까요?" 이 질문에 그는 다음과 같이 답을 했다. "아, 이 사람아, 그냥 버크셔 해서웨이 주식 사!"라고 말했다. 참고로 버크셔 해서웨이는 워런 버핏이 1965년도에 인수한 방직회사로 현재 수십 개의 자회사를 거느린 그룹의 지주회사(holding company)다. 뉴욕증권거래소에 상장한 A주(BRK-A)와 B주(BRK-B)가 있는데, A주의 경우 2021년 4월 9일 종가 기준으로 한 주의 가격이 역사상 처음으로 40만 달러(당일 환율 기준 약 4억 5,000만 원)를 돌파했다. 1주 기준, 세계에서 가장 비싼 주식이다.

얼마 후 이 사업가가 다시 찾아와서 자기 자식에게도 버크셔 해서웨이 주식을 사주면 되냐고 물어봤다. 워런 버핏은 이번에는 S&P 500 지수를 사주라고 대답했다. 왜 나에게는 버크셔 해서웨이를 사라고 하면서 아들에게는 S&P 500 지수를 사라고 하느냐고 그가 물었더니, 워런 버핏은 이렇게 답했다. "이 사람아, 당신보다 당신 아들은 엄청나게 오래 살 텐데, 장기간 투자할 주식을 사줘야 할 것 아닌가? 단기적으로는 버크셔 해서웨이가 좋을지 몰라도 장기적으로 S&P 500 지수를 이길 수 있는 주식은 없다네! 그리고 반세기 후까지 버크셔 해서웨이가 존속하리라는 보장도 없지 않은가?"

2013년 버크셔 해서웨이 주주 총회에서 워런 버핏은 다음과 같이 말했다. "내가 죽는다면 유산의 10%는 미국 국채, 90%는 S&P

500 지수를 추종하는 인덱스 펀드에 투자하라." 참고로 버크셔 해서 웨이는 2010년 2월 16일 S&P 500 지수에 편입되었다.

여담이지만, 워런 버핏은 사후 자신의 재산의 99%를 자선단체에 기부하고 자손에게는 1%만 주겠다고 했다(참고로 2021년 3월 기준, 그 1%도 1조 원이 넘는다). 이미 빌 게이츠 부부가 설립한 비영리 자선 사 업 단체인 '빌 앤드 멜린다 게이츠 재단'에 2006년 300억 달러, 원화 로 환산 시 약 30조 원 이상의 주식을 기부한 상태다.

S&P 500 지수가 도대체 뭔데 그래?

그럼 우리는 S&P 500 지수가 도대체 뭐길래 당대 최고의 투자가 가 극찬을 하는지 알아볼 필요가 있다. 이를 위해서는 S&P 500 지수 와 함께 미국의 주식 시장에서 사용되는 가장 중요한 3대 지수를 알 아볼 필요가 있다.

다우존스산업평균지수

다우존스산업평균지수(Dow Jones Industrial Average, DJIA, 약칭 '다 우 지수')는 가장 오래된 주가지수로, 1884년 7월 3일에 처음으로 발 표되었다. 미국의 양대 증권거래소인 뉴욕증권거래소와 나스닥 (NASDAQ)에 상장된 기업 중 최고의 우량기업 중 딱 30개만 선정해 만든 지수다. 선정 기준이 매우 엄격해 여기에 포함된 기업은 그야 말로 전통의 귀족주로 통한다. 이렇게 엄격한 선정 기준을 통과했으 므로 기업들이 꽤 오래 지수에 살아남아 있을 것 같지만, 평균 생존

기간은 29년 11개월로 30년이 채 안 된다. 세계를 호령했던 기업도 회사의 명운이 기울면 바로 퇴출당한다. 다우 지수에 편입된 30개의 기업은 각 산업을 대표하는 세계 최고 중의 최고 기업이며, S&P 500 지수에 자동으로 편입된다(매년 1개 정도 교체됨).

2020년 말 기준, 136년의 다우 지수 역사상 가장 오래 다우 지수에 생존했던 기업은, 발명왕 에디슨이 설립한 세계 최고의 전기·전자회사였던 GE(General Electric)로 무려 총 115년간 생존했다. GE는 다우 지수에서 100년 이상 생존한 유일한 기업이었지만, 2018년 아쉽게도 퇴출당했다. 게다가 두 번째로 오랜 기간인 92년간 다우 지수에 생존한, 인류 역사상 최고의 부호로 기록된 석유왕 록펠러가 설립한 엑손모빌의 퇴출이 2020년 8월 결정되었다. 이렇게 현대사에서 최고의 기업인 GE와 엑손모빌의 퇴출은 많은 사람에게 작지 않은 충격과 함께 영원한 것은 없다는 진리를 다시 한번 깨닫게 했다.

S&P 500 지수

미국의 3대 국제 신용평가기관인 스탠더드 앤드 푸어스(Standard & Poor's)가 1957년부터 작성해 발표하고 있는 지수다. 다우 지수에 있는 30개의 초우량 기업을 포함해, 미국의 양대 주식 시장인 뉴욕 증권거래소와 나스닥에 소속된 기업 중 최고의 우량기업 500개를 엄선해 지수로 만든 것이다.

일단 지수에 편입된 후에도 회사가 부실해지면 퇴출당하고 또 다른 가장 전망 좋은 회사가 지수에 편입되기 때문에(매년 약 20~30개 정도가 교체됨), S&P 500 지수에는 항시 미국 최고의 기업 500개가 포진되어 있다. 이렇게 낡은 피는 뽑아내고 새로운 싱싱한 피를 계속 수혈해줌으로써, S&P 500 지수는 지속해서 우상향할 수밖에 없는 구조다. 현재 이 지수를 상품화해 직접 투자하고 있는 자산의 규모는 2020년 9월 현재 약 5,460조 원이며(한국 유가증권시장, KOSPI의 약 3배 규모), 이 지수를 참고의 기준(benchmark)으로 삼거나 추종하고 있는 자산의 규모는 약 1경 3,300억 원이다(한국 유가증권시장, KOSPI의 약 7.4배 규모).

미국이 망하지 않는 한 S&P500 지수는 앞으로도 계속 성장할 것이다. 참고로 S&P 500 지수에 포함된 회사들의 시가총액은 뉴욕증권거래소와 나스닥에 소속된 모든 기업의 주식 시가총액의 약 80%를 차지하며, 나스닥 거래소의 시가총액보다 3배가 크다.

NASDAQ(나스닥) 지수

1971년 설립된 NASDAQ은 National Association of Securities Dealers Automated Quotation의 약자로, '컴퓨터에 의해 자동 주문 체결되는 전미 증권업자 협회'란 뜻이다. NASDAQ 지수는 NASDAQ 거래소에 상장된 약 3,300개 회사의 주식을 지수화한 것으로, 원래는 장외시장이었는데 무섭게 성장하면서 장내 시장으로 인정받게 되었다.

NASDAQ보다 154년 일찍 설립된 세계 최대의 증권거래소인 뉴욕증권거래소(New York Stock Exchange, NYSE, 나이스, 1817년 개장)는 상장 조건이 상당히 까다로웠다. 그래서 실제로 투자 자금이 필요한 뛰어난 신생 벤처기업들에게는 그림의 떡이었다. 뉴욕증권거래소와의 차별화가 필요했던 NASDAQ 거래소는 상장 조건을 크게 완화했고, 벤처기업들이 자금조달을 위해 NASDAQ에 몰리면서 벤처기업들의 기업공개(IPO, Initial Public Offering)의 산실이 되었다. 특히 컴퓨터 및 인터넷이 전 세계로 급속히 보급된 2000년도 이후에는 수많은 하이테크 벤처기업들이 NASDAQ에 혜성처럼 등장했고 그들 중 많은 기업이 자신의 분야에서 확고부동한 세계 최고가 되었다. 이들의 성장과 더불어 NASDAQ 역시 세계 2위의 증권거래소로 발전했다.

이 시장을 통해 상장했던 애플, 아마존, 마이크로소프트, 구글, 페이스북은 2020년 10월 현재 미국 전체 주식 시장에서 시가총액 1위부터 5위를 차지하고 있다.

NASDAQ 100 지수

제목만 봐도 알 수 있듯이, NASDAQ 거래소에 속한 기업 중에서 시가총액 및 거래량이 가장 많은 기업 100개를 선별해 지수화한 것이다. 단, 금융업종은 제외된다. 여기에 속한 기업은 대부분 하이테크 기업이다. 100개 기업 중에 80개 이상은 S&P 500 지수에도 동시에 편입되어 있다.

NASDAQ 100 지수 역시 매년 5~10개 정도의 낡은 피를 버리고 새 피를 수혈하면서 항상 건강한 상태를 유지해나간다. 1985년 9월 1일, 지수 100으로 시작했으며 현재 시점(2020년 9월 1일) 지수는 12,293이다. 35년 만에 123배 성장하는 기염을 토해냈다. 35년 전에 이 지수에 1억 원을 투자했다면, 현재 123억 원을 만들었을 것이다.

감이 잘 오지 않으리라 생각해 연평균수익률로 대체하면 35년간 매년 약 15%씩 복리로 증가한 것이며, 자산이 4.8년마다 계속 두 배로 증가한 것이다.

미국 주가지수의 수익률

다우 지수, S&P 500 지수, NASDAQ 지수, NASDAQ 100 지수의 금융 위기 이후의 수익률은 매우 놀랍다. 특히 NASDAQ 100 지수의 수익률은 더욱 놀랍다. 2020년 말 기준, NASDAQ 100 지수는 10년 만에 6배 가까이 상승하여, 연평균 거의 20%에 달하는 그야말로 미친 수익률을 달성했다.

| 표 4–3 | 미국 3대 지수 최근 10년간 투자 수익률

2020년 12월 31일 기준

지수	2010. 12. 31.	2020. 12. 31.	상승률	상승배수	연평균 수익률(복리)
다우	11,577	30,606	264%	2.6	10.21%
S&P 500	1,257	3,756	299%	3.0	11.57%
NASDAQ	2,652	12,888	486%	4.9	17.13%
NASDAQ 100	2,216	12,885	581%	5.8	19.25%

자, 이제 우리는 워런 버핏의 조언에 따라 S&P 500 지수를 추종하는 상품을 골라서 투자해보자. 최고의 기업 500개를 담고 있으며, 항상 낡은 피는 버리고 새로운 피를 수혈해가면서 우상향하며, 부도날 확률도 없는 상품에 투자하는 것이다. 이런 우량주의 집합체는 설령 대공황으로 폭락하더라도 세차게 다시 반등할 것이란 확신이

우리 마음속에 깊게 박혀 있어 최악의 상황에서도 불안하지 않기 때문에 마음 편히 장기투자를 할 수 있게 해준다.

게다가 앞서 보았듯이 NASDAQ 100 지수는 S&P 500 지수의 수익률을 무색하게 만든다. 왜 그럴까? 4차산업혁명을 이끌고 갈 세계 최고의 하이테크 성장주들이 거의 다 여기에 모여 있기 때문이다. 그러면 이런 의문이 생길 것이다.

그럼 왜 워런 버핏 회장은 NASDAQ 100 지수를 추천하지 않고 S&P 500 지수를 추천한 것일까? 그것은 그의 투자 철학 및 투자 방식에 기인한다. 그는 투자 시점에서 실제 가치에 비해 저평가되어 있고, 현재 수익을 내고 있으며, 미래에도 꾸준한 성장이 확실해 보이는 회사를 직접 선별해 장기로 투자한다. 그의 관점에서 보면 성장주의 경우 현재 수익을 내지 못하고 있는 경우에도 가치가 과대평가되어 있으며 장기투자 시에 기업의 지속성에 의심이 드는 것이다. 또한 오를 때는 하염없이 오르지만 대세 하락장에서의 낙폭은 가치주보다 훨씬 더 크다. 즉, 변동성이 훨씬 더 크다. 그래서 그는 성장주에는 잘 투자하지 않는다. 그가 소유한 버크셔 해서웨이의 투자 포트폴리오를 보면 2020년 8월 기준 애플이 의외로 1위에 올라 있었는데, 그는 애플을 성장주로 보고 투자한 것이 아니라 소비재 산업군에 속한 가치주로 보고 투자했다고 한다. S&P 500 지수는 NASDAQ 100 지수의 하이테크 성장주도 대부분 포함하고 있지만, 경기 방어주 및 가치주 성격의 기업 역시 많이 포함하고 있으므로 변동성은 덜 하면서 안정적으로 꾸준히 우상향할 것이란 확신이 있었기 때문일 것이다.

매 7년마다 자산이 두 배씩 불어난다고?

워런 버핏 회장의 조언대로 그냥 S&P 500 지수에 장기투자했을 경우의 실제 데이터를 보자. 10~20년의 통계가 아닌 무려 최근 50년의 통계를 보기로 하자. 참고로 지난 50년간의 수많은 위기와 사건 사고들에 의한 폭락장들이 전부 포함되어 있다.

표 4-4는 지난 50년간의 수익률 표다. 투자 기간에 따라 인출 시점의 최저 연평균 수익률과 최대 연평균 수익률은 차이가 난다. 여기서 주목해야 할 점은, S&P 500과 같은 안전한 지수에 장기투자할수록 최저 연평균 수익률이 급격히 올라간다는 사실이다. 15년만 투자하면 전체 연평균 수익률은 인출하는 시점에 상관없이 10%가 넘는 놀라운 수익률을 올리게 된다. 25년을 투자하면 어떤 시점에 인출하든 상관없이 최저 연평균수익률은 9%가 넘는다.

그럼 다음과 같이 질문이 나올 것이다. 장기투자를 하라고 해서 열심히 장기투자를 했더니 하필이면 마침 그때 세계 금융 위기와 같은 대폭락장이 와서 내 투자 자금이 수십 퍼센트 하락하면 어떻게 하냐고? 표 4-4를 보면 15년만 투자하면 기간별 최저 연평균수익률은 4.24%가 된다. 이는 1억 원을 넣었을 경우, 최악의 상황에도 1억 8,643만 원이 되었다는 얘기다. 나쁘지 않다. 그런데 여기서 훨씬 더 중요한 사실이 하나 남아 있다. 우리는 달러로 투자하지 않았던가? 2008년 말과 같은 금융 위기가 닥쳐서 나의 자산도 덩달아 폭락했다 치더라도, 궁극적으로 우리는 자산을 원화로 환산하여 계산하는 것 아니었던가? 2007년 말의 환율은 932원이었고 2008년 말의 환율은 1,310원이었다. 환차익이 무려 40.56%가 발생한 것이다. 행복

| 표 4-4 | S&P 500 지수에 50년간 투자 시 수익률(1$로 시작, 1970. 1. 1.~2019. 12. 31.)

년도	연도별 수익률 (배당금포함)	누적 자산가치 (1$로 시작)	5년간 연평균 수익률	10년간 연평균 수익률	15년간 연평균 수익률	20년간 연평균 수익률	25년간 연평균 수익률
1970년 말 (투자시작첫해)	4.01%	$1.04	–	–	–	–	–
2002년 말 (닷컴 버블 붕괴)	-22.10%	$29.60	-0.59%	9.34%	11.48%	12.71%	12.98%
2008년 말 (세계 금융 위기)	-37.00%	$34.09	-2.19%	-1.38%	6.46%	8.43%	9.77%
2018년 말 (투자 최악의 해)	-4.38%	$116.94	8.49%	13.12%	7.77%	5.62%	9.07%
2019년 말 (투자 50년째 해)	31.49%	$153.76	11.70%	13.56%	9.00%	6.06%	10.22%
기간별 최고 수익률	37.58% (1995)	–	28.56%	19.21%	18.93%	17.88%	17.25%
기간별 최저 수익률	-37.00% (2008)	–	-2.35%	-1.38%	4.24%	5.62%	9.07%
기간별 평균 수익률	14.69%	–	13.58%	12.07%	10.85%	11.80%	11.60%

참조: Wikipedia 'S&P500 Index'

하지 아니한가? 어떤 경우에도 절대로 질 수 없는 투자, 이것이 바로 달러에 투자해야 하는 이유이고, 달러 투자의 위력이다.

'72의 법칙'에 대해 들어본 적이 있는가? 복리로 적용 시 자산이 2배로 증가하기까지 걸리는 시간을 간단히 구하는 법칙이다. 72를 연이율(연간 수익률)로 나눴을 때 나오는 몫이 투자 원금이 두 배가 되는데 걸리는 기간(년)이다. 예를 들면, 1억 원을 연 6%로 투자 시 2억 원이 되는 데 걸리는 시간을 간단히 구할 수 있다. 72÷6=12, 즉 12년 후에 1억 원이 2억 원으로 늘어난다는 것이다. 만일 표 4-4의 15년 투자 시 평균 수익률 10.85%를 적용하면, 6.6년 후에 재산이 두 배로 늘어난다. 그냥 보수적으로 7년마다 자산이 두 배가 된다고 가정 시,

| 표 4-5 | 72의 법칙(수익률에 따라 자산이 2배 되는 기간)

금리	시간
10.0%	7.2년
9.0%	8.0년
8.0%	9.0년
7.2%	10.0년
6.0%	12.0년
5.0%	14.4년
4.0%	18.0년
3.0%	24.0년
2.0%	36.0년
1.5%	48.0년
1.0%	72.0년
0.5%	144.0년

7년 후에는 2배로, 14년 후에는 4배로, 21년 후에는 8배로 늘어나며, 28년 후에는 자산이 무려 16배로 증가한다.

그런데 은행 예금에 내 돈을 넣어두면? 현재 세후 연리 1%가 안 되지만 그냥 1%라도 쳐줘도, 자산이 두 배 되는 데 대략 72년 걸린 다. 성인의 경우라면 아마도 자산이 두 배 되는 것을 못 볼 확률이 매우 높다.

절대로 질 수 없는 무조건 이기는 투자

미국의 주요 지수는 2020년 말 기준 10년 만에 약 3배에서 6배 가까이 상승했다. 위험자산 선호 시기에는 미국의 주식이 가장 먼저 가장 많이 오르고, 안전자산 선호 시기에는 미국의 국채(달러 현금)에 가장 많은 돈이 몰린다. 그렇다면 미국의 주요 지수와 미국의 국채(달러 현금)에 분산 투자하면 어떻게 될까? 호황기에는 주식의 비중을 높이고 불황기에는 채권(달러 현금)의 비중을 높이면? 그러다가 정말 세계 경제에 큰 위기가 와서 환율이 치솟아 1달러에 1,500원 이상까지 오른다면? 우리는 가지고 있는 달러를 원화로 바꿔서 폭락해 있을 한국의 KOSPI 200(한국거래소의 대표주식 200개를 가중평균해 지수화한 것)이나 폭락해 있을 부동산을 샀다가 수년 후 이 자산의 가격이 원상으로 회귀하고 환율도 다시 안정화된다면? 우리는 투자자산의 수익과 환차익이라는 두 마리의 토끼를 잡을 수 있을 것이다.

스마트 리치들은 이러한 투자 기법으로 실제 투자해 상당히 높은 수익을 올리고 있다. 중간에 금융 위기나 외환위기와 같은 환율의 급등이 일어나는 사건이 발생하면 여기에 덤으로 엄청난 수익의 보너스를 타게 될 것이다.

우리가 항상 원화로 모든 자산을 가지고 있을 때는 환율의 급등이 우리 자산의 가치 하락과 직결되지만, 이제는 환율의 급등이 우리에게는 환차익과 저평가된 한국 자산을 살 수 있는 두 번의 수익 창출 기회를 준다. 환율이 다시 안정되고 우리가 샀던 주식 및 부동산이 다시 자기 자리로 회복하게 되면 미련 없이 수익 실현 후 다시 달러(이번에는 원화 강세, 달러 약세)로 자산을 이동해 또 한 번의 환차익을 얻은 후, 미국 주식과 채권에 투자하면서 꾸준히 수익을 내게 될 것이다. 이제 절대로 질 수 없는 무조건 이기는 투자의 시스템을 갖추게 된 것이다.

05 달러 ETF 포트폴리오 투자로 인생 역전!

이 투자 방식의 정확한 공식 명칭은 EMP다. EMP란 ETF Managed Portfolio의 약자다. 'ETF로 운용하는 포트폴리오'라는 뜻인데, 운용 자산의 50% 이상을 ETF에 배분하여 포트폴리오를 구성하는 최신 자산 운용 방식이다.

여덟 마리의 용, FANGMANT를 아시나요?

미국 주식에 관심이 있거나 투자하는 사람들은 'FANG'이란 단어를 들어본 적이 있을 것이다. 2010년대 중반 처음 등장한 이 단어는 다음과 같이 변화해왔고, 여기에 속한 기업들의 주가는 이후 엄청나게 상승했다.

- FANG: Facebook, Amazon, Netflix, Google

- FAANG: FANG + Apple

- FAAMG: Facebook, Amazon, Apple, Microsoft, Google

- MAGA: Microsoft, Apple, Google, Amazon

- FANGMAN: FAANG + Microsoft + Nvidia

- FANGMANT: FANGMAN + Tesla

FANGMANT, 즉 페이스북(Facebook), 아마존(Amazon), 넷플릭스(Netflix), 구글(Google), 마이크로소프트(Microsoft), 애플(Apple), 엔비디아(Nvidia), 테슬라(Tesla)는 2010년대 중반부터 주가가 엄청나게 오른 초대형 하이테크 플랫폼 기업이며, 미국인뿐만 아니라 전 세계의 투자자들이 가장 많이 투자하는 기업이다. 8개 주식 전부 NASDAQ에 상장되어 있으며, 당연히 NASDAQ 100 지수에 편입되어 있다. 2020년 12월 21일 테슬라가 S&P 500 지수에 편입됨으로써, 8개 주식 모두 S&P 500 지수에 포함되어 있다. 애플과 마이크로소프트는 다우 지수에도 포함되어 있다. 참고로 2020년 9월 기준, 애플 1개의 시가 총액이 우리나라 주식시장 전체(코스피+코스닥)의 시가 총액보다 크며, 이 8개 주식의 시가총액은 S&P 500 지수의 약 30%에 달하고 NASDAQ 100 지수의 약 50%에 달한다. 이 주식들을 최소한 1주씩이라도 다 갖고 싶으면 2020년 9월 11일 현재 주가 기준으로 6,718달러(원화 798만 원)가 필요하다. 겨우 1주씩 사는 데도 거금이 든다.

다크호스에서 주력마로, ETF

오랜 역사와 더불어 신뢰도가 높은 미국의 금융기관이 위에 언급한 FANFMANT와 같이 가장 좋은 주식들을 수십 개 또는 수백 개를 한 번에 묶어서 주식으로 만들고, 미국 증권거래소에 상장시켜서 원하면 아무 때나 사고팔 수 있게 해주며, 게다가 한 주당 가격도 몇만 원에서 몇십만 원으로 거래할 수 있게 해주면 얼마나 좋을까? 이러한 희망 사항들을 모두 해결해준 것이 바로 ETF다.

ETF는 글자 그대로 거래소(Exchange)에서 매매되는(Traded) 펀드(Fund)란 뜻이다. 거래소에서 실시간으로 거래되는 주식이지만, 그 주식 안에는 수십 개에서 수백 개(가끔은 수천 개)의 개별 주식을 포함하고 있다. 즉, 펀드와 주식의 장점만을 따와서 만들어진 금융상품이다. 1993년 미국에서 처음 등장했고 2000년대 들어와 활발하게 판매되기 시작한 ETF의 시장은 날이 갈수록 엄청나게 커지고 있다.

처음에는 3대 지수만 그대로 추종하는 패시브 ETF(Passive ETF, 지수를 그대로 추종해 수익률 역시 지수와 거의 100% 일치하도록 만들어진 ETF)만 판매가 가능했다. 그런데 2008년 미국 증권거래위원회가 ETF도 일반 펀드와 같이 액티브 ETF(Active ETF, 펀드 매니저가 여러 개의 좋은 주식을 선별하고 비중을 조절하면서 패시브 ETF보다 초과수익을 추구하는 ETF, 우리가 기존에 알고 있는 대부분의 펀드들이 액티브 펀드다)의 판매를 허용한 이후 ETF는 날개를 달았다. 기존 주식의 장점인 증권거래소의 자유로운 매매에 더해, 펀드 매니저가 시장보다 초과수익을 추구할 수 있게 펀드를 운용하는 점, 그리고 ETF가 패시브 ETF에서 시작되어서 펀드 운용보수가 기존 펀드보다 훨씬 저렴한데 액티브 ETF 역시 기존

액티브 펀드와 내용은 거의 유사하면서도 운용보수는 더 저렴하게 책정되었다는 점이 액티브 ETF의 뛰어난 장점이다.

이제 미국 시장에서는 매력적인 액티브 ETF가 속속 등장하고 있고 점점 대세로 자리를 잡아가고 있다. 2020년 10월 현재 약 3천 개의 ETF가 미국거래소 시장에 상장되었고, 매년 500개 가까이 증가하고 있는데 앞으로 그 추세는 더욱 강해질 것으로 보인다. 바야흐로 ETF의 전성시대가 열린 것이다. 앞으로 더욱 좋은 ETF가 등장하면 잘 평가해서 우리 포트폴리오에 넣기만 하면 된다. 그러면 운용하기에 따라 안전성과 수익성 모두를 더욱 높여나갈 수 있을 것이다.

결국 이러한 시장을 추종하거나 시장을 뛰어넘는 ETF에 투자한 사람들은 세계 최고의 가치주 또는 세계 최고의 성장주에 투자하게 된 것이다. 그래서 작은 파도 정도는 우습게 여기고 헤쳐나가게 되고, 설령 큰 파도가 와도 자신이 투자한 ETF에 대한 확실한 신뢰가 있으므로 큰 두려움 없이 위기를 헤쳐나가며 장기투자를 해나갈 수 있게 되는 것이다.

새로운 용들, 게임 체인저들이 계속 탄생할 것인가?

우리는 앞에서 S&P 500 지수와 NASDAQ 100 지수에 대해 알아봤다. 그럼 워런 버핏 회장이 조언한 대로 변동성이 비교적 적은 S&P 500 지수를 추종하는 ETF와 변동성은 좀 더 크지만 상승 여력이 더 커 보이는 NASDAQ 100 지수를 추종하는 ETF에 반반씩 투자하면 어떨까? 안전과 성장 두 마리 토끼를 쫓는 것이다.

| 표 4-6 | 미국 NASDAQ 100 지수 vs S&P 500 지수 최근 25년 투자 수익률 비교

출처: 블룸버그

표 4-6은 2020년을 기준으로 과거 25년간의 S&P 500 지수와 NASDAQ 100 지수의 변화를 보여준다. NASDAQ은 2000년 초반 닷컴버블 붕괴로 지수가 2000년 3월 6일 5,049에서 2002년 9월 30일 1,140까지 떨어지며 77.4% 폭락했다. NASDAQ 100의 경우에는 더욱 처참해, 2000년 3월 20일 4,692에서 2002년 9월 30일 815까지 떨어지며 무려 82.6%나 폭락했다. 이 시절 한국의 KOSDAQ은 이보다 더욱 처참해 상장폐지 되는 회사가 쏟아져나왔다. 그 당시 미국이나 한국에서 빵이나 망치 만드는 회사도 뒤에 '닷컴'만 붙이면 IT 회사로 둔갑해 연일 상한가를 치는, 그야말로 묻지마 투자의 광풍이 불었고 이런 광풍이 휩쓸고 간 자리에는 폐허만 남았다. 이런 폐허 속에서 수년에 걸쳐서 옥석을 가리고 제대로 된 가치를 산정하는 충분한 시간을 거친 후 NASDAQ은 서서히 비상할 준비를 했고, 특히

NASDAQ 100 지수는 2010년 이후 FANGMANT를 선두로 비상하기 시작했다.

혹자는 이런 의문을 가질 것이다. NASDAQ 100 지수의 경우 지난 10년 너무 많이 올랐는데 앞으로 더 오를 수 있겠느냐는 것이다. 지난 10년 가격이 너무 올라 어느 정도의 조정은 발생하겠지만 장기투자 관점에서의 대답은 "그래도 계속해서 오른다."이다. 앞에서 언급한 여덟 마리의 용, FANGMANT 중에서 2020년 말 기준으로, 10년 전인 2010년 당시에 알고 있던 기업이 몇 개나 되는가? 아마 애플을 빼고는 없을 것이다. 그나마 아마존 정도는 알 수 있겠지만 그 당시만 해도 아마존은 온라인 책방 정도로 알고 있었을 것이다. 테슬라는 상장한 지 이제 겨우 10년이 지났으며, 페이스북은 상장 후 이제 겨우 8년이 지났다. 그런데 10년 사이에 이들의 주가는 적게는 7배에서 많게는 123배가 올랐다. 평균 33배가 올랐다. 그럼 다음 10년에는 이러한 기업이 안 나올 것인가? 나는 4차산업혁명이 가속화되는 시대의 미국에는 훨씬 더 많이 나올 것으로 예상한다.

혁신적이고 창조적인 아이디어를 가진 신생 벤처기업에게 연구 환경 및 자금의 지원, 상장 지원 등의 자양분을 공급해줄 수 있는 시스템을 미국처럼 잘 갖춘 나라는 세계 어디에도 없다. 게다가 세계 최대의 소비 시장이 있다. 설령 미국인이 아니더라도 세계인을 매료시킬 엄청나게 좋은 사업 아이템을 가진 젊은 벤처 사업가들은 대부분 미국으로 향한다. 그러한 쏠림은 4차산업혁명의 환경에서는 더욱 심해질 것이다. 그러므로 FANGMANT 기업들이 주축이 되어 지난 10년간 NASDAQ 100 지수를 엄청나게 올렸다면, 다음 10년에도 또 그다음 10년에도 계속해서 또 다른 용들이 등장해 그렇게 지수를 올릴 것으로 믿어 의심치 않는다.

달러 ETF 포트폴리오 구성

이제 위험자산인 주식과 안전자산인 채권(달러 현찰 포함)의 분산에 관해 이야기해보자. 우선 주식과 채권의 비율은 70 대 30으로 나눈다. 특별한 경우를 제외하고는 채권(달러 현찰 포함)의 비율은 항상 최소 30을 가지고 간다. 언제 어떤 일이 벌어질지 모르기 때문이다. 오르는 속도보다 떨어지는 속도는 일반적으로 3배 이상 빠르며, 어떤 큰 사건이나 사고가 발생 시에는 당일에 순식간에 폭락할 수도 있다. 더구나 미국 주식 시장의 경우 우리 시간으로 밤부터 새벽 사이에 열리므로 우리가 즉각적인 대처를 할 수도 없다. 그러므로 안전자산의 비율은 항상 최소 30% 이상으로 유지해야 한다. 주식이 급작스럽게 떨어질 때는 전체의 손실을 줄이게 되는 동시에, 채권 또는 현찰 일부를 매도해 하락한 주식을 매입할 수 있는 실탄으로도 사용할 수 있기 때문이다.

주식을 고르는 것, 특히 개별 주식을 선정하는 것은 매우 어려우며 큰 변동성에 노출되므로 주식형 ETF를 선택하면 이러한 리스크를 상당 부분 제거할 수 있다. 반면에 채권을 고르는 것은 주식보다는 훨씬 쉽다. 미국 국채에 투자하기로 했으니 미국 국채의 민기 기간만 따지면 된다. 금리 하락기에는 10년물 이상의 장기 국채를 미리 선점해 매입하고, 금리 상승기에는 초단기 국채 또는 달러 현찰을 가져가고, 금리가 변화 없이 안정상태를 유지할 때는 단기 국채 또는 달러 현찰을 가져가면 된다. 항상 염두에 둬야 할 것은 공격수는 주식이지 채권이 아니라는 점이다. 채권은 수비수로 골문을 지키는 역할에 충실해야 한다. 무리하게 수익을 내려고 과욕을 부리면 절대로 안 된다. 골문을 잘 지키고 있다가 공격수가 지쳤을 때 힘과 기를 불어넣는 것으로 자신의 역할을 다 한 것이다.

참는 자에게 복이 오나니

자, 그러면 이러한 투자 원칙을 가지고 장기 실전 투자로 들어가면, 실제 사례에서 어떤 결과가 나오는지 한번 보도록 하자.

표 4-7은 달러 투자 원칙을 기반으로 한 시뮬레이션 결과다. 중요한 것은 2008년 금융 위기 당시 미국 S&P 500 지수가 연초 대비 연말 기준으로 40% 가까이, 연중으로는 전고점 대비 50% 이상 폭락했을 때도, 연간으로 달러 ETF의 손실은 2.2%밖에 나지 않았으며, 원화로는 오히려 32%의 수익을 달성한 사실에 주목해야 한다. 이것이 바로 우리가 달러 ETF 포트폴리오에 투자해야 하는 가장 중요한 이유 중의 하나다.

이 투자 방식의 가장 큰 장점은 어떤 경우에도 크게 잃지 않고(원화 기준으로는 15년간 단 한 해도 손실 없음) 꾸준한 수익을 올려서 마음 편하게 장기간의 투자가 가능하게 해준다는 것이다. 즉, 시간을 내 편으로 만들어 복리의 마법이 내 자산에 적용되게 해준다.

| 표 4-7 | 미국 달러 ETF 포트폴리오 최근 15년 투자 수익률

연도	S&P 500	원달러 환율	달러 ETF 포트폴리오 수익률(달러 기준)	달러 ETF 포트폴리오 수익률(원화 기준)
2006년	13.62%	-7.95%	13.83%	4.78%
2007년	3.53%	0.61%	7.15%	7.81%
2008년	-38.49%	34.66%	-2.20%	31.70%
2009년	23.45%	-7.59%	21.04%	11.85%
2010년	12.78%	-3.26%	11.69%	8.04%
2011년	0.00%	2.34%	9.23%	11.79%
2012년	13.40%	-7.10%	8.11%	0.43%
2013년	29.60%	-1.41%	14.83%	13.21%
2014년	11.39%	4.14%	11.66%	16.28%
2015년	-0.73%	6.67%	-0.21%	6.44%
2016년	9.54%	3.02%	7.97%	11.23%
2017년	19.42%	-11.36%	15.56%	2.43%
2018년	-6.24%	4.22%	-1.79%	2.36%
2019년	28.88%	3.62%	8.80%	12.74%
2020년	16.13%	-5.88%	28.78%	21.21%
산술평균	9.09%	0.98%	10.30%	10.82%
연평균투자 수익률(복리)	7.61%	0.50%	10.01%	10.56%
누적액[1]	300,500,000		418,330,000	450,710,000

[1] 2006년 1월 1일. 1억 원 투자 후, 15년 후의 누적 자산. 화 기준 4.5배로 늘어남
• 거래수수료 및 세금 제외 전 수익률이며, 과거의 성과가 미래의 성과를 보장하지 않음

비상 시 수익 극대화를 추구하는 전술

미국 증시(S&P 500)와 한국 증시(코스피, KOSPI, Korea Composite Stock Price Index. 한국거래소 유가증권 시장 전체 주가지수, 1980년 1월 4일의 주가를 100으로 해 산정)는, 한국 고유의 리스크가 발생한 1997년 말의 외환위기와 같은 상황을 제외하면, 거의 완벽하게 같은 방향으로 움직이며, 이때 환율은 주식 시장과 완전히 반대의 방향으로 움직인다(표 4-8 참고).

| 표 4-8 | 미국 증시(S&P 500) 하락에 따른 한국 증시(KOSPI) 및 원달러 환율 변동 추이

미국 증시 하락 국면(위험자산 회피&안전자산 선호)에서 'USD 강세&KRW 약세', 즉 USDKRW환율 상승 → 환차익 발생, KRW 환산 수익률 급등

이러한 환율과 주식의 역학 관계를 이용해 아래와 같은 투자 방식을 적용할 수 있다.

2008년도와 같이 전 세계 금융 위기가 오면, 전 세계의 돈은 안전 자산인 미국 국채 또는 달러를 확보하기 위해 위험자산인 주식을 매도하기 시작한다. 특히 이머징 국가의 주식부터 매도하게 되므로 한국과 같은 이머징 국가의 주식은 폭락하고 원달러 환율은 폭등하게 된다. 원달러 환율이 1,300원을 뚫으면 달러 자산의 20% 매도 후 폭락해 있는 코스피를 매수한다. 1,350원을 뚫으면 다시 20%, 1,400원을 뚫으면 다시 20%, 1,450원을 뚫으면 다시 20%, 1,500원을 뚫으면 다시 20%를 매수한다. 이러한 투자의 전술 가이드라인을 설정해 기계적으로 달러 자산 매도 후 코스피를 매수한다. 그리고 시간을 기다리며 코스피가 전고점의 90%에 이를 때까지 기다린 후 90% 돌파

| 표 4-9 | 미국 달러 ETF 투자 수익 시뮬레이션(2000년 말 10억 원 투자)

연차	연도	달러 ETF 수익률(원화 환산 기준)	누적수익률 (원화환산 기준)	누적 자산 (단위: 원)	비고
1	2001년 말	12.38%	12.38%	1,123,800,000	
2	2002년 말	-5.29%	6.44%	1,064,350,980	
3	2003년 말	15.61%	23.05%	1,230,496,168	
4	2004년 말	-2.98%	19.38%	1,193,827,382	
5	2005년 말	3.77%	23.88%	1,238,834,674	
6	2006년 말	4.78%	29.81%	1,298,050,972	
7	2 007년 말	7.81%	39.94%	1,399,428,753	
8	2008년 말	31.70%	84.30%	1,843,047,667	세계 금융 위기로 원달러 환율 폭등 한국 자산 가격 폭락 달러 투자 덕분으로 오히려 자산 증가 8년 만에 자산 1.8배로 증가 2008년 12월 말(환율 1,310원) 원화로 환매 후($1.4M) 단, 매도 시 수익에 대한 22% 양도소득세 185M원 제하고 1,657M원을 폭락한 KOSPI 200 지수(1,683) 추종 ETF 매입
		-10.06%	65.76%	1,657,637,072	위에 낸 양도소득세를 고려하여 누적 자산 금액 조정함
9	2009년 말	49.73%	148.20%	2,481,979,988	2009년 말 KOSPI 200 지수 1,683 1년 만에 50% 수익, 원화기준 자산 2.5배로 증가!
10	2010년 말	21.87%	202.48%	3,024,789,011	2010년 말 KOSPI 200 지수 2,051 1년만에 22% 수익, 10년만에 자산 3배로 증가! 전액 매도하여 이익 실현. 단 한푼의 세금도 내지 않음! 달러로 환전 후 다시 달러ETF에 투자 2010년 12월 말(환율 1,120원) $2.7M, 2년 전 기준 15% 환차익 발생. 2년 만에 세금 고려해도 원화 기준 64% 수익. 달러 기준 93% 수익 달성!
11	2011년 말	11.79%	238.14%	3,381,411,636	
12	2012년 말	0.43%	239.60%	3,395,951,706	
13	2013년 말	13.21%	284.46%	3,844,556,926	
14	2014년 말	16.28%	347.05%	4,470,450,794	
15	2015년 말	6.44%	375.83%	4,758,347,825	15년 만에 자산 거의 5배로 증가!
16	2016년 말	11.23%	429.27%	5,292,710,286	
17	2017년 말	2.43%	442.13%	5,421,323,146	
18	2018년 말	2.36%	454.93%	5,549,266,372	
19	2019년 말	12.74%	525.62%	6,256,242,908	
20	2020년 말	21.21%	658.32%	7,583,192,029	20년 만에 자산이 7.6배가 됨! 강남 10억 원짜리 아파트가 76억 원짜리가 된 것과 동일! 아파트는 보유 시 여러 가지 세금과 비용을 지불해야 하는 반면에, 달러 ETF는 소정의 수수료 외에는 보뉴숭에 내는 세금 및 비용은 단 한푼도 없음!
연평균수익률			10.7%(연복리)		수익 실현 시 22% 양도소득세로 납세의무 종결! (종합소득세 합산 안 됨)

• 금융 위기와 같은 대폭락장이 올 경우의 투자 수익 보수적 시나리오임. 상기 수익 시나리오가 미래의 수익을 보장해 주는 것은 아님
※ 이 표는 골든크로스 투자자산컨설팅의 지적재산이므로 무단 사용 및 배포를 금함

시에 50% 매도, 100% 돌파 시에 나머지 25% 매도, 110% 돌파 시에 나머지 25% 매도하여 달러 자산으로 다시 이동한다. 이 일도 기계적으로 한다. 이러한 주가 대폭락장을 장기투자 시에 한 번만 만나더라도 수익률은 엄청나게 올라간다. 앞으로의 20년 기간에도 그러한 위기이자 기회가 최소 한 번은 오리라 예상한다. 표 4-9는 20년간의 장기투자에서 금융 위기와 같은 대폭락장이 왔을 때, 위와 같이 기계적으로 매도와 매수를 했을 경우의 예상 투자 수익 시나리오다. 20년 전에 투자한 10억 원이 76억 원으로 늘어난다(보수 차감 전, 연평균수익률 복리 10.7%).

가장 중요한 사실은 이렇게 큰 수익을 내면서도 20년이란 긴 세월 동안 마음고생을 거의 하지 않았다는 사실이다. 게다가 그 긴 시간 세금이나 비용 걱정 하나도 없이 자산이 약 8배로 불어났다. 이것이 바로 달러 ETF 포트폴리오 투자의 엄청난 장점이자 위력이다.

달러 ETF 포트폴리오 투자의 장점 및 주의 사항
장점
첫째, 분산의 끝판왕, 통화의 분산을 포함한 거의 모든 분산이 하나의 상품 내에서 이루어진다.

둘째, 위험자산과 안전자산의 비중 조절을 정해진 원칙에 따라서 행함으로써 변동성을 줄인다.

셋째, 최고의 주식과 채권의 ETF를 선별해 운용하므로, 높은 수익 및 낮은 보수가 가능하다.

넷째, 원달러 환율 폭등 시, 저평가된 한국 자산의 매입으로 단기
간에 엄청난 추가 수익 창출이 가능하다.

다섯째, 미국 주식 및 채권에서 만들어진 수익은 이익을 실현할
때까지는 수익에 대한 세금은 없으며, 이익 실현 시에만 22%의 양
도소득세(지방소득세 포함)로 납세의무가 종결된다. 즉, 종합소득세에
포함되지 않는다. 종합소득세가 누진세(최고구간 49.5%)인 점을 고려
하면, 세금만 놓고 볼 때도 달러 투자는 부자들은 물론이고 중산층
이상에게도 유리하다.

주의 사항

첫째, ETF 선정 및 변경, 비중 조절을 장기간에 걸쳐서 꾸준히 해
야 하므로, 일반인이 하기에는 무리가 따른다(Chapter 5 '05 부자들의 달러
ETF 포트폴리오 실전 투자 엿보기'를 참조하면, 일반인도 어느 정도는 스스로 할 수
있다).

둘째, 단기투자에는 적용하면 안 된다(모든 투자가 다 그렇겠지만).

셋째, 원달러 환율 폭등 시, 폭등한 환율은 빠르면 하루 이틀 만에
다시 내려오는 경우도 있으므로, 달러 자산 매도 및 원화 자산 매수
를 즉시 실행하지 않으면 절호의 기회를 놓칠 수 있다.

부자가 되는
포트폴리오 만들기

RICH

01 모델 포트폴리오를 제시하며

모델 포트폴리오란 무엇인가?

글자 그대로 모델로 삼을 만한 포트폴리오를 말한다. 내가 이 책을 여기까지 써 내려온 것은, 투자에서 세계 최고의 천재와 석학들이 수백 년간의 시행착오를 하면서 정립한 투자의 왕도(王道)를 알리고, 그것을 근간으로 여러 상황에 맞춰 구체적으로 작성된 모델 포트폴리오를 제시하기 위함이었다. 독자들이 신뢰할 수 있도록, 앞에서 그토록 많은 정보와 데이터를 제시하고 논리를 가지고 설명하면서 머나먼 길을 돌아서 여기까지 왔다.

여기서 언급한 투자의 방법이 정녕 왕도인가? 제시한 모델 포트폴리오를 따라 하면 정말로 풍요로운 미래를 맞이할 수 있을 것인가? 추호도 망설이지 않고 단호히 답한다. 그렇다!

절대로 질 수 없는 투자, 이길 수밖에 없는 투자의 방법이며, 그것도 아주 오랜 기간 마음 편하게 안정적으로, 생각보다 훨씬 더 많은 수익을 내면서, 당신과 기나긴 세월을 함께할 투자의 왕도이며 따라야 할 포트폴리오다.

이제 선택의 공은 당신에게 넘어갔다. 행복하고 풍요로운 미래를 안정적으로 만들어나갈지 아니면 평생 돈과 싸우며 힘든 삶을 살지. 당신 스스로가 하나를 선택해야만 하며, 그것도 오늘 지금 당장 해야만 한다. 오늘 결정을 하지 못하면 오늘이 된 내일도 또 그다음 내일도 결정을 못 할 것이다. 그런 당신에게 미래는 없다.

밝은 미래를 만들겠다는 결정을 지금 하고, 굳은 각오로 자신에게 해당하는 모델 포트폴리오를 참조하여 장기간 꾸준히 실행하면, 풍요롭고 행복한 미래가 당신 앞에 반드시 펼쳐질 것이다.

본격적인 투자의 세계로 들어가기 전의 사전 준비 작업

돈을 버는 사람들은 차근차근 미래를 위해 목돈을 마련해나가야 한다. 특히 4대 목적자금인 주택, 교육, 결혼, 노후자금을 마련하기 위해 상세한 계획을 세워야 한다. 특히 길어진 삶에 대비한 노후자금은 가장 많이 신경을 써서 준비해야 한다. 이를 위해서는 Chapter 3 '01 현재의 현금흐름 및 자산상태를 정리·분석한다'를 다시 한번 읽어보자. 현 상황을 반드시 정리하고 분석한 후에 인생의 미래를 설계하고, 그 내용을 차근차근 실행해나가야 한다.

지출의 세부항목을 상세히 정리한 후에 과도하게 사용되는 항목, 특히 불필요한 소비는 과감하게 줄여야 한다. 쓰고 싶은 것, 하고 싶은 것 다 해서는 절대로 노후에 남들보다 풍요롭고 행복하게 살 수 없다. 지출 항목 중 혹시 보험에 수입의 너무 많은 부분이 지급되고 있다면 리모델링하여 보험료를 적정선까지 줄여야 한다. 반면에 질병이나 사고에 대한 대비가 너무 안 되어 있다면, 큰돈이 들어갈 수도 있는 원치 않는 일이 발생 시, 오랜 기간 준비해온 노후 자산을 포함한 목적자금을 깨게 되는 안타까운 상황이 발생하게 된다. Chapter 2 '08 리스크를 헤지한다'를 다시 참조하기 바란다. 보험은 빌딩을 지을 때의 기초 공사와 같은 것이다. 기초 공사를 너무 과하게 해서도 안 되지만, 이를 너무 간과할 경우 열심히 쌓아올린 빌딩이 한 번에 무너질 수도 있다.

이러한 작업을 통해서, 과도한 소비도 줄였고, 인생의 기초 공사인 보험도 적정선으로 맞췄고, 매달 미래를 위해 사용 가능한 잉여 자금 액수와 현재까지 모아둔 금액도 정리되었다면 이제 준비는 끝났다. 희망 가득한 마음으로 풍요롭고 행복한 미래를 위해 본격적으로 투자의 세계로 들어가자.

02 모두에게 적용되는 모델 포트폴리오

무엇보다 최우선하여 세액공제 상품에 가입한다

증권회사에 연금저축과 IRP 계좌를 만들고 매월 60만 원씩 저축한다

매월 연금저축에 25만 원, IRP에 35만 원씩 총 60만 원을 납입한다. 연간 납입액은 720만 원이다. 700만 원이 넘어도 상관없다. 두 계좌를 합쳐서 받을 수 있는 세액공제 한도는 700만 원이지만, 두 계좌의 납입한도는 합쳐서 연간 1,800만 원까지 가능하다.

다음 해 1월 연말정산을 통해 이미 냈던 세금을 환급받으면 전액 이 계좌에 추가로 납입한다. 세금을 환급받았다고 공돈이 생긴 것처럼 홀랑 써버리면 세액공제 상품의 가장 큰 장점을 스스로 전부 없애버리는 것과 마찬가지다. 만일 은행이나 보험사의 상품에 이미 가입해 있다면, 증권사로 이전을 검토한다. 앞의 Chapter 3 '03 묻지도 따지지도 말고 세액공제 상품은 최우선으로 가입한다'를 반드시 다시 한번 정독하기 바란다.

저는 아직 사회 초년생이라 한 달에 60만 원이나 저축할 여력이 없는데요?

사회 초년생의 경우에는 사실 한 달에 60만 원을 저축하는 것이 쉬운 일이 아닐 수도 있다. 특히 혼자서 생활하는 경우에는 더욱 그럴 것이다. 그럼 한 달에 60만 원을 저축할 여력이 생길 때까지 기다릴 것인가? 아니다. 단돈 10만 원이라도 지금 당장 시작하자. 10만 원도 여력이 안 된다면, 1만 원이라도 시작하자. 세액공제 상품은 단돈 1만 원으로도 가입할 수 있다. 당장 시작한 당신은 아직 시작도 안 한 수많은 당신 또래들보다 나중에 풍요롭고 행복해질 확률을 무려 50%나 올려놓았다. 시작이 반이니까. 일단 시작하면, 비록 적은 돈일지라도 병아리가 닭이 되는 것을 지켜보듯이, 자산이 늘어나는 모습을 보면 재미있어져서, 여기에 계속해서 월 60만 원이 될 때까지 납입해나갈 것이다. 더불어 당신이 풍요롭고 행복한 노후를 달성할 확률도 계속해서 높아질 것이다.

연금저축 & IRP 펀드 운용 방법(퇴직연금 DC도 포함)

독자 스스로 운용할 경우를 가정하여 안내하겠다. 펀드는 아래와 같이 구성한다.

구분	펀드 종류	추천 펀드	비중
연금저축 & IRP & 퇴직연금DC	TDF	표 5-1 참조	50%
	주식형 펀드	표 5-2 참조	20%
	채권형 펀드	표 5-3 참조	30%

TDF(Target Date Fund)에 대한 자세한 내용은 Chapter 3 '05 노후

| 표 5-1 | TDF 비교(수탁고 상위 5개 TDF)

구분	TDF명	자산운용사 (국적)	제휴사 제휴형태	운용 성격	자산규모	한국비중
TDF	미래에셋 전략배분 TDF20XX	미래에셋 자산운용 (대한민국)	없음 자체 운용	액티브	1조 8,658억 원	약 20~30%
	삼성한국형 TDF20XX	삼성자산운용 (대한민국)	미국 캐피털그룹 (Capital Group) 위탁운용	액티브	1조 2,499억 원	약 2% (글로벌 전체의 한국자산 비중)
	한국투자TDF 알아서 20XX	한국투자 신탁운용 (대한민국)	미국 티로프라이스 (T.Rowe Price) 위탁운용	액티브	5,795억 원	약 10%
	KB온국민 TDF20XX	KB자산운용 (대한민국)	미국 뱅가드 (Vanguard) 자문	패시브	3,190억 원	약 10%
	신한BNPP 마음편한 TDF20XX	신한BNPP 자산운용 (신한&프. BNPP합작사)	프랑스 BNP MAQS 자문	패시브	1,950억 원	약 11%

전용자산(퇴직연금DC, 연금저축, IRP) 운용 방법'을 참조하기 바라며, 표 5-1을 참조하여, 5개 중에서 1개를 선택하면 된다. 앞에서도 언급한 바와 같이, TDF는 수백 개에서 수천 개의 글로벌 최고의 주식과 채권에 투자하며 은퇴 시점이 가까워질수록 채권의 비중을 높여간다. 참고로, 표 5-1의 운용 성격에서 액티브(Active)는 펀드매니저가 주식과 채권의 선택, 변경, 비중 조절을 적극적으로 하는 것을 의미하며, 패시브(Passive)는 글로벌 선진국 지수 등을 추종하는 전략을 구사하는 것을 의미한다. 아래 내용을 참고하여 자신에게 맞는 것 하나를 선택하면 된다. 아래의 TDF는 다 좋으니 선택할 때 너무 많은 시간을 쓸 필요는 없다.

주식형 펀드의 운용방법에 대해서는 Chapter 3 '05 노후전용자산(퇴직연금DC, 연금저축, IRP) 운용 방법'을 참조하기 바라며, 이 내용에

| 표 5-2 | 주식형 펀드 비교(자산규모순)

2021년 5월 28일 기준

| 구분 | 추천 펀드명 | 자산운용사 (국적) | 자산 규모 | 특징 | 3년 수익률 | | 비고 |
					가치	월적립	
주식	AB미국 그로스 증권자투 자신탁 (주식)	AB자산운용 (미국 얼라이언스 번스틴 한국법인)	1조 5,502억 원	미국 최고의 성장주 위주 투자(미국 비중 98%) 미국 최고의 가치주도 일 부 편입 미국에만 투자하는 단점은 존재	76.45%	43.63%	미국의 성장주 선호 시
	에셋플러스 글로벌리치 투게더 증권자 투자신탁 (주식)	에셋플러스 자산운용 (한국)	8,375억 원	선진국 중심의 투자, 미국 (전체의 2/3), 유럽, 일부 중국으로 분산 산업 분산도 잘되어 있으 며, 전 세계 각 분야의 1등 기업에 집중 투자 하락장에서 벤치마크보다 덜 하락, 상승장에서는 벤 치마크 초과	58.76%	41.69%	세계 최고의 기업 투자 원할 경우
	유리글로벌 거래소 증권자 투자신탁 (주식)	유리자산운용 (한국)	2,795억 원	글로벌 주요 선진국 거래소 주식(미국 비중 45%)에 투자 하락장에도 거래소는 어느 정도의 이익이 발생하는 점 에 착안 성장주 주도 상승 랠리 시 수익률은 조금 떨어짐	42.55%	20.30%	안정 성향 투자자 적합
	미래에셋 글로벌그로스 증권자 투자신탁 (주식)	미래에셋 자산운용 (한국)	2,043억 원	글로벌 성장주에 투자 미국 비중 60%, 아시아 비 중 40%(중국 25%)로 매우 높음 아시아 비중이 높아 변동 성은 커짐	49.34%	38.48%	중국과 아시아 투자 선호 시
	이스트스프링 글로벌리더스 증권자 투자신탁 (주식)	이스트스프링 자산운용 (영국 프루덴셜 계열 한국법인)	713억 원	글로벌 리딩기업에 투자 미국 비중 60%, 중국을 포 함한 아시아 비중 20% 이 상으로 다소 높음 아시아 비중이 다소 높아 변동성이 조금 커짐	60.58%	34.84%	아시아에 일부 투자 원할 경우

근거하여 표 5-2의 5가지 펀드를 추천한다. 5개 모두 글로벌에 잘 분산되어 있고, 선진국 위주이며, 미국 비중이 50% 이상으로 노후를 위한 장기투자에 매우 바람직한 구조로 되어 있다. 게다가 수익률

역시 매우 만족스럽다. 5개 중에서 자신에게 잘 맞고 좋아 보이는 것 한 개를 선택하면 된다. 최대 2개까지만 선택하되 가능하면 1개만 선택하기를 조언한다.

간혹 노후를 위한 자산인 퇴직연금DC, 연금저축, IRP의 운용을 마치 주식 단기투자 하듯이 매매하는 경우를 종종 본다. 수익률을 높이기 위해, 특정 시점에 유망한 특정 국가, 특정 업종, 특정 테마(혹은 섹터)에 투자하고 매수와 매도를 계속하는 경우를 자주 보는데, 이러한 투자의 형태는 변동성을 키우므로 상승폭도 크지만 하락폭도 크다. 특히 하락 시 속도는 매우 빠르다. 매수 매도 시점을 잘 맞춰나가야 하는데, 그것이 가능한 일인가?

꾸준히 장기투자를 해야 하는 노후 자산에는 어울리지 않는 투자 형태다. 당장은 더 수익이 나는 것 같지만 장기로 보면 결국 애만 쓰고 표 5-2에 선정된 펀드를 그냥 꾸준히 가지고 갔을 경우보다 수익률은 훨씬 못 미치게 된다.

연간 보수 0.X%를 절약하고자 노후 자산에 ETF를 편입시키는 경우를 최근에 아주 많이 보는데, 이 역시 바람직하지 않은 투자 형태다. 현재까지 나와 있는 모든 ETF는 지수를 그대로 추종하거나, 아니면 특정 국가, 업종, 테마(섹터)만을 추종한다. 나의 노후를 위해 장기간 믿고 그대로 계속 가기에는 바람직하지 않다. 2021년 5월 현재까지도 한국 시장에는 글로벌에 선진국 위주로 분산 투자하며 특정 시점마다 세계 최고의 1등 기업을 계속 선정해가면서 포트폴리오를 관리하는 액티브 펀드와 같은 액티브 ETF는 아직 나와 있지 않다.

그러므로 노후를 위한 자산인 퇴직연금DC, 연금저축, IRP에는 가능하면 추천한 펀드에서 하나를 선택하여 포트폴리오에 담기를 조언한다. 또한 10개 이상의 펀드를 노후 자산에 담는 경우도 많이 봤는데 이 또한 정말로 바람직하지 않다. 관리만 힘들고 향후 재분배(리밸런싱)을 하기도 쉽지 않다. 표 5-2의 주식형 펀드 한 개만 선정해도 세계에서 가장 좋은 1등 기업 수백 개를 자신의 포트폴리오에 담은 것이며, TDF 한 개에도 수백 개에서 1천여 개의 세계 1등 기업이 이미 포함되어 있다. 그 이상 펀드의 숫자를 늘리는 우를 범하지 않기를 바란다.

그럼에도 불구하고, 요즘 대세인 ETF에 너무도 투자하고 싶다면? 일단 노후를 위한 자산에는 여기서 안내한 대로 투자를 하여 변동성을 줄이면서 안정적인 수익을 내는 방법을 선택하기로 하고, ETF 투자는 노후전용자산이 아닌, 본격적인 투자 상품인 ISA, 목적자금, 달러 ETF에서 얼마든지 할 수 있으니 너무 아쉬워하지 않기를 바란다.

마지막으로 채권형 펀드의 선정에 대해 알아보자.

이 역시 Chapter 3 '05 노후전용자산(퇴직연금DC, 연금저축, IRP) 운용 방법'을 참조하기 바란다. 표 5-3의 채권형 펀드는 우리나라의 국채, 공채 위주의 가장 안전한 채권에 100% 투자하는 채권이다. 단기, 중기, 장기의 채권형 펀드 중 가장 뛰어나다고 판단되는 5개를 선별하여 정리한 것이다. 표 5-3에서 보이는 바와 같이, 기준금리가 횡보하거나 오를 가망성이 있거나 실제 오르는 국면에서는 만기가 긴 채권은 손실이 커진다. 그러므로 이럴 때는 만기가 가장 짧은 채권을 선택해야 한다. 향후 기준금리가 많이 오른 후 정점에서 내려갈 상황이 되면 그때는 만기가 긴 채권을 선택해야 한다. 정리하면, 2021

| 표 5-3 | 채권형 펀드 비교(펀드 만기 오름차순)

2021년 5월 28일 기준

구분	추천펀드명	자산운용사(국적)	자산 규모	위험 등급	펀드 평균만기	1년 수익률	3년 수익률 거치	3년 수익률 월적립
채권	우리하이 플러스채권 증권자 투자신탁(채권)	우리자산운용 (대한민국)	1조 8,629억 원	매우 낮은 위험	1.36년	1.78%	7.09%	2.93%
	삼성클래식연금 증권전환형 투자신탁(채권)	삼성자산운용 (대한민국)	465억 원	낮은 위험	1.73년	0.36%	5.42%	1.84%
	교보악사Tomorrow 장기우량 증권투자신탁(채권)	교보악사자산운용 (교보 & 프.AXA 한국합작법인)	8,278억 원	낮은 위험	3.47년	0.28%	9.94%	2.72%
	한국투자 골드플랜연금 증권전환형자 투자신탁(채권)	한국투자신탁운용 (대한민국)	665억 원	낮은 위험	5.03년	−1.51%	7.61%	0.96%
	NH-Amundi Allset 국채10년인덱스 증권자투자신탁 (채권)	NH-Amundi 자산운용 (NH & 프.Amundi 한국합작법인)	853억 원	낮은 위험	7.90년	−4.24%	9.85%	−0.13%

년 하반기 시점에서는 만기가 가장 짧은 채권을 선택해야 한다.

재차 강조하지만, 노후를 위한 상품에서의 채권은 어디까지나 수비수다. 변동성이 아주 적으면서 꾸준히 조금씩 우상향하는 채권을 선택해야 한다. 채권에서도 수익을 내려는 욕심에 변동성이 큰 하이일드(고수익) 채권 등을 포트폴리오에 담아서는 절대로 안 된다.

펀드 선정 완료 후에 해야 할 일은 한 가지, 재분배(리밸런싱)다.

이제 TDF를 한 개, 주식형 펀드를 한 개, 채권형 펀드를 한 개 선정했으면 1차로 할 일은 다 했다. 꾸준히 매월 정한 날에 일정한 금액을 적립해나가자. 좋은 투자 상품을 선정했으니, 적립식 장기투자만 이루어지면, 필승임은 이제 더는 설명하지 않아도 이해하리라 믿는다.

다만 한 가지만 추가로 하면 된다. 앞에서도 설명했듯이 대세 상승장 또는 하락장이 와서 TDF 및 주식형 펀드의 비중에 20~25% 이상의 변동이 생기면, TDF:주식형 펀드:채권형 펀드의 비중을 원래대로 50:20:30으로 맞춰주는 포트폴리오 재분배 작업을 하는 것이다. 특히 대세 하락장에서는 주식이 급락하므로 수시로 살펴봐야 하며, 대세 상승장에서는 한 달에 한 번 정도만 비중을 확인하면 된다. 일반적으로 6개월에 한 번씩 비중을 확인하여 비중에 변화가 생길 경우, 원래의 비중대로 재분배하는 것이 이상적이다. Chapter 2 '06 투자 수익률 관리의 6가지 기본 원칙을 지킨다'를 다시 한번 읽어보기 바란다.

여기서 소개한 방식이 최선인가에 대해서는 의견이 다를 수 있겠지만, 이렇게 할 경우 큰 실패 없이 안정적으로 마음 편하게 오랜 기간 꾸준히 투자할 수 있게 되며, 결국은 우리가 목표했던 지점에 안전하게 도달할 것이라는 점에 대해서는 추호의 의심도 없다.

목돈 마련을 위해 ISA에 가입한다

세액공제 상품인 연금저축 및 개인형 IRP에 매월 60만 원까지 납입한 후에도 투자 여력이 있으나 아직 마련한 목돈이 없는 경우에는 목돈을 마련하기 위해 ISA에 가입한다. 만일 현재까지 마련한 목돈이 3,000만 원이 넘는다면, ISA 가입은 건너뛰고 Chapter 5 '05 부자들의 달러 ETF 포트폴리오 실전 투자 엿보기'로 바로 직행한다.

ISA에 이미 가입하고 있거나, 새로 가입하는 경우에는 3,000만 원을 목표로 매월 일정 금액을 적립한다. 원리금의 합이 3,000만 원이 되고 납입 후 3년이 지났다면 이를 해지하여 연금저축 및 IRP로 이전하여 3,000만 원의 10%인 300만 원까지 해당 연도에 추가로 세액공제를 받고, 나머지 금액은 다음 해에 인출하여 달러 ETF에 투자한다. 세부 사항은 Chapter 3 '03 묻지도 따지지도 말고 세액공제 상품은 최우선으로 가입한다'를 참조하기 바란다.

ISA의 투자 방법은 다음에 소개되는 '목적자금 만들기'의 투자 방법과 같다. S&P 500 지수와 NASDAQ 100 지수에 반반씩 적립식으로 투자하는 것이다. 다만, ISA 내에서는 한국거래소에 상장한 주식 및 ETF만 투자가 가능하니, 한국거래소에 상장된 ETF를 선택한다. '미국 S&P 500' 및 '미국 나스닥 100'을 검색하면 여러 자산운용사에서 만든 상품이 나오는데, 모두 지수를 그대로 추종하는 것이니 아무 상품이나 선택해도 상관없다. 다만, '미국 S&P 500' '미국 나스닥 100' 명칭 뒤에 '선물', '인버스', '레버리지' 등이 추가로 붙어 있는 상품은 전부 파생상품으로 변동성을 키운 것이니 선택하지 않는다. 뒤에 '(H)'가 붙어 있는 상품도 선택하지 않는다. 환헤지를 했다는 의미인데, 환헤지에도 비용이 드는 데다 달러로 투자하려는 중요한 목적이 훼손되기 때문이다.

목적자금 만들기

퇴직연금DC, 연금저축, IRP 등 은퇴 후에 연금으로 사용할 자산을 준비했다. 그 자산들은 노후 자산이므로 채권의 비중을 비교적 높게 가져가면서 안정적으로 운용하면서도 꾸준한 중 수익을 만들어나갈 것이다. 여기에 국민연금도 추가로 있다. 이제 어떤 경우에도 늙어서 최소한 돈 때문에 불행해질 일은 없다.

자금 여력이 있다면, 여기에 추가하여 이제부터 인생의 4대 목적자금인 주택자금, 교육자금, 결혼자금, 은퇴자금(추가)을 마련해보기로 하자. 노후대책은 앞에서 어느 정도 해놓았으니 이제 추가로 준비하는 목적자금은 조금 더 공격적으로 투자하겠다. Chapter 4 '04 끝없이 우상향한다! S&P 500 & NASDAQ 100'에서 설명한 S&P 500 지수와 NASDAQ 100 지수에 반반씩 적립식으로 투자하는 것이다. 표 4-4 'S&P 500 지수에 50년간 투자 시 수익률'을 참조하면, S&P 500 지수의 연평균 수익률은 15년 투자 시 약 10.85%이며, Chapter 4의 'NASDAQ 100 지수'의 내용을 참조하면, NASDAQ 100 지수의 과거 35년간의 연평균 수익률은 약 15%다. 그럼 10.85%와 15%의 평균은 12.93%인데, 보수적으로 12%를 예상 수익률로 사용하기로 하자.

이런 공격적인 형태의 투자가 가능하게 하는 두 가지의 전제는, 하나는 15년 이상의 장기투자고, 다른 하나는 매월 적립식 투자다. 이 두 가지를 절대로 잊어서는 안 된다. 이미 준비된 목돈을 특정 시점에 한꺼번에 투자하는 것이 아니라, 장기간에 걸쳐서 매월 정해진 날짜에 꾸준히 일정한 금액을 투자하는 것이므로, 투자 시점에 주가가 고평가되었는지 저평가되었는지 저울질할 필요도 없다. 매월 정해진 날짜에 기계적으로 적립한다.

예상되는 걱정거리가 한 가지 있다. 15년을 열심히 투자했는데 하필이면 찾는 시점에 주가가 폭락하면? 여기에 대해서도 Chapter 4 '04 끝없이 우상향한다! S&P 500 & NASDAQ 100'에서 상세히 설명했으니 참조하기 바란다. 다시 간략히 설명하면, 이런 상황이 닥치면 환율의 급등으로 우리가 투자한 달러 자산의 하락은 원화 기준으로는 하락의 폭이 상당히 줄어든다. 그 시점에 돈이 아주 급하지 않다면, 달러 자산을 팔아서 환차익을 본 후, 저평가된 KOSPI 200을 사서 1년에서 2년만 기다리면 엄청난 추가 수익을 만들 수 있을 것이다. 이것이 왜 우리가 달러 자산에 투자해야 하는가에 대한 답이다.

구체적인 투자 방법은 다음과 같다. 증권회사에 계좌를 개설한 후, 자금을 반으로 나누어 아래의 상품에 투자한다. 참고로 요즘은 모든 증권사가 휴대폰에서 계좌 개설 및 해외 주식, ETF의 매매가 가능하니 본인의 좋아하는 증권사를 하나 선택하면 된다.

- S&P 500 Index ETF(IVV or SPY or SPLG): 50%
- NASDAQ 100 Index ETF(QQQ or QQQM) : 50%

매월 적립금액이 100만 원 이상일 경우, IVV(or SPY) & QQQ를 선택하고, 매월 적립금액이 100만 원 이하일 경우, SPLG & QQQM을 선택한다.

S&P 500 지수를 추종하는 대표 Index ETF인 SPY와 IVV를 비교하면, 다른 것은 거의 차이가 없다. 다만 수수료에서 아주 미미한 차이만 있을 뿐이다. 그런데 둘 다 한 주의 가격이 40만 원이 넘어 소액 투자자에게는 적합하지 않으므로, 주당 가격이 5만 원 대인 SPLG를 추가로 소개했다. 게다가 수수료도 조금 더 저렴하다.

| 표 5-4 | S&P 500 Index ETF & NASDAQ 100 Index ETF 비교 분석

2021년 6월 30일 기준

Index	S&P 500 Index ETF			NASDAQ 100 Index ETF	
Ticker	IVV	SPY	SPLG	QQQ	QQQM
수수료(연)	0.04%	0.09%	0.03%	0.20%	0.15%
분배금(연)	1.37%	1.37%	1.37%	0.73%	0.73%
가격(1주) ($ / ₩)	382.68$ / 42만 원	381.24$ / 42만 원	44.82$ / 5만 원	319.03$ / 35만 원	131.14$ / 14만 원
운용자산 ($ / ₩)	238.46B$ / 1,260조 원	331.23B$ / 362조 원	7.85B$ / 9조 원	146.88B$ / 160조 원	341.04M$ / 3,724억 원
거래량(일) ($ / ₩)	1.33B$ / 1.5조 원	21.17B$ / 23.1조 원	86.7M$ / 947억 원	8.45B$ / 9.2조 원	10.5M$ / 115억 원
상장일	2000.5.15.	1993.1.22.	2005.11.8.	1999.3.10.	2020.10.13.
주식수 (회사수)*1	507 (500)	506 (500)	507 (500)	103 (100)	103 (100)
명칭	iShares Core S&P 500 ETF	SPDR S&P 500 ETF Trust	SPDR S&P 500 ETF Trust	Invesco QQQ Trust	Invesco QQQ Trust
ETF Brand	iShares	SPDR	SPDR	Invesco	Invesco
자산운용사	Black Rock	State Street Global Advisors	State Street Global Advisors	Invesco	Invesco
운용 자산순위	세계 1위	세계 4위	세계 4위	세계 20위	세계 20위
ETF운용 자산순위	세계 1위	세계 3위	세계 3위	세계 4위	세계 4위
총운용자산 ($ / ₩)	7,318B$ / 7,991조 원	3,054B$ / 3,335조 원	3,054B$ / 3,335조 원	1,145B$ / 1,250조 원	1,145B$ / 1,250조 원
비고	ETF운용자산 빠르게 SPY 추격 중 1일 거래량은 한참 못 미침 수수료 SPY보다 0.04%p 저렴	S&P 500 ETF 중 최고(最古) 전 세계 ETF 중 운용자산 최대 (最大) 전 세계 ETF 중 1일 거래량 최다 (最多)	SPY 쌍둥이 동생격 ETF SPY 1주 가격의 단점 보완용 IVV와의 경쟁 위해 수수료 대폭 낮춤	NASDAQ 100 Index ETF 중 1위 비교할 만한 ETF 없음 전세계 ETF 중 거래량 2위	QQQ 쌍둥이 동생격 ETF QQQ 1주 가격의 단점 보완용 경쟁력 위해 수수료 낮춤

*1 보통주와 우선주가 동시에 상장된 회사들이 몇 개 있어서 주식 수가 회사 수보다 많음
• 하늘색 배경은 장점, 분홍색 배경은 단점을 표시
※ 이 표는 골든크로스 투자자산컨설팅의 지적재산이므로 무단 사용 및 배포를 금함

다만 일일 거래량이 조금 적은 것이 흠이지만 소액을 투자하는 데는 큰 문제는 없으리라고 본다. NASDAQ 100 지수를 추종하는 대표 Index ETF인 QQQ 역시 한 주의 가격이 30만 원이 넘는다. 그러므로 2020년 10월에 상장된 QQQM을 소개한다. 한 주의 가격도 14만 원 정도로 저렴하고 수수료 역시 더 저렴하다. 이 ETF 역시 일일 거래량이 너무 적은 것이 단점이기는 하다. 참고로 거래량이 너무 적으면 시초가에 매수를 걸어놓았을 경우, 기대했던 가격보다 약간 높게 매수가 될 수도 있는 리스크가 있음을 이해하길 바란다. 이 차이가 수수료의 차이를 훌쩍 넘어버릴 수도 있다.

정리하면, 월 100만 원 미만의 경우에는 SPLG와 QQQM을 반반씩 나눠서 매수하고, 월 100만 원 이상의 경우에는 IVV(or SPY)와 QQQ를 반반씩 나눠서 매수한다.

참고로, 위에서 사용한 IVV, SPY, SPLG, QQQ, QQQM을 Ticker(티커)라고 하는데, Ticker는 Ticker Symbol을 줄여서 부르는 말이다. Ticker는 과거 전산화되기 전 수작업으로 주식을 거래하던 당시, 증권 시세 표시기에서 정보가 찰칵찰칵하며 찍혀나오는 수신용 테이프(Ticker Tape)에서 차용한 단어다. 우리나라가 거래소에 상장된 회사의 주식에 숫자 6자리를 부여하듯이, 미국은 영문 알파벳 대문자를 한 개부터 네 개까지 조합한 Ticker를 거래소에 상장된 회사의 주식에 부여한다. 예를 들면, 우리나라에서는 삼성전자를 005930으로 표시하는 데 반해, 미국에서는 비자(Visa)는 V, 애플(Apple)은 AAPL 등으로 Ticker를 만들어 사용한다. 다만 구글과 같이 하나의 주식이 우리로 치면 우선주, 보통주 등으로 동시 상장된 경우에만 구별을 위해 GOOG, GOOGL로 표시해서 예외적으로 5개의 알파벳을 사용하기도 한다.

주의 사항

ETF 투자 시, 매월 일정한 금액을 투자할 경우, ETF를 몇 주 단위로 매입하지 말고, 정해진 원화의 금액으로 투자한다. 그렇게 해야 ETF 가격이 떨어졌을 때 더 많은 주를 매입하는 적립식의 장점인 매입 평균금액을 낮추는 효과(Dollar Cost Averaging Effect)를 얻을 수 있다.

이러한 매입이 가능해진 것은, 최근 증권사들이 소수점 이하의 단위로도 주식과 ETF를 매입할 수 있게 시스템을 갖춰놓았기 때문이다. 단, 이러한 소수점 단위의 구매가 불가능한 증권사인 경우에는 자신이 원하는 가격에 ETF 주식의 수량을 조합하여 매입하기 바란다.

투자 시작하기

이제 주택자금, 교육자금, 결혼자금, 은퇴자금(추가) 중 본인에게 꼭 필요한 것을 선택하고, 이를 위한 자금의 여력이 있는지 확인한 후 투자를 시작하자. 만일 선택한 목적자금이 두 개라면, 두 개로 나눠서 투자해야 한다. 돈은 물질 명사이므로 꼬리표를 붙여서 각각의 용도에 맞춰서 별도로 관리하지 않으면, 서로 섞여서 소기의 목적을 달성할 수 없다. 각각의 상품에 목적자금에 맞는 이름의 꼬리표를 달아준다. 이제 15년의 짧지 않은 프로젝트가 시작된다. 한번 시작하면 끝까지 가야 한다. 각오를 단단히 하자. "가다가 아니 가면, 아니 간만 못하리라!"

앞에서 언급한 퇴직금, 연금저축, IRP와 같은 노후전용 자금과는 달리, 여기서 투자하는 상품들은 전부 환금성이 100% 보장된 것들이니, 본인이 굳건한 의지를 갖고 관리를 해야 한다. 찾기 쉽다고 필요할 때마다 여기서 곶감 빼 먹듯이 써버리기 시작하면 처음에 계획했던 목적을 절대로 달성할 수 없다. 그럼에도 불구하고 인생에는 항상 굴곡이 있기 마련이다. 전혀 예상치 못한 위급한 상황이 닥쳐 목돈이 절실히 필요할 때가 있다. 그럴 때는 우선 뒤에서 안내하는 달러 ETF 포트폴리오 투자 상품에서 찾아서 사용하고, 만일 달러 ETF 상품이 없다면 아쉽지만 여기서 찾아서 사용하기 바란다. 하지만 퇴직연금, 연금저축, IRP 등의 노후전용 상품에는 절대로 손을 대서는 안 된다고 생각하자. 그 돈은 현재의 당신 것이 아닌, 미래의 당신과 당신 배우자의 것이고 미래 희망의 마지막 보루이기 때문이다.

아파트는 꼭 사고 싶어요: '주택자금 10억 만들기 프로젝트'

2020년 기준 최근 5년 사이에 서울의 아파트 가격은 두 배로 올랐다. 부동산도 가격의 상승과 하락을 반복하면서 우상향하는데, 이렇게 가격이 급등했을 때 추격매수 하는 것은 주식에서 상투 근처에서 매수하는 것과 다르지 않다. 아무튼 이미 구입했다면 어쩔 수 없지만, 아직 구입하지 않았다면 천천히 기회를 보면서 기다리면 분명히 또 기회가 온다.

그 사이 아파트를 구매하려고 준비했던 자금이나 구매를 위해 앞

| 표 5-5 | 주택자금 10억 만들기 프로젝트

월 납입액	기간	총 납입액	연평균수익률	자산
300만 원	15년	5억 4,000만 원	12%	15억 원
200만 원	15년	3억 6,000만 원	12%	10억 원
100만 원	15년	1억 8,000만 원	12%	5억 원

으로 준비하려고 했던 자금은 투자하면서 자금의 규모를 계속 키워나가다가 정말로 기회가 왔다 싶을 때 구입하면 된다. 아파트를 무리해서 사려던 이유는 아파트 가격의 상승이 두려웠기 때문 아니었던가?

그렇다면 6년마다 계속하여 자산을 두 배로 키워나가면서 기회를 준비하면 충분하지 않겠는가? 이제는 아파트 가격 상승은 전혀 두렵지 않다. 아파트에 투자한 것보다 더 많은 수익을 내면서 목돈을 모아가다가 아파트 가격이 폭락하는 경우, 그 시점에 아파트 구입의 필요성이 있다면 그때 구입하면 된다. 참고로 자산을 달러로 투자했으므로 아파트 가격이 폭락했을 때는 원달러 환율이 치솟아서 달러 자산을 원화로 환전하면 환차익도 상당히 발생할 것이다.

부부가 월 200만 원씩 15년간 투자하면, 10억 원이 만들어진다. 이 정도면 15년 후일지라도 서울에 자그마한 아파트는 살 수 있지 않을까? 15년 후를 목표로 하는 이 상품에는 '주택자금 10억 만들기 프로젝트'란 꼬리표를 달아준다.

만일 월 200만 원 이상 납입할 능력이 된다면 월 300만 원으로 시작하면 되고, 월 200만 원을 만드는 것이 현시점에서 불가능하면 월 100만 원으로 시작한다. 중요한 것은 금액을 떠나서 지금 바로 시작하는 것이다. 금액은 차후에 여유가 생기면 증액시키면 된다.

사랑스러운 아기가 태어났어요: '하버드 학자금 만들기 프로젝트'

너무도 사랑스러운 자녀나 손주가 태어났을 때의 그 벅찬 감동을 영원히 잊지 못하리라. 이 아기가 커서 바라지도 않았는데 너무나 똑똑하고 공부를 잘해 하버드대를 간다고 하면 어쩌지? 그때 가서 돈을 어디서 구할 수 있을까? 유학 자금을 미리 마련해두자. 15년 후를 목표로 하는 이 상품에는 '하버드 학자금 만들기 프로젝트'란 꼬리표를 달아준다.

실제로 부자들은 자녀나 손주가 태어났을 때, 학자금 명목으로 월 100만 원 정도를 아기를 위해서 매월 적립해준다. 향후 실제로 유학을 가게 되더라도 충분히 사용할 만큼의 금액이 마련된다. 나중에 유학 안 가면 다른 용도로 사용할 곳은 차고 넘치니 걱정할 필요 없다.

이 자금은 아기가 향후 유학이나 대학을 가든 안 가든, 성인이 되었을 때 다른 동년배보다 훨씬 평안하고 안정적인 인생을 살아갈 수 있게 하는 종잣돈(seed money)이 될 것이다. 만일 이 정도의 금액이 없다면 형편에 맞게 적립하다가 여유가 생기면 증액하면 된다.

참고로, 이 경우 증여세 문제가 발생하는데 미성년 자녀에게는 10년마다 2,000만 원까지 증여세가 면제되며 그 이상은 증여세를 납부해야 한다. 세대생략(조부모가 손주에게 증여하는 것)의 경우는 증여세의 30%가 할증됨을 인지하고 있어야 한다. 그러므로 이런 상품의 가입 시에는 증여세와 관련해 세무사나 세금에 밝은 금융컨설턴트와 상의를 한 후 가입하는 것이 좋다.

| 표 5-6 | 하버드 학자금 만들기 프로젝트

월 납입액	기간	총 납입액	연평균수익률	자산
100만 원	15년	1억 8,000만 원	12%	5억 원
50만 원	15년	9,000만 원	12%	2억 5,000만 원
30만 원	15년	5,400만 원	12%	1억 5,000만 원

소중한 자녀가 결혼하네요: '결혼자금 3억 만들기 프로젝트'

최근 통계에 의하면 2019년 기준 신혼부부의 결혼 비용은 평균 2억 3,000만 원이라고 한다. 그런데 서울을 기준으로 하면 주거비용이 지방 도시보다 약 7,000만 원 정도 많이 들어 대략 3억 원 정도이며, 이를 남자와 여자가 반반씩 부담하는 경우가 가장 많았으나, 아직도 주거비용을 남자가 부담하는 경우가 더 많아서 평균을 내면 남자가 60%, 여자가 40%를 부담한다고 한다. 즉, 서울을 기준으로 보면 남자는 1억 8,000만 원, 여자는 1억 2,000만 원 정도를 준비해야 한다. 그런데 우리는 지금부터 15년 후의 준비를 하므로 부동산을 위시한 물가 상승을 고려하면 남자의 경우 3억 원까지 준비해야 하고 여자의 경우 2억 원까지 준비해야 한다.

자녀의 결혼자금 준비가 반드시 필요한 이유는 우리나라 부모의 경우 자신의 노후대책도 제대로 안 되어 있으면서 자녀의 결혼 비용으로 너무 많은 금액을 지불하기 때문이다. 자녀들을 결혼시키느라 부부가 퇴직금을 포함한 평생 모은 재산을 자녀의 결혼 비용으로 다 쓰고 달랑 집 한 채만 남아서 당장 먹고 살 걱정을 해야 하는 부부를 많이 봤다. 참으로 안타깝다. 이제 우리나라도 빨리 실용적인 결혼 문화가 자리 잡아야 한다. 최근 작은 결혼식이 점점 많아진다고는

| 표 5-7 | 결혼자금 3억 만들기 프로젝트

월 납입액	기간	총 납입액	연평균수익률	자산
60만 원	15년	1억 800만 원	12%	3억 원
50만 원	15년	9,000만 원	12%	2억 5,000만 원
40만 원	15년	7,200만 원	12%	2억 원

하지만 아직은 갈 길이 너무 멀다.

15년 후를 목표로 하는 이 상품에는 '결혼자금 3억 만들기 프로젝트'란 꼬리표를 달아준다.

은퇴 후 월 700만 원을 매달 받고 싶어요: '은퇴 후 월 400 만들기 프로젝트'

우리는 이미 앞에서 은퇴자금 중 월 300만 원은 준비했다. 여기에 400만 원씩 추가로 받으면 풍요로운 노후 생활이 가능하다. 매년 부부가 해외여행도 가고, 골프도 매월 한두 번씩 치고, 손주들이 왔을 때 용돈도 넉넉히 주는 그런 삶. 모든 중산층이 꿈꾸는 삶이다. 15년 후를 목표로 하는 이 상품에는 '은퇴 후 월 400 만들기 프로젝트'란 꼬리표를 달아준다.

월 150만 원씩 딱 15년만 모아보자. 7억 5,000만 원이 만들어진다. 그리고 만들 때는 어느 정도 공격적인 투자를 했지만, 연금으로 사용할 때는 조금 보수적인 운용을 해야 한다. 연금 개시 시점에는 미국 ETF를 정리하고 세액공제 상품에서 안내한 펀드를 참조해서, 주식 대 채권을 6:4로 하고 이 비율이 깨지면 다시 원래의 비율을 맞춰주는 재분배(리밸런싱)를 하면서 운용해나가면 연평균 6% 정도의 수익을 낼 수 있을 것이다. 퇴직연금, 연금저축, IRP는 안정적으로

| 표 5-8 | 은퇴 후 월 400 만들기 프로젝트

월 납입액	기간	총 납입액	적립시 수익률	은퇴자산	월 인출액	인출시 수익률	인출기간
150만 원	15년	2억 7,000만 원	12%	7억 5,000만 원	600만 원	6%	16년 5개월
150만 원	15년	2억 7,000만 원	12%	7억 5,000만 원	500만 원	6%	23년 2개월
150만 원	15년	2억 7,000만 원	12%	7억 5,000만 원	400만 원	6%	46년 4개월
100만 원	15년	1억 8,000만 원	12%	5억 원	400만 원	6%	16년 5개월

운용하고 있으므로, 이 상품에서는 은퇴 후의 나이에 비해서 조금 더 공격적인 투자를 해도 큰 무리가 없으리라.

이렇게 만들어진 7억 5,000만 원을 60세부터 매월 400만 원씩 연 수익 6%로 운용하면서 연금 형태로 찾으면, 46년 동안 찾을 수 있다. 이 기간이 너무 길면 인출 금액을 500만 원, 600만 원으로 올리면 된다. 이 경우 찾을 수 있는 기간이 단축되지만 그래도 충분하다. 우리에게는 은퇴자금으로 준비한 평생토록 나오는 여분의 300만 원이 또 있으니까. 만일 월 150만 원이 부담스러워 월 적립금을 100만 원으로 낮춰서 5억 원을 모았다면, 은퇴 후 월 400만 원씩 16년 동안 찾을 수 있다. 기존에 준비해둔 노후전용 상품의 월 300만 원을 합하여, 매월 700만 원을 비교적 활동적인 60세부터 76세까지 받을 수 있어서 행복한 노후 생활이 가능하다.

03 특정한 경우의
모델 포트폴리오

은퇴한 가장의 모델 포트폴리오

은퇴한 가장의 경우 수입은 끊기고 지출할 일만 남았다. 은퇴 시점의 현금흐름 및 자산상태를 정리한다. 수입이 없으므로 소비와 지출 항목을 매우 꼼꼼히 정리하여 쓸데없다고 판단되는 부분은 과감히 삭감해야 한다. 현재의 총자산을 정확히 파악해서 정리한다. 현재의 자산과 그간 준비해둔 연금만으로 어떻게 하면 본인 혹은 부부가 생을 마감할 때까지 사용하며 살아갈지에 대한 철저한 계획을 수립해야 한다.

건강보험과 상속세 마련을 위한 마지막 기회

만일 아직도 건강보험이 준비되어 있지 않다면, 최소한의 부분이라도 채울 수 있는 마지막 기회다. 60세 넘어 70세에 가까워지면 보험료가 너무 비싸져서 보험의 기능이 퇴색해버리거나, 가입하고 싶어도 나이 제한으로 가입할 수 없거나, 현재 지병이 있다면 대부분 인수 거절이 된다.

질병의 경우 60세 이후 발병 확률이 급속히 올라가서 90세에 정점이 된다. 치료비가 많이 드는 3대 질병인 암, 뇌, 심장 관련 질환들 역시 이때부터 발병 확률이 급속히 높아져 아무런 대책을 세워놓지 않았을 경우, 준비해놓은 노후 계획이 다 무너진다. 하지만 아쉽게도 3대 질병(암, 뇌, 심장)의 진단자금을 지금에 와서 가입하기에는 너무 보험료가 비싸고 가입할 수 있는 진단자금의 한도 금액도 크지 않으므로 3대 진단자금은 과감히 포기하고, 대신 보험료 대비 가성비가 좋은 수술비 등의 가입을 추천한다. 반면에 은퇴 시점에 앞으로 지급할 보험료가 부담된다면, 이를 어떻게 최소화할지 잘 검토해서 자신의 경제 상황에 맞게 조정해야 한다. 그리고 국민건강보험과 실손보험만 있으면 충분할 것 같지만, 국민건강보험의 경우 입원했을 경우 전체 비용의 반 정도만 혜택을 보며, 입원 시 가장 큰 부담이 되는 간병비는 전액 본인이 부담해야 한다. 게다가 실손보험의 경우는 100세까지 계속 갱신되면서 나이에 따라 증가 폭이 커지므로 80대, 90대가 되면 아마도 보험료를 감당하지 못해서 해지할 수밖에 없을 것으로 예상한다. 그러므로 이러한 상황을 대비해서라도 최소한의 건강보험은 반드시 마련해둬야 한다.

환금성이 높은 아파트와 현금성 자산을 제외한, 부동산 등의 자산이 30억 원이 넘는 경우, 아직 본인의 건강에 큰 문제가 없다면, 종신보험 등을 활용한 상속세 재원을 마련할 수 있는 마지막 기회이니 이에 정통한 세무사나 금융컨설턴트를 만나보기 바란다.

은퇴 자금의 연금개시 후 운용 방안

퇴직금, 퇴직연금, 세액공제 연금저축, 세액공제 IRP 등은 전부 같은 맥락에서 관리되어야 한다. 안전하게 운용하되, 제로금리 시대에는 최소한 일정 부분은 위험자산에 투자해야 한다.

Chapter 5 '02 모두에게 적용되는 모델 포트폴리오'에서 안내한 아래 표와 같이 과거에 이미 운용을 해왔다면, 현 상태에서 연금을 개시하면 된다.

구분	펀드 종류	추천 펀드	비중
연금저축 & IRP & 퇴직연금DC	TDF	표 5-1 참조	50%
	주식형 펀드	표 5-2 참조	20%
	채권형 펀드	표 5-3 참조	30%

하지만 이렇게 운용을 해오지 않은 상태에서 은퇴 시점에 새로 펀드를 운용해야 한다면, 아래와 같이 펀드를 운용하기 바란다. 주식형 펀드 1개와 채권형 펀드 1개(단기 채권)를 선택한다. 전체 연금 수령 기간이 10년일 경우에는 주식:채권을 30:70으로 배분하고, 기간이 10년 이상일 경우에는 주식:채권을 40:60으로 배분한다.

구분	펀드 종류	추천 펀드	비중
연금저축 & IRP & 퇴직연금DC	주식형 펀드	표 5-2 참조	30%(40%)
	채권형 펀드	표 5-3 참조	70%(60%)

연금의 인출은 각 펀드에서 비중만큼 차감한다. 예를 들어 매월 100만 원씩 연금으로 인출할 경우에 TDF:주식:채권 비중이

50:20:30이라면, TDF에서 50만 원, 주식형 펀드에서 20만 원, 채권형 펀드에서 30만 원을 인출한다. 그리고 연금 개시된 은퇴 자산도 역시 6개월마다 각 펀드의 비중을 확인하여 원래의 비중대로 맞춰주는 포트폴리오 재분배를 한다.

은퇴자의 경우, 평생 모아 놓은 목돈을 어떻게 운용해야 할지 고민이 많을 것이다. 하지만 섣불리 결정하여 원금에 손실이 발생하면 만회할 시간도 없고, 받을 스트레스도 상당할 것이다. 그렇다고 은행에 넣어두기는 더욱 싫다. 앞에 설명한 Chapter 3 '06 수익형 부동산에서 금융부동산으로'와 뒤에 나오는 Chapter 5 '05 부자들의 달러 ETF 포트폴리오 실전 투자 엿보기'를 신경 써서 잘 읽어보기 바란다. 이 두 가지를 50:50으로 배분하거나, 본인의 투자 성향에 따라 안정적 성향이면 금융부동산 비중을 조금 더 높게, 공격적 성향이면 달러 ETF 포트폴리오 비중을 조금 더 높게 할당하면 된다. 만일 자신이 성향이 적극 공격형이며, 이 자금이 당장 필요하지 않은 여유 자금으로 단기의 상승 및 하락에 개의치 않고 장기투자가 가능하다면 달러 ETF 포트폴리오에 많은 비중을 할당하면 된다. 이 부분이 궁극적으로 당신의 노후를 얼마나 더 윤택하게 만들지를 결정하는 가장 중요한 열쇠가 될 것이다.

아파트 한 채 외엔 재산이 거의 없는 경우의 탈출구

① 주택연금?

평생 30년간 열심히 검소하게 살아왔고, 직장도 그런대로 괜찮은 곳에서 무사히 정년퇴직한 경우에도 노후 대책이 거의 안 되어 있는 은퇴자들을 많이 봤다. 이렇게 되는 데는 여러 가지 이유가 있으나, 많은 경우에 마지막 치명타는 자녀의 결혼이었다. 여기에 과도한 비용을 쓰다 보니 노후를 위해 준비해둔 퇴직금을 포함한 모든 은퇴 자금이 다 소진된 것이다. 국민연금 외엔 더 나올 것도 없다. 그렇다고 자녀들이 부모의 노후를 책임질 수도 없다. 자신들의 앞가림하기도 벅차다. 그나마 불행 중 다행인 것은, 서울에 아파트 한 채는 가지고 있고 2020년 말 현재 아파트 가격은 폭등해 있는 상태다. 믿을 것은 아파트 하나밖에 없고 생각나는 것은 주택연금만 떠오른다. 답답하고 한숨만 나온다.

이런 분들을 위해서 주택연금에 대해 정확히 파악해보고 대책을 세워보기로 하자. 주택연금을 다른 말로 쉽게 표현하면 아파트 담보 대출이다. 그 이상 이하도 아니다. 2020년 말 기준, 부부 중 1인이 55세 이상이며 공시지가가 9억 원 이하(시가로는 약 12억 원 정도 이하)이면 가입할 수 있다.

그런데 정부는 아파트 담보 대출을 왜 그렇게 특별한 상품처럼 거창하게 안내하는 것일까? 일반 아파트 담보 대출과는 크게 차별화된 장점들이 있기 때문이다.

주택연금에는 다음과 같은 장점이 있다.

- 원금 상환 기한이 없으며, 살던 집에서 수명이 다할 때까지 계속 살 수 있다.
- 부부 중 마지막 한 사람이 사망 시까지(실제는 100세까지) 계약이 유효하여 계속 연금이 나온다. 한국주택금융공사가 저당권 설

정을 하고, 은행에 보증서를 발급하여 보증해준다.

- 부부가 단명 시, [주택처분금액－(총수령금액＋비용＋이자)] 공식에서 양(+) 값이 나오면 이 금액을 상속인에게 지급하며, 반대로 음(-) 값이 나올지라도 상속인에게 청구하지 않는다.
- 일반 담보 대출보다 상당히 저렴한 이자율을 적용해준다(은행의 최우량고객에 제시하는 주택담보대출 금리보다도 오히려 저렴한 금리를 적용해준다). 2020년 7월 현재 평균 적용금리는 1.91%다.

이런 좋은 내용과는 달리, 안 좋은 점도 분명히 있다.

- 현재 아파트 시가와 비교하면 너무도 적은 대출을 받는다.
- 대출받은 금액을 은행에 다시 예금한 후 여기서 매월 주택연금 이란 명목으로 일정 금액을 받아가는 형태다. 그런데 은행 입장에서 보면 이 예금은 원래 대출금 아니었던가? 그러므로 대출이자는 받고 예금이자는 줘야 한다.
- 위의 두 가지 이유로 예상보다 훨씬 적은 연금을 받게 된다.

② 행복하게 만들어줄 해결책: 주택연금 + 금융부동산

서울에 시가 12억 원(공시지가, 9억 원) 아파트를 소유한 60세 남성이 100세까지 생존한다고 가정하여 주택연금에 가입하는 경우와 이 아파트를 팔아 위성도시에 6억 원짜리 아파트를 구입하여 주택연금에 가입하고 나머지 6억 원은 금융부동산에 투자하는 경우로 나누어 어떤 게 더 이익인지 살펴보자.

| 표 5-9 | 주택연금 월 지급금 예시(종신 지급방식 정액형)

(단위: 천 원)

연령	주택가격(공시지가)								
	1억 원	2억 원	3억 원	4억 원	5억 원	6억 원	7억 원	8억 원	9억 원
50세	115	231	347	463	579	695	810	926	1,042
55세	153	307	460	614	767	921	1,074	1,228	1,381
60세	207	415	623	831	1,039	1,247	1,455	1,663	1,871
65세	250	501	752	1,003	1,254	1,505	1,756	2,007	2,258
70세	307	614	922	1,229	1,536	1,844	2,151	2,459	2,720
75세	383	767	1,150	1,534	1,917	2,301	2,684	2,936	2,936
80세	489	978	1,468	1,957	2,446	2,936	3,271	3,271	3,271

• 2020년 4월 1일 기준　　　　　　　　　　　　　　　　출처: 한국주택금융공사 홈페이지

주택연금에 가입할 경우 60세부터 매월 수령하는 금액은 187만 원이다. 100세까지 생존한다고 가정해도, 총 연금 수령액은 8억 9,800만 원(약 9억 원)밖에 안 된다. 현 시가 12억 원짜리 아파트를 맡기고, 100세까지 끈질기게 살아 있을 경우에 한하여 40년에 걸쳐서 약 9억 원을 받게 되는 것이다. 더구나 물가상승을 고려하면 터무니가 없다. 게다가 공식에 의하면 100세까지 열심히 받고 갈 경우에 상속인에게 갈 금액은 거의 없을 것으로 예상한다. "도대체 이게 뭐지?"라는 생각이 들 것이다.

만일 서울 아파트를 12억 원에 매도하고 위성도시의 6억 원짜리 아파트를 구입한다면 잉여자금 6억 원이 발생하고, 이를 투자하여 6%의 수익을 내면(Chapter 3 '06 수익형 부동산에서 금융부동산으로' 참조), 매월 300만 원의 확정 이자가 나온다. 세후(이자소득세 15.4%) 수령액은 약 254만 원이다. 그리고 6억짜리 아파트는 주택연금에 가입한다. 공시지가 4억 원으로 가정하면, 60세부터 매월 83만 원이 나온

다. 두 금액을 합치면 매월 세후 337만 원을 수령할 수 있다. 첫 번째 경우, 187만 원보다 매월 150만 원이나 평생 더 받는다.

이 한 방으로 기본으로 원했던 월 300만 원보다도 더 많은 소득을 만들어내는 솔루션을 창출했다. 여기에 국민연금도 있으니, 이제 노후 걱정은 말끔히 해결되었다.

그런데 여기에 대박 보너스가 한 방 더 기다리고 있다. 주택연금에 가입했던 아파트는 유고 시 상속인에게 남겨줄 게 없겠지만, 금융부동산으로 맡겼던 6억 원에서는 평생 이자만 빼먹었다. 6억 원이 그대로 남아 있으므로, 향후 부부 모두 유고 시 6억 원이라는 거금이 자녀에게 상속된다는 것이다. 게다가 인생이란 굴곡이 있기 마련인데, 만일의 사태 발생 시 금융부동산에 맡긴 6억 원의 원금도 아무 제한이나 페널티 없이 인출할 수 있다. 서울에서 조금 떨어진 곳으로 이사함으로써 모든 문제가 다 해결되었다.

"사랑하는 자식들아, 이제 부모 걱정은 하지 말거라! 게다가 너희들에게 적지 않은 유산도 남겨 주고 갈 수 있게 되었다!"

자영업자의 모델 포트폴리오

자영업자의 경우는 수입이 고정되어 있지 않고 미래에 대한 보장도 없다. 특히 가면 갈수록 영업환경은 더욱 힘들어지고 있다. 대부분 그날그날 장사하느라 바빠서 도대체 월에 얼마를 비는지도 잘 모르는 경우도 많다. 하지만 이럴수록 현재의 현금흐름 및 자산상태를 잘 정리해서 분석해야 한다. 자신의 시간이 도저히 나지 않는다면 재무컨설턴트에게 의뢰를 해보는 것도 고려해야 한다. 현재의 현금 흐름 및 자산상태를 정확히 파악해야, 과도한 지출을 줄일 수 있고 미래를 설계할 수 있다.

자영업자를 위한 퇴직금 준비

자영업자(소상공인)의 경우에는 퇴직금 또는 퇴직연금이란 것이 없다. 그래서 자영업자(소상공인)의 퇴직금 명목으로 만들어진 것이 노란우산공제다. 여기에 더하여 과거에는 가입할 수 없었던 세액 공제 IRP의 가입도 2017년 7월 26일부터 가능해졌다. 즉, 연금저축 과 IRP를 합쳐서 연간 700만 원의 세액공제를 받을 수 있으며, 노란 우산공제에서도 최대 500만 원까지 소득공제를 받을 수 있다. 매년 1,200만 원의 혜택을 받는 상품에 가입하고 여기서 환급되는 세금 을 추가 납입하면서 잘 투자하면 10년 후에는 상당한 금액을 모을 수 있다.

① 세액공제 상품, 연금저축 & IRP

자영업자(소상공인)도 세액공제 상품인 연금저축과 IRP에 무엇보 다 우선하여 가입해야 한다. 상세 내용은 Chapter 5 '02 모두에게 적 용되는 모델 포트폴리오'를 참조하기 바란다.

② 노란우산공제

노란우산공제는 중소기업중앙회에서 운영하는 소기업·소상공 인이 폐업이나 노령 등의 생계위협으로부터 생활의 안정을 기하고 사업 재기 기회를 받을 수 있도록 중소기업협동조합법 제 115조 규정에 따라 운영되는 사업주의 퇴직금(목돈마련)을 위한 공제제도다. 대기업을 운영하는 법인대표나 총급여액이 7,000만 원(근로소득금액 5,675만 원) 이상의 법인대표는 2016년 1월 1일부터는 가입할 수 없다.

수입이 많을수록 소득공제 한도는 줄어든다. 노란우산공제의 가장 큰 장점으로는 압류가 불가하다는 점이다. 이 점이 왜 노란우산공제가 소기업·소상공인의 퇴직금 재원으로 최고인지를 설명해준다. 2020년도 기준이율 2.4%가 복리로 적용된다. 이 정도 수준의 이자율은 2020년도 말 기준금리가 0.5%임을 고려하면 높을 수도 있다. 또한 소득공제를 받게 되므로 절세의 혜택이 상당히 크다. 반면에 노란우산공제가 장기 상품임을 고려하면 이 책의 독자는 이 정도 수익률에는 만족하기 어려울 수도 있다. 그러므로 장단점을 잘 고려하여 가입을 결정하기 바란다. 노란우산공제 가입은 노란우산 콜센

| 표 5-10 | 노란우산공제 가입 조건

2016년 1월 1일 시행

업종	3년 평균 매출액
제조업(의료용 물질·의약품 15개)	120억 원 이하
전기·가스·수도사업	
제조업(펄프·종이·종이제품 등 9개), 광업, 건설업, 운수업	80억 원 이하
농업, 임업 및 어업, 금융, 보험업	
출판·영상·정보서비스	50억 원 이하
도·소매업	
전문·과학·기술서비스, 사업서비스	30억 원 이하
하수 폐기물치리업, 예술·스포츠·여가서비스, 부동산임대업	
보건, 사회복지플러스	10억 원 이하
개인서비스업, 교육서비스업, 숙박·음식점업	

• 소기업 판단 기준이 3년 평균 매출액 기준으로 변경됨

출처: 노란우산 홈페이지

터에 전화하거나 가까운 은행 어느 곳을 가도 가입이 가능하다.

소득이 적을수록 소득공제 한도가 많아지나, 적용세율이 낮아서 예상 절세효과 금액은 생각만큼 크지 않다. 소득이 높을수록 소득공제 한도금액이 작아지나 적용세율이 높아서 절세금액은 생각보다 커진다. 즉, 대부분의 소득 구간에서 50만 원에서 100만 원 정도의 절세혜택을 누린다. 납입한 금액과 비교 시 절세의 혜택을 수익률로 환산하면 엄청나게 높은 것임을 알 수 있다.

| 표 5-11 | 소득공제 절세효과(2021년도 종합소득세율 적용)

구분	사업(또는 근로) 소득금액	최대소득 공제한도	예상소득세율	예상절세효과금액
개인·법인대표	4,000만 원 이하	500만 원	6.6~16.5%	330,000~825,000원
개인	4,000만 원 초과 1억 원 이하	300만 원	16.5~38.5%	495,000~1,155,000원
법인대표	4,000만 원 초과 5,675만 원 이하	300만 원	16.5~38.5%	495,000~1,155,000원
개인	1억 원 초과	200만 원	38.5~49.5%	770,000~990,000원

출처: 노란우산 홈페이지

여유자금 투자 상품

여유자금을 투자하기 위해 달러의 세계로 들어간다. 참고로, 사업을 하는 자영업자(소상공인)의 경우 유동성이 무엇보다도 중요하다. 앞으로 소개하는 달러 투자는 중도 인출 시에 어떠한 페널티나 손해가 전혀 없는, 유동성이 100% 확보된 상품이므로 안심하고 투자에 임해도 된다. 그럼에도 불구하고 급히 사용할 단기자금은 여기에 투자하면 안 된다. Chapter 5 '05 부자들의 달러 ETF 포트폴리오 실전 투자 엿보기'를 신경 써서 읽어보기 바란다.

법인대표의 모델 포트폴리오

여기서 법인대표는 최대주주(owner) 대표를 지칭한다. 이 경우의 법인대표는 법인과 개인 양쪽을 다 살펴야 한다.

상속 플랜

법인대표의 경우 상속 플랜을 하지 않고 있는 경우가 의외로 많다. 회사의 경영에 몰두하다 보면 그렇게 될 수도 있고, 차일피일하다 세월이 지나갔을 수도 있다. 상속 플랜은 언제 시작하는 것이 적정하냐의 문제가 아니다. 지금 당장 시작해야 한다. 시간이 지날수록 플랜을 세우기도 어렵고 플랜을 세우더라도 그 효과가 감소한다. 힘들게 일군 자신의 분신 같은 회사가 어느 날 공중 분해되어 남에게 넘어가길 바라지 않는다면, 본인 유고 시 회사 이전 플랜과 상속 플랜을 함께 세워야 한다.

회사나 개인의 상속 재산 규모가 클수록, 현금성 자산의 비율이 낮을수록, 본인의 나이가 많아질수록 상속 플랜은 더욱 복잡해지고 어려워지니, 미리 상속에 대해 잘 아는 금융컨설턴트, 회계사, 세무사의 조언을 받아보기 바란다.

퇴직금 플랜

퇴직금 플랜 역시 의외로 해놓지 않고 회사가 본인이라는 착각하에 본인의 퇴직금을 적립해놓지 않은 경우를 많이 봤다. 갑자기 본인의 퇴직금을 많이 지급하려고 해도, 세무 당국에서 인정하는 법인 임원들의 퇴직금 한도가 계속 작아지고 있어 원하는 바를 이루기 어렴다. 급여의 비정상적인 대폭 인상이나, 한도액을 초과하여 지급한 퇴직금은 전부 해당 연도의 근로소득으로 잡혀 종합소득세율의 적용을 받는다. 2021년부터 종합소득세율의 최고 구간은 49.5%다. 고소득자의 경우 반이 세금으로 나간다. 그러므로 퇴직금 플랜도 역시 미리 준비해야 한다.

2020년 1월 1일 이후부터는, 임원들의 퇴직금 제도가 아래와 같이 바뀌었다. 계속해서 퇴직금의 인정 범위가 축소되고 있다. 2020년 1월 1일 이전까지는 3배까지 인정해줬다.

퇴직금 인정액 한도 = [퇴직 전 3년간 연평균 총급여 × 1/10 × 2배]

임직원 퇴직연금 도입

올해와 같이 경기가 어려운 경우에는 순이익을 내는 기업이 많이 줄어들지만, 그 와중에서도 수익을 올리는 회사들이 있다. 세금은 세금대로 내고 퇴직금은 퇴직금대로 쌓아두는 회사도 있다. 이런 경우에는 과거 퇴직금 제도에서 탈피하여 당장 퇴직연금제도를 도입해야 한다. 이 경우 직원들의 퇴직연금에 넣은 돈은 전액 경비 처리되어 당해 연도의 법인세를 절감함은 물론, 직원의 경우에는 회사에 불상사가 닥쳐도 자신의 퇴직금은 확보되므로 양자가 행복하게 된다. 그리고 퇴직연금DC를 도입하여 앞에서 안내해준 대로만 운용하면 법인대표 본인을 포함해 전 직원들의 퇴직금이 시간이 지나면서 계속 증가하니 모두가 다 행복하다.

개인을 위한 세액공제 상품(연금저축, IRP, 노란우산공제)

연금저축과 IRP는 연간 700만 원까지 세액공제를 받는 데 문제가 없으나, 노란우산공제의 경우는 최근 규모가 있는 법인대표는 가입이 제한되어 있으므로 자신이 해당하는지 확인해보고 해당하면 가입하자.

법인 및 개인의 리스크 헤지

회사와 법인대표 개인의 리스크를 헤지하기 위한 보험의 점검도 매우 중요하다. 특히 어떤 법인의 경우는 풍수재해가 다 보상되는 보험에 가입한 줄 알고 매년 보험료를 열심히 내왔는데, 화재만 보상되고 풍수재해는 보상이 안 되는 보험에 가입하여 2020년 장마 때 큰 피해를 보고도 보험금을 한 푼도 받지 못하는 안타까운 상황이 발생했다. 또한 법인대표 자신의 존재 여부에 대한 것도 법인에는 큰 리스크이므로 이를 헤지하기 위한 플랜도 세워야 한다. 본인과 가족의 리스크 헤지를 위한 가족 개인의 보험도 다 잘 챙겨야 한다.

법인 자금 및 개인 자금의 활용

법인 자금은 안전해야 한다는 프레임에 갇혀서 은행의 보통예금 통장에 넣어놓고 방치하는 회사들이 의외로 많이 있다. 이래서는 안 된다. 법인이 그토록 힘들게 번 돈이 은행에서 편히 놀고 있다니 말이나 되는가? 이제 법인 자금도 최소한 인플레이션 이상의 수익은 낼 수 있는 자산에 투자해야 한다. 단, 변동성과 하락의 위험이 매우 낮은 단기 채권에 대부분을 투자하고 일부만 주식에 투자하면 된다.

그리고 당연히 유동성이 확보된 상품에 투자해야 한다. 법인 자금의 상세한 투자 방법은 여기서는 생략하기로 한다.

법인대표 개인 자산의 목돈 운용은 Chapter 5 '05 부자들의 달러 ETF 포트폴리오 실전 투자 엿보기'를 참조하기 바란다. 자산이 많은 법인대표의 경우 아마도 가장 큰 혜택을 볼 것으로 예상한다.

04 부자들의 달러 ETF 포트폴리오 구성 원칙

이 책의 하이라이트인 '부자들의 달러 ETF 포트폴리오 실전 투자 엿보기'를 알아보기 전에, 그들이 어떠한 투자 원칙을 가지고 달러 ETF 포트폴리오를 구성하는지를 먼저 이해하고 넘어가기로 하자.

철저히 분산투자한다

포트폴리오 구성의 가장 중요한 기본이자 최상위의 원칙은, 앞에서도 누누이 강조했던 분산투자다. 달러 ETF 투자 역시 낭연히 절저한 분산투자의 원칙을 지켜나간다. 위험자산과 안전자산으로 분산을 한다. 두 자산의 비중을 정해놓고 이 원칙을 반드시 지키는 것이다. 위험자산 역시 여러 개로 분산을 하며, 심지어 안전자산까지도 분산을 한다.

위험자산의 주가 되는 주식 시장은 기본적으로 상승과 하락을 반복하면서 꾸준히 우상향한다. 하지만 닷컴 버블 붕괴, 세계 금융 위기, 코로나19 등을 만나면 짧은 기간 안에 큰 폭으로 하락을 하기도 한다. 게다가 블랙먼데이, 911테러 등의 전혀 예상치 못한 사건 및 사고로 하루 만에 급락할 수도 있다. 이때 전 자산을 주식으로만 가지고 있으면, 눈만 껌뻑거리면서 주식이 다시 올라오기를 하염없이 기다리거나, 시장이 폭락장으로 변하면 공포를 견디지 못하고 주식을 매도하게 되어 엄청난 손실을 확정하게 된다. 그러므로 안전자산을 일정 부분 항시 유지하면, 주식 폭락 시에 하락 폭을 일정 비율 감소시키는 동시에, 폭락한 주식을 저가 매수할 수 있는 실탄으로 사용할 수 있다. 즉, 마음 편하게 장기투자를 가능하게 해준다.

전 세계의 1등에만 투자한다

1970년대 스웨덴에는 그들이 자랑하는 세계 최고의 브랜드가 두 개 있었다. 최고의 브랜드 중 하나는 70, 80년대를 주름잡았던 안전의 대명사 볼보(VOLVO) 자동차였다. 하지만 영원한 것은 없듯이 볼보는 경영난을 이유로 승용차 부분을 떼어내어 1999년 미국 자동차회사 포드에 매각했고, 2008년 금융 위기로 현금이 필요했던 포드는 이를 다시 중국의 자동차회사 지리그룹에 매각하여 지금은 중국의 자동차회사가 되었다. 최고의 브랜드 중 다른 하나는 1974년 유럽 최대의 가요제 '유로 비전 송 콘테스트'에서 대상을 받으며 혜성처럼 등장한 그룹 아바(ABBA)였다. 그들은 이후 80년대 초반까지 세계 팝 음악의 대명사가 되었으며 최고 전성기에는 레코드 판매액이 당시

전성기를 누리던 볼보자동차의 연매출액을 추월하기도 했다. 수많은 세계 팬들의 아쉬움 속에 그들은 1982년 해체되었다. 그들의 주옥같은 수많은 명곡 중에 1980년도에 발표되어 크게 히트한 〈The winner takes it all〉이란 곡이 있다. 이른바 "승자독식!" 21세기의 투자자는 이 단어를 진리와도 같이 마음속 깊이 새겨둬야 한다.

2000년대 들어 전 세계에 보급된 인터넷으로 시공간의 제약 없이 정보 수집이 가능해졌으며, 여기에 통신 및 교통의 발달은 많은 것들을 변화시켰다. 과거에는 한 분야에서 2, 3위를 하는 제품들도 지리적으로 소비자에게 가까이 있으면 거의 독점적으로 판매되었고, 실제로 누가 그 분야의 1위인지도 잘 모르고 구매했다. 하지만 이제는 모든 사람이 각 분야에서 전 세계 1위 상품이 무엇이고 그 가격은 얼마인지 바로 검색할 수 있으며, 그 상품이 지구 반대편에 있더라도 넉넉히 열흘만 참으면 내 손안으로 들어온다. 점점 더 2위가 설 자리는 없어지며, 세계 시장에서 1위의 영향력은 계속 더 커진다. 하지만 1위도 계속 혁신을 하지 않으면 혁신적인 신생 기업에 바로 자리를 뺏긴다. 그러므로 투자를 할 때도 우리는 현시점의 전 세계 1위가 누구인가를 꾸준히 살피며 1등에만 투자해야 한다. 우리에게 2등은 필요 없다.

4차산업혁명을 견인할 파괴적 혁신기업에 투자한다

수십 년에 한 번 나올까 말까 한 파괴적 혁신 기술(또는 발명품)이 21세기에 와서는 그 수가 급격히 증가하고 있다. 이는 향후 산업의 지각 변동을 예고한다. 과거 100년간 잘 버텨온 산업 및 기업들이 쇠락하고 새로운 산업을 창조할 신흥 강자들이 등장한다. 이러한 파괴적 혁신 기술의 각 분야에서 혜성같이 떠오르는 회사 중에서 향후 10년 이내에 자신의 분야를 평정할 파괴적 혁신 기업인 '게임 체인저(game changer)'를 남보다 먼저 인지하고 미리 투자를 선점해야 한다. 하지만 이것을 우리가 스스로 한다는 것은 사실상 불가능하다. 그래서 우리는 이러한 기업들을 찾아서 모아놓은 ETF 중 어떤 것이 최고인지를 찾아보는 좀 더 손쉬운 방법, 즉 실패의 확률은 줄이고 성공의 확률은 높이는 방법을 택한다.

꿈에 투자한다
꿈을 산정하는 PDR

최근까지 주식 가격의 적정성을 판단하는 데 가장 많이 사용하는 대표적인 지표는 '주가수익비율'로 불리는 PER(Price to Earnings Ratio)이다. PER은 주가를 주당순이익(EPS)으로 나눈 수치다. 주가가 1주당 수익의 몇 배가 되는가를 나타낸다. 일반적으로 10~20 사이를 적정치로 간주하며, 성장주의 경우는 30~40까지도 너무 과하지 않은 수치로 받아들인다. 참고로, 2020년 12월 14일 기준, 삼성전자의 PER은 20.15다.

그런데 4차산업혁명을 이끌고 갈 것으로 예상되는 차세대 게임 체인저 회사들의 PER은 수백 배에서 심지어는 무려 1,000배를 넘기도 한다. 그럼 이런 기업들의 주가가 무조건 과대 포장되었다고 단정 짓고 투자를 안 할 것인가? 주가는 미래를 반영하여 결정되므로, 이러한 기업들의 미래가치를 현재의 실적으로만 판단하는 것 자체가 무의미하다. 그래서 나온 것이 PDR이다.

PDR은 Price to Dream Ratio의 약자다. 미국에서 최근에 만들어진 주가 산정을 위한 신조어로, 4차산업혁명의 총아로서 폭등한 기업들의 주가 산정에 사용되고 있다. '주가꿈비율' 또는 '주가희망비율'이라고 사용하는 금융사나 언론이 있으나 조금 어색하다. 아직 정확히 우리말로 공인되어 사용되는 단어는 없다. 새로이 펼쳐질 미래 시장에서의 기업 가치를 반영하여 현재의 주가를 산정하는 것이니, '주가미래시장가치비율' 정도로 사용하면 어떨까 생각된다. 이 PDR은 다음과 같이 산정한다.

PDR = (시가총액) / (TAM × 시장점유율)

여기서 TAM은 Total Addressable Market의 약자로, 4차산업이 새로이 미래에 만들어놓을 예상 가능한 시장의 크기이며, 일반적으로 10년 후의 해당 분야의 예상 시장 크기와 그 당시 해당 회사의 예상 시장점유율을 계산에 사용한다.

이렇게 PDR을 적용하여 4차산업혁명을 이끌고 갈 예상 게임 체인저 후보 기업들, 예를 들면, 테슬라(Tesla), 모더나(Moderna), 로쿠(Roku), 스퀘어(Square), 쇼피파이(Shopity), 텔라닥(Teladoc), 인비테(Invitae), 크리스퍼 테라퓨틱스(CRSPR Therapeutics), 로블록스(Roblox), 유니티(Unity Software) 같은 회사들의 현재 주가를 산정하면, 기존의

PER에서 나오던 허무맹랑한 수치는 더 이상 나오지 않게 된다(참고로 위에 언급한 기업들은 단순 예를 든 것이며, 매수 추천이 아님을 명확히 밝힌다). 앞으로 4차산업을 이끌고 갈 기업들이 10년, 20년 이후에 창조해놓을 시장의 크기와 그때 당시의 시장점유율, 그에 따른 이 회사들의 주가를 상상해봤는가? 물론 이들 중 일부는 스스로 도태되거나, 거대 공룡기업에 인수당하거나, 플랫폼 기업이나 또 다른 신흥 강자와의 경쟁에서 패배 후 사라질 수도 있을 것이다. 하지만 이런 역경을 극복하고 실제로 게임 체인저가 된다면? 10년, 20년 후의 주가는 아마도 지금보다 10배, 아니 100배, 심지어 어떤 기업은 1,000배까지 올라갈지도 모른다. 그런 허무맹랑한 소리 하지 마라고?

건망증 덕분에 235억 원 벌었어요

아마존(Amazon)은 약 20년 전 우리나라 YES24와 같은 인터넷 서점으로 시작했다. 그런데 IBM, HP, EMC와 같은 하드웨어 서버 및 스토리지의 강자들과 Microsoft, Oracle과 같은 소프트웨어 강자들이 등한시하던 클라우드 컴퓨팅 시장의 미래를 보고 2000년대 초반에 일찌감치 이 시장에 뛰어들어 시장을 선점했고, 더불어 인터넷 쇼핑의 플랫폼 기업으로 지금은 감히 타의 추종을 불허하는 단계까지 왔다. 그러면 이 회사의 주가는 어떻게 되었을까?

아마존(Ticker AMZN)은 1997년 5월 15일 나스닥에 상장했다(상장가 $1.5, 상장 당일 실제로는 $18이었으나, 총 3번의 주식분할, 2:1, 3:1, 2:1에 의해 12분의 1로 줄어듦). 김 대리는 이때 마침 여유자금이 있어서 1,000만 원어치를 사놓았다. 그런데 평소 건망증이 심했던 그는 이 사실을 까맣게 잊어버리고 있었다. 23년이 흘러 이제는 김 부장이 된 그는 어느 날 아마존 주식이 천정부지로 올랐다는 뉴스를 보고 자신이 아주 오래전에 아마존 주식을 사놓았다는 사실이 불현듯 떠올랐다. 2020년 9월 2일, 아마존 주식의 평가금액을 확인한 그는 그 자리에서 졸도 후 몇 시간이 흐른 후 깨어났다. 당일 종가기준 $3,531.45로 초기 투자 원금 대비 2,354배가 되어 있었다. 퍼센트로는 235,430%였다. 1,000만 원이 235억 원이 되었다. 졸도 후 깨어나자마자 그는 바로 사표를 쓰고 은퇴했다. 22% 양도소득세로 모든 납세의무는 종결되었다. 세금을 다 내고도 184억 원이란 평소에 꿈에도 상상치 못했던 거금이 현찰로 그의 손에 쥐어졌다. 10%가 조금 넘는 20억 원을 코로나19로 고생하는 불우이웃 돕기에 멋지게 쾌척했다. 그래도 164억 원이 남았다. 코로나19만 잦아들면 평소 풍족하게 해주지 못해서 늘 마음으로 미안했던 아내와 자녀들과 함께 1년 동안 전 세계에 가보고 싶은 곳 다 가보고, 가족들이 사고 싶은 것도 다 사줄 예정이다. 그래도 통장에 150억 원이 넘게 남아 있을 것이다. 이젠 해보고 싶

| 표 5-12 | 상장 후 아마존 주가 추이

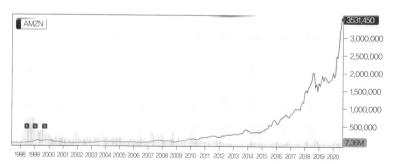

출처: Yahoo Finance

은 것 다 해봤으니 초심으로 돌아와 예전처럼 다시 검소한 삶을 살 것이다. 50대인 김 부장은 남은 돈을 잘 투자하고 관리하여 계속 불려나가 80세가 되기 전에 자산을 1,000억 원 이상으로 만든 후, 80세 이후에는 어려운 젊은이들이 꿈을 가질 수 있게 도와주는 재단을 만들어볼 생각이다.

주식으로 대박 내는 방법

주식의 신 앙드레 코스톨라니의 어록 중 "일단 우량주 몇 종목을 산 다음, 수면제를 먹고 몇 년 동안 푹 자라."라는 말이 있다. 이 말이 뜻하는 바를 주식에 투자해본 사람은 뼛속까지 공감할 것이다. 주식이 대폭락을 시작하게 되면 언론에는 세계 대공황 수준보다 더 심각해질지도 모른다는 등 공포에 떨게 될 뉴스로만 도배된다. 이런 상황이 되면 아무리 강심장이라도 절대로 더는 버티지 못하고 매도하게 된다. 특히 한 주식에 몰빵을 때린 경우는 더욱 그렇다. 매일의 주식 등락에 따라 자기 삶의 행복이 매일 좌우된다. 손실 또는 이익이 확정된 것이 아님에도 불구하고 그렇게 된다. 주식이 주인인 나를 위해 일을 하며 존재하는 것이 아니라, 거꾸로 내가 주식의 눈치만 보며 일희일비하는 돈의 노예로 전락해버리는 것이다.

주식으로 대박을 내는 방법은 딱 3가지밖에 없다.

첫째, 우량주를 산 다음, 다량의 수면제를 먹고 20년 동안 푹 자다 깨어나거나, 건망증으로 주식 산 사실을 까맣게 잊고 있다가 20년 후에 우연히 기억이 돌아오는 방법이다.

둘째, 변동성이 적고 자신이 어느 주식에 투자했는지도 잘 모르며, 혹시 가격이 하락하더라도 조금만 참으면 가격이 회복되리라는 확신을 갖게 하는 S&P 500 같은 최우량 지수를 추종하는 ETF에 투자해놓고 매일 매일의 주가의 변동은 아예 쳐다보지도 않고 20년 동안 장기투자를 하는 방법이다.

셋째, 자산 일부(현금성 자산의 20% 이하)를 꿈에 투자하는 방법이다. 20년 후에 수십 배 또는 수백 배 갈 것으로 예상하는 주식을 산 후, 꿈은 이루어진다고 굳게 믿으면서 눈 감고 귀 막고 20년 동안 묻어두는 방법이다.

당신의 취향에는 위의 3가지 방법 중, 어떤 것이 가장 잘 맞을지 선택해보기 바란다.

친환경에 투자한다
최근에 화두가 되는 3가지 용어

① 지속 가능한 성장(sustainable growth)

현세대가 누리고 사용하는 환경과 자연자원을 미래 세대도 거의 비슷한 수준으로 누리게 하는 동시에, 현세대의 경제성장 수준을 미래 세대도 이룰 수 있도록 해야 한다는 것이다. 유럽을 중심으로 환경보전이 법령으로 점차 강화되면서 '지속 가능한 성장'은 더는 늦추거나 피할 수 없는 것이 되었다.

② ESG(Environmental, Social and Governance)

기업은 환경을 보호해야 하고, 사회적 책임을 져야 하며, 투명한 지배구조를 만들어나가야 한다는 의미다. ESG 중에서도 특히 환경(Environmental)이 가장 중요한데, 이제는 조그만 부품 하나를 수출하는 데도 전체 생산 프로세스에 환경을 해치는 공정이 얼마나 있는가에 대한 자료를 요청받기도 한다. ESG는 회사의 '지속 가능한 성장' 즉, 영속성을 위한 절대적인 요소로 이미 자리를 잡았다.

③ 파리 기후 변화 협약(Paris Climate Change Accord)

2015년 12월 12일 파리에서 195개국이 채택한 협정으로서, 2020년 이후 적용할 새로운 기후협약으로 1997년 채택한 교토의정서를 대체하는 것이다. 미국의 오바마 전 대통령의 주도로 체결된 협정인데 미국의 트럼프 전 대통령이 취임하자마자 탈퇴했고 미국의 바이든 대통령이 취임하자마자 다시 가입하여 세간의 주목을 더욱 받았다. 산업화 이전 수준 대비 지구 평균온도가 2℃ 이상 상승하지 않도록 온실가스 배출량을 단계적으로 감축하는 내용을 담고 있다. '파리 기후 변화 협정'이라고도 부른다. 참여하는 195개 당사국 모두가 2030년까지 감축할 온실가스(탄소배출) 목표를 제시하고 이를 철저히 지켜나가야 한다.

이 3가지 용어의 가장 공통적인 핵심사항은 환경이다. 이제 환경보호는 실천하면 좋은 선택사항이 아닌, 바로 눈앞으로 다가온 기업의 생존이 걸린 절체절명의 시급한 문제로 대두되었다.

친환경 에너지의 두 축, '재생에너지' & '전기차'

2021년 1월 기준, 채 10년도 안 남은 2030년까지 목표한 온실가스 배출량 감축을 위해 각국은 어떤 노력을 기울여야 할까? 답은 '화석연료 에너지'에서 '친환경 에너지'로의 전환이다. 친환경 에너지를 대표하는 두 축은 '재생에너지(Renewable Energy)'와 '전기차(Electric Vehicle)'이며, 이들로의 전환은 이제 선택의 여지가 없는, 그것도 시간이 얼마 남지 않은 '발등에 떨어진 불'이 되었다.

표 5-13을 보면, 재생에너지는 2020년 20% 초반대에서 2050년 60% 초반대까지 거의 3배로 증가하며, 태양광, 풍력, 수력이 주축이 된다.

| 표 5–13 | 재생에너지 증가 추이

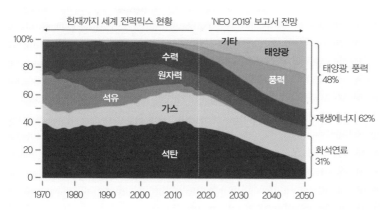

출처: 연합뉴스, 블룸버그(2019.06.25.)

내연기관의 신차판매는 표 5 14를 보면 2020년을 기준으로 앞으로 10년에서 20년 사이에 대부분의 나라에서 중단되며, 그 자리를 전기차가 차지하게 될 것이다. 업계에서는 전기차의 판매 증가율은 매년 20% 이상을 예상하며, 2040년 신차판매의 57%를 전기차가 차지할 것으로 예상한다. 그런데 최근 각종 리포트마다 그 시기가 앞당겨지고 있어서, 빠르면 2035년에 역전될 것으로 예상한다. 2020년 9월 기준, 주요국들의 내연기관 신차판매 예상 중단 시점은 표 5-14와 같으며, 대한민국, 미국, 캐나다의 경우 2035년도로 예상한다.

| 표 5-14 | 전기차 시장 글로벌 동향

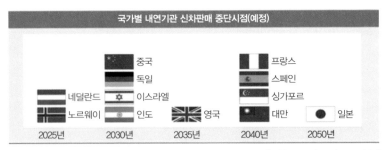

출처: 뉴스포픽, IEA(2020.09.21.)

자. 이제 여태까지 기다려왔던, 부자들 특히 스마트 리치들이 실제로 이러한 포트폴리오 구성 원칙을 적용하여 실제로 어떻게 달러 ETF 포트폴리오를 구성하여 투자하고 있는지 엿보기로 하자.

05 부자들의 달러 ETF 포트폴리오 실전 투자 엿보기

자, 드디어 이 책의 하이라이트 단원에 도착했다. 부자들, 특히 스마트 리치들이 실제로 달러 ETF 포트폴리오를 어떻게 구성하고 있으며, 그 포트폴리오를 어떻게 운용하고 있는지를 상세히 알려드리겠다. 실제로 부자들은 이러한 투자로 부를 꾸준히 늘려나가고 있다. 특히 스마트 리치들은 현금성 자산의 대부분을 이곳에 투자하여 평상시에는 꾸준히 수익을 내고 있다가, 원·달러 환율이 치솟으면 만루 홈런을 칠 준비 태세를 완료한 상태다. 다시 강조하지만, 이 장은 이 책의 하이라이트이니, 앞의 Chapter 4 '05 달러 ETF 포트폴리오 투자로 인생 역전!'을 반드시 한두 번 더 읽고 숙지한 후에 다음 내용을 읽으면, 더 많은 것을 얻게 될 것이다. 그리고 이러한 방법으로 장기투자를 하면, 당신도 부자가 될 것이란 굳은 믿음을 갖게 될 것이다.

전체 자산의 포트폴리오 구성

전체 자산은 크게 위험자산과 안전자산으로 분산하며, 위험자산과 안전자산 내에서 각각 한 번씩 더 분산한다. 주식으로 대표되는 위험자산의 비중은 0%에서 최대 70%까지만 허용한다. 단, 예외적인 경우에만 80%까지 허용한다. 안전자산의 비중은 항상 최소 30%를 유지하며, 최악의 비상 상황이 닥치면 이를 100%까지 늘린다. 단, 예외적인 경우에만 20%까지 허용한다. 달러 ETF 투자의 장점 중 하나는, 이렇게 상반되는 두 자산의 비중을 탄력적으로 운용하면서 하락장에서는 손실을 어느 정도 선에서 방어하고 상승장에서는 주식형 ETF와 개별 주식을 적절히 배합시켜 수익을 극대화하는 것이다.

또한 ETF를 50% 이상 포트폴리오에 담아 운용하는 최신 투자 기법인 EMP(ETF Managed Portfolio)를 구사함으로써 변동성은 줄이고 비교적 높은 수익률을 달성하며, 여기에 더하여 비용까지 절감함으로써 세 마리 토끼를 모두 잡는다. 전체 포트폴리오의 변경 및 비중 조절은 평균 한 달에 한 번 정도씩 한다.

위험자산 포트폴리오 구성

Chapter 5 '04 부자들의 달러 ETF 포트폴리오 구성 원칙'에서 언급한 '철저히 분산투자한다', '전 세계의 1등에만 투자한다', '4차산업혁명을 견인할 파괴적 혁신기업에 투자한다', '꿈에 투자한다', '친환경에 투자한다'를 투자의 원칙으로 삼아 포트폴리오를 구성한다.

위험자산은 크게 주식과 대체자산으로 나눈다. 그 비중은 전체 자산의 0%에서 최대 70%까지 허용한다(예외적인 경우 최대 80%까지 허용).

주식은 핵심 ETF, 테마 ETF(장기, 중단기), 개별 주식으로 나눈다. 주식에 할당된 몫에서 핵심 ETF는 30% 이상, 테마 ETF는 70% 이하(전체 비중의 50% 이하), 개별 주식은 30% 이하(전체 비중의 20% 이하)를 가져간다. 이러한 원칙에 따라 유효적절하게 주식 전체의 비중을 조절한다. 주식의 비중을 줄여야 할 경우에는 동시에 동일한 퍼센티지로 줄이거나, 순차적으로 줄여나갈 경우에는 개별 주식, 테마 ETF(단기), 테마 ETF(장기), 핵심 ETF 순서로 줄인다.

대체자산은 전체 자산의 20%를 넘지 않도록 하며 달러 가치의 하락을 헤지하기 위한 용도로만 사용하고, 그 자체에서 많은 수익을 내려고 욕심내지 않는다.

핵심 ETF

핵심 ETF는 그야말로 위험자산의 핵심이 되는 ETF다. '철저히 분산투자한다'와 '전 세계의 1등에만 투자한다'라는 원칙에 따라서, 앞에서 누누이 설명했던 미국 최고의 기업 500개를 담고 있는 S&P 500 지수 ETF와, 미국 최고의 성장주 100개를 담고 있는 NASDAQ 100 지수 ETF에 할당량의 반반씩을 투자한다. 투자 기간 내내 전 시점에서 미국의 각 분야의 1등 기업을 고민하지 않고 안정적으로 가져가는 것이다. 두 개의 핵심 ETF는 10년이고 100년이고 투자의 기간 내내 변경되지 않는다. 즉, 당신과 영원히 함께할 동반자다. 핵심 ETF의 비중은 전체 자산의 0%에서 70%까지 허용한다(예외적인 경우 최대 80%까지 허용).

S&P 500 지수를 추종하는 대표 ETF는 SPY와 IVV이다. 둘 다 거의 모든 면에서 같은데, 연간 수수료는 IVV가 아주 조금 더 저렴하고, 1년 수익률은 SPY가 아주 조금 더 좋다. 그 차이는 무시할 만큼 작으므로 둘 중 아무거나 사용해도 상관이 없다. 그리고 NASDAQ 100 지수를 추종하는 대표 ETF는 QQQ다. 그런데 IVV와 QQQ는 둘 다 시가총액 가중방식으로 지수에 포함된 회사의 비중을 나눈다. 미국 시가총액 1위인 애플(Apple)의 경우, 한 회사가 S&P 500 지수 전체의 5% 이상을 차지하고, NASDAQ 100 지수 전체의 10% 이상을 차지한다. 그리고 팡(FAANG)이라고 부르는 5개의 주식, 페이스북(Facebook), 아마존(Amazon), 애플(Apple), 넷플릭스(Netflix), 구글(Google)에 추가로 마이크로소프트(Microsoft), 테슬라(Tesla), 엔비디아(Nvidia) 3개를 더해 만든 신조어 팽맨트(FANGMANT)에 속하는 8개의 주식의 경우, NASDAQ 100 지수의 50% 이상을 차지하며, S&P 500 지수의 30% 가까이 차지한다. 그러므로 IVV와 QQQ 두 개에 동시 투자 시 이들 8개 기업이 속한 하이테크 및 성장주에 과하게 중복으로 투자하는 것이 된다.

여기서는 IVV에 투자하지 않고 RSP란 또 다른 S&P 500 지수를 추종하는 ETF에 투자를 한다. RSP는 동일 가중방식으로 각 기업의 비중을 나눈다. S&P 500 지수를 이루는 500개 기업을 시가총액은 무시하고 500개 기업의 비중을 균등하게 가져간다. 이렇게 하면 500개 모두의 비중은 각각 0.2%밖에 되지 않는다. FANGMANT 8개 기업의 비중의 합도 당연히 채 2%가 안 된다. 이렇게 하면, 하이테크 및 성장주에 너무 집중된 투자를 일부 조정할 수 있다. 특히 성장주가 하락하고 가치주가 상승하는 로테이션 사이클에서 하락 폭을 줄이고 오히려 수익을 내는 것이 가능하다. 반면에 성장주 위주의 상승 시에 수익률이 조금 떨어질 수는 있다. 하지만 이때는 QQQ에서 많은 수익을 보게 되므로 크게 아쉬울 게 없다. 긴 안목으로 보면, 성장주와 가치주의 조화를 일부분 만들어주는 것도 좋은 방법이다. 실제로 2020년 말 기준으로 최근 1년 사이에는 시가총액 가중방식의 IVV의 수익률이 동일 가중방식의 RSP보다 좋았으나, 15년 장기투자 결과를 보면 전반적으로 RSP의 수익률이 IVV보다 더 좋았음을 알 수 있다.

| 표 5-15 | S&P 500 15년 수익률 비교, 동일 가중방식(파란색)vs 시가총액 가중방식(빨간색)

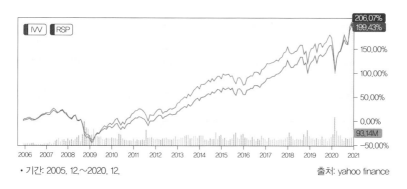

• 기간: 2005. 12.~2020. 12.   출처: yahoo finance

테마 ETF(장기 & 중단기)

핵심 ETF를 구성한 다음, 테마 ETF를 포트폴리오에 추가해야 한다. 테마주란 말을 많이 들어봤을 것이다. 테마주란 주식 시장에 새로운 사건이나 현상이 발생해 증권시장에 큰 영향을 주는 일이 발생할 때 이런 현상에 따라 움직이는 종목군을 말하는데, 테마 ETF는 이러한 동일한 테마에 속한 주식들을 모아놓은 ETF다. 테마란 영원히 유지되는 것이 아니므로, 매수와 매도의 시점을 판단하는 것이 매우 중요하다. 섣불리 뉴스나 SNS 등의 정보에 의해 사고팔기를 반복하다 보면 초단기투자자의 매매 행태와 비슷하게 되므로 이를 경계해야 한다.

꾸준히 투자하며 장기로 가져갈 장기 테마 ETF와 상황을 봐가며 적절한 시점에 수시로 변경해야 하는 중단기 테마 ETF로 나눈다.

장기 테마 ETF

'4차산업혁명을 견인할 파괴적 혁신기업에 투자한다'와 '친환경에 투자한다'라는 두 가지 원칙을 적용하여 투자 대상을 선택한다. 2020년 말을 기준으로 최소 10년에서 최대 20년 정도까지 투자가 가능하다. 장기 테마 ETF의 비중의 합은 전체 자산의 35% 이하, 주식에 할당된 몫의 50% 이하로 가져간다. 각 ETF의 최대 비중은 어느 경우에도 전체 자산의 15%를 넘지 않는다.

① 4차산업혁명을 견인할 파괴적 혁신기업에 투자하는 ETF: ARKK

최근에 4차산업혁명을 이끌어갈 파괴적 혁신 기업인 게임 체인저들을 남들보다 먼저 인지하고 여기에 투자하여 2020년 말 기준, 최근 6년간 미국 최고의 수익을 낸 자산운용사가 있다. 아크 인베스트(ARK Invest)다. 이 자산운용사에는 산업별(섹터별) 액티브 ETF

가 5개 있다. 열거하면, 자율주행 및 로봇공학 ETF(ARKQ), 차세대 인터넷 ETF(ARKW), 게놈(유전자 총체) 혁명 ETF(ARKG), 핀테크 혁신 ETF(ARKF), 우주 항공 ETF(ARKX)다. 각각의 분야에서 4차산업혁명의 리더가 될 기업을 40개에서 60개까지 선별해서 담아놓은 ETF들이다. 그런데 이렇게 특출한 각각의 ETF에서 최고의 성적을 내는 상위 10위 정도까지의 회사를 추출하여 또 하나의 ETF를 만들었다. 그야말로 차세대 4차산업혁명의 분야별 기린아들 55개가 모여 있는 ETF다. 4차산업혁명을 이끌고 나갈 기업을 알아보려고 쓸데없이 시간과 노력을 투자하지 않길 바란다. 거의 다 여기에 있으니 이 ETF만 사면 끝이다. 이 ETF의 명칭은 ARKK(ARK Innovation ETF)다.

② 친환경에 투자하는 ETF, 재생에너지 ETF: ICLN or PBW, 탄소배출권 ETF: KRBN

친환경 에너지의 두 축, '재생에너지'와 '전기차' 산업에 관련된 ETF 중 최고의 ETF를 선정한 후, 장기로 가져간다. 여기서 장기란 두 산업이 정점에 다다르기 조금 전인 아주 짧게는 10년, 길게는 20년 이상까지를 말한다.

재생에너지의 대표 ETF로는 ICLN(iShares Global Clean Energy ETF)와 PBW(Invesco WilderHill Clean Energy ETF)가 있다. 미국 바이든 대통령이 앞으로 집중적으로 지원할 친환경 에너지 ETF인 ICLN에는 전 세계 순수 친환경 에너지 중 선두 주자만 담겨 있다. 반면에 PBW에는 전기차 관련 기업도 일부분 편입되어 있다. 그러므로 포트폴리오에 다음에 설명할 전기차 관련 ETF인 LIT를 동시에 넣을 경우에는 친환경 ETF로 ICLN을 선택하고, 만일 LIT를 넣지 않을 경우에는

PBW를 선택한다. 전기차 관련 주식이 포트폴리오에서 차지하는 비중이 의도와는 다르게 지나치게 편입되는 것을 방지하기 위한 방법이다.

재생에너지 ETF가 회사에 투자하는 데 반해, 친환경과 뗄래야 뗄 수 없는 새로운 시장이 열려 있다. 바로 탄소배출권 시장이다. 2010년 중반에 거래가 시작되어 EU 위주로 거래되다 2021년 하반기에 중국 시장이 열리면서 향후 엄청난 크기로 발전해갈 것이다. 2020년 7월 미국시장에 최초로 탄소배출권 ETF, KRBN(KraneShares Global Carbon Credits)이 상장되었다. 정보제공업체 IHS Markit의 Global Carbon Index를 추종한다. 미래의 투자처로 상당히 매력적이다.

③ 친환경에 투자하는 ETF, 전기차 ETF: LIT

전기차 산업의 대표 ETF는 LIT(Global X Lithium & Battery Tech ETF)다. 전기차는 친환경이면서도 4차산업혁명의 가장 확실한 총아다. LIT는 전기차의 공급사슬(supply chain) A부터 Z까지, 즉 배터리 원료를 채굴하는 회사부터 완성차까지, 전기차 관련 모든 기업을 총망라하여 포트폴리오를 구성한 ETF다.

중단기 테마 ETF

시간의 흐름에 따라 시장에서 중단기 테마는 계속 바뀌게 되므로, 각 시점에 가장 유망해 보이는 ETF를 담고 가다가 테마가 힘을 잃으면 바로 교체해야 한다. 이렇게 중단기 테마 ETF는 상당한 시간을 투자하여 연구해야 하며, 포트폴리오에 담은 후에는 더욱 신경 써서 관리해야 한다. 여기에는 다양한 후보들이 존재하므로 이들을 후보 리스트에 넣어놓고 편입 여부를 결정한다. 2021년 초를 기준으로 선정된 중단기 테마 ETF에는 반도체 관련 ETF, FANG 위주의 ETF, 원자재 ETF, 여행 레저 숙박 항공 관련 ETF, 가치주 ETF, 이머징 국가 대표 주식 ETF, 중국 성장주 ETF, 유럽 대표 주식 ETF 등이 후보군으로 올라가 있다. 이들 중에서 선택하여 적절한 시점에 매수를 결정한 후, 시장 상황과 관련 테마의 모멘텀, ETF 주가 흐름을 살펴보면서 유지 및 매도를 결정한다. 중단기 테마 ETF는 시간에 지나면 무용지물이 될 수 있으므로 단순 참고만 하기 바란다.

중단기 테마 ETF의 비중의 합은 전체 자산의 20% 이하, 주식에 할당된 몫의 30% 이하로 가져간다. 각 ETF의 비중은 전체 자산의 5%를 기본으로 하며 어느 경우에도 전체 자산의 10%를 넘지 않는다.

① 반도체 ETF: SOXX

'산업의 쌀'이라 불리우는 반도체는 4차산업혁명 시대에는 그 중요성이 더욱 커졌다. 사실 장기 테마 ETF에 포함되어야 하지만, 반도체의 특성상 사이클을 크게 타므로 무작정 장기투자는 바람직하지 않다. 대표 ETF는 SOXX(iShares PHLX Semiconductor ETF)로, 가장 중요한 반도체 지수인 필라델피아 반도체 지수를 구성하는 반도체 회사들로 구성된 ETF다. 미국 회사의 비중이 약 90% 정도이며, 나머지는 세계 최대의 파운드리(반도체 위탁생산)업체인 대만의 TSMC와 초집적 반도체를 제작하기 위한 EUV(극자외선) 노광 장비(최신 모델 1대당 가격이 2,000억 원을 훌쩍 넘는다)를 만드는 세계 유일의 네덜란드

기업 ASML이 차지하고 있다.

② FAANG+(Facebook, Amazon, Apple, Netflix, Google) 위주 ETN: FNGS

외부의 환경에 의해 주가가 큰 폭으로 하락했거나 NASDAQ 100 지수가 큰 폭의 조정을 받게 되면, FAANG 위주의 ETF를 추가한다. 그런데 FAANG에 집중 투자하는 ETF는 없고 ETN이 있다. 위의 FAANG 다섯 개 기업에 테슬라(Tesla), 엔비디아(Nvidia), 트위터(Twitter), 중국 기업으로 미국에 상장한 알리바바(Alibaba), 바이두(Baidu)를 추가해서 총 10개의 기업을 동일 가중방식, 즉 10개 기업에 전부 10%씩을 투자한 ETN이다. Microsoft가 빠진 점은 약간 아쉽지만, 세계 최고의 하이테크 성장주 10인방에 단돈 3만 원대로 투자할 수 있다. 단점은 하루 평균 거래량이 10억 원대로 적다는 것이지만 소액을 투자하기에는 문제없다. ETN Ticker 명은 FNGS(MicroSectors FANG+ ETN)이다(ETF와 ETN 차이는 아래 참조).

ETF와 ETN의 차이

ETF는 Exchange Traded Fund의 약자다. ETF는 거래소에 상장되어 거래되는 펀드이므로 ETF의 구매자는 펀드를 통해서 주식 또는 채권을 소유하게 된다. 펀드이므로 당연히 일반 펀드처럼 안전한 장치가 되어 있다. ETF를 만든 자산운용사가 망하든, 내가 ETF를 산 증권사가 망하든 내가 산 주식이나 채권은 안전하게 수탁은행에 보관되어 있다.

반면에, ETN은 Exchange Traded Note의 약자다. Note란 만기

가 1년에서 10년 사이의 채권을 일컫는 단어다. 즉, ETN은 금융기관이 발행한 채권이다. ETN을 통해서 주식이나 채권을 사도 자신이 소유자가 되지 않는다. 게다가 ETN을 발행한 기관의 파산 시, 내가 산 ETN은 휴지 조각이 된다. 채권이므로 만기가 존재하여 아주 긴 세월 동안 장기투자는 불가능하다. 어느 모로 보나 ETF가 ETN보다 좋다. 그런데 왜 위에서 FAANG 주식을 사기 위해 ETN인 FNGS를 추천했을까? 아쉽게도 2021년 3월 현재 ETF로는 이러한 상품이 없기 때문이다. FNGS를 발행한 BMO(Bank of Montreal)은 캐나다 4위의 초대형 은행이므로 상당히 안전하다. 또한 FNGS의 투자의 경우 중단기 테마로 투자한 것이므로, 목표한 수익률에 다다르면 이익 실현 후 자금을 회수하게 된다. 장기 보유 리스크는 없다.

③ 원자재 ETF: REMX

경기에 선행하여 움직인다. 경기가 살아날 것 같으면 투자를 시작하고, 경기가 살아나면 투자를 멈춘다. 대표 ETF는 REMX(VanEck Vectors Rare Earth/Strategic Metals ETF)로, 전 세계 최대 광산 기업들을 모아놓은 ETF다.

④ 여행, 레저, 숙박 및 항공 관련 ETF: PEJ, JETS

미국이 코로나 팬데믹을 극복하게 되면, 그동안 하지 못했던 보복 소비를 하게 된다. 이때 여행, 레저, 숙박 및 항공 관련 산업이 뜨게 된다. 대표 ETF는 PEJ(Invesco Dynamic Leisure and Entertainment ETF)로, 월트디즈니, 에어비앤비(Airbnb), 배달 앱 도어대시(Doordash), 최대극장 체인 AMC를 비롯해 여행, 레저, 숙박 등의 소비 관련 최대 기업 32개를 포함한 ETF다.

또 다른 ETF로는 항공 관련 ETF인 JETS(US Global Jets ETF)다. Ticker 명에서 알 수 있듯이 미국의 대형 항공사를 담아놓은 ETF다.

⑤ 가치주 ETF: VTV, IWN, SPYD

하이테크 성장주가 급등하고 난 후, 금리가 오르는 시점에 각광받게 되는 가치주들을 선별하여 모아놓은 ETF이며, 금융주의 비중이 높다. 대표 ETF는 VTV(Vanguard Value ETF)이다. 금융주의 비중이 23%로 가장 많으며, 대형주 중에서도 가치주만 314개 추려서 만든 ETF다.

또 다른 대표 ETF는 IWN(iShares Russell 2000 Value ETF)로, 중소형주 중 가치주만 1,441개 모아 만든 ETF다.

가치주가 오를 때 더욱 세차게 오르는 ETF가 있는데, SPYD(SPDR Portfolio S&P 500 High Dividend ETF)다. S&P 500 지수에서 배당이 높은 77개의 기업만 모아서 만든 ETF다.

⑥ 이머징 국가 대표 주식 ETF: IEMG

선진국의 주가가 오를 만큼 오르고 나면, 배턴을 이어받아 이머징 국가의 주가가 오르게 된다. 대표 ETF는 IEMG(iShares Core MSCI Emerging Markets ETF)로, 한국, 홍콩, 대만, BRICS(Brazil, Russia, India, China, South Africa), 사우디아라비아, 태국 등의 대표 기업에 투자한다. 우리나라 시가총액 1, 2위인 삼성전자, SK하이닉스, 중국의 BAT 삼인방(Baidu, Alibaba, Tencent), 대만의 TSMC 등 세계 최고의 기업들이 다수 포진되어 있다. 무려 2,420개의 기업을 담고 있어, 이머징 국가에 투자하려면, 이 ETF 하나면 족하다.

⑦ 중국 자유소비재 및 성장주 ETF: CHIQ, PGJ

중국 최고의 자유소비재 주식을 모아놓은 ETF가 있다. 대표 ETF는 CHIQ(Global X MSCI China Consumer Discretionary ETF)로, 중국과 홍콩에 상장된 중국기업 중 최고의 성장주, 소비재주 및 전기차주 75개를 모아놓은 ETF다.

반면에 중국의 성장주 위주로 만든 ETF가 있다. 대표 ETF는 PGJ(Invesco Golden Dragon China ETF)로, PGJ는 중국과 홍콩, 미국 시장에 상장된 중국 기업 중 84개의 최고의 성장주들을 모아놓은 ETF다.

중국에 투자하려면 위 두 개의 ETF 중 하나면 충분하다. 참고로 2021년 들어서는 CHIQ의 힘이 더 강하다. 하지만 미·중 분쟁 및 중국 당국의 규제는 큰 리스크라는 것을 알아두자.

⑧ 유럽 최고의 ETF: FEZ, EZU

유럽의 코로나19 백신의 접종률은 2021년 상반기 세계 최고 수준이다. 이에 따라 경제도 곧 정상화될 것으로 보이며 주가도 당연히 계속하여 오르고 있다. 미국에 미국 최고의 기업 30개를 모아 만든 다우 지수가 있다면, 유럽에는 유로존 최고의 기업 50개를 모아 만든 STOXX 50 지수가 있다. 이 지수를 추종하여 만든 ETF가 FEZ(SPDR Euro STOXX 50 ETF)다. 여성들이 너무도 사랑하는 루이뷔통의 모기업 LVMH가 서열 2위로 포진된 그야말로 유럽의 명품 주식들 50개로 구성되어 있다.

또 다른 ETF로는 EZU(iShares MSCI Eurozone ETF)가 있다. FEZ가 50개만 담고 있어서 아쉽다면, EZU는 유로존 최고 기업 234개를 엄선하여 담고 있다. FEZ가 미국의 다우 지수라면, EZU는 미국의 S&P 500 지수라고 생각하면 된다. 두 개가 거의 동일하게 움직이지만 2021년 들어서는 EZU의 수익률이 조금 더 높다.

⑨ 헬스케어 ETF: IHF

전 세계, 특히 선진국의 고령화에 따른 헬스케어 시장은 계속 커질 수밖에 없다. 헬스케어 시장은 경기의 부침에도 비교적 덜 영향을 받으며 성장한다. 대표 ETF는 IHF(iShares U.S. Healthcare Providers ETF)다. 미국의 의료산업 전반을 폭넓게 커버함으로써 변동성을 줄이고 꾸준히 우상향하고 있다. 각 분야의 최고 기업 61개를 엄선하여 담고 있다.

개별 주식

'꿈에 투자한다'라는 원칙을 적용하여, 향후 10년 또는 20년 후에 몇십 배, 몇백 배 오를 것으로 기대되는 몇 개의 주식을 선정하여 투자한다. 꿈의 주식에 투자하는 것이다. 꿈의 기업은 아마도 4차 산업혁명을 주도하는 산업 및 섹터들(예를 들면 바이오, 메타버스, 전기차, 3D, 핀테크, 인공지능, 로봇 등)에서 화려하게 등장하여 비상할 것이다. 단 꿈을 좇는 기업들의 주식은 변동성이 매우 높으며, 꿈이 허황된 것으로 판명되었을 경우 주가가 대폭락할 수 있으므로, 회사의 선정에 상당히 심혈을 기울여야 한다. 그러한 과정을 통하여 선정한 기업을 진심으로 믿고, 그 기업의 미래 가치에 투자하여 정말로 대박을 원한다면, 10년은 기본이고 20년까지도 기다릴 각오로 장기투자를 해야 한다. 다 잃어도 좋다는 각오로 임하며 주가의 변동도 신경 쓰지 않을 자신이 있을 때만 개별 주식에 투자한다. 개별 주식의 비중은 전체 자산의 20%를 넘지 않게 한다. 하나의 주식 비중은 전체 자산의 5%를 기본으로 하며 어느 경우에도 전체 자산의 10%를 넘지 않는다.

개별 주식에 투자할 경우, 어느 기업은 주가가 계속 하향하고 있을 것이고, 어느 기업은 상승과 하락을 반복하면서 횡보하고 있을 것이며, 어느 기업은 신고가를 계속 경신하고 있을 것이다. 투자 시점을 맞추기가 너무도 어렵다. 아무리 장기투자를 한다고 하더라도, 목돈을 한 시점에 전부 투자했는데 주가가 생각보다 많이 빠지고 그 상태가 수개월간 지속되면 장기투자로 버티기 쉽지 않다. 그러므로 개별 기업을 매수할 때는 아주 조금씩 매월 장기간(최소 1년 이상)에 걸쳐서 분할 매수하기 바란다.

개별주식을 선정하여 그 회사의 현 상황과 미래에 대하여 설명한 후 지웠다 다시 쓰고 지우기를 몇 차례 한 후, 이 책에서는 개별 주식은 별도로 언급하지 않기로 최종 결론을 내렸다. 이 책 전체를 흐르는 큰 주제인 안정된 장기투자와 개별주식은 맥락을 함께하지 않으며, 또한 혹시라도 일부독자가 안내한 개별주식 위주의 부자를 하게 될 가능성을 염려하였기 때문이다.

대체자산

금과 비트코인으로 나뉜다. 비중은 전체 자산의 0%에서 20%다.

① 금

금은 생각하는 것처럼 안전자산이 아니다. 상세 내용은 뒤에 나
오는 Chapter 6 '07 대체투자: 금, 은, 구리, 원유, 비트코인, 달러'를
참고하기 바란다. 금은 현찰, 즉 미국 달러 가치와 상반되게 움직인
다. 즉, 달러 가치 하락의 헤지용으로 사용하기 매우 유용한 자산이
다. 달러 가치가 하락 시 일반적으로는 주식의 가격이 오르는데, 어
떤 연유에서든 주식의 방향성이 모호할 경우, 금의 가격이 높지 않
은 상태에 있는 경우, 전체 자산의 10% 정도, 최대 20%까지 보유 비
중을 허용한다. 다시 말하지만, 금 자체는 변동성도 크고, 방향성을
잡기도 어려우므로, 그 자체를 투자 자산으로서 수익을 추구하지는
않는다. 오로지 달러 가치 하락의 헤지 용도로만 사용한다. 금의 대
표 ETF는 GLD(SPDR Gold Trust)다.

② 비트코인

비트코인이 2021년 들어와 점점 더 투자 자산의 일부로 인식되
고 있다. 가격도 2020년 말부터 엄청나게 상승했다. 하지만 뒤에 나
오는 Chapter 6 '07 대체투자: 금, 은, 구리, 원유, 비트코인, 달러'에
서 언급한 바와 같이, 비트코인 자체의 수익을 목적으로 투자하기에
는 아직 불안한 요소가 너무 많다. 하지만 2021년 초부터 달러 헤지
의 최고의 자산인 금의 대체재로 인식되어 달러 가치 하락 시 비트

코인을 매집하는 기관이 조금씩 늘기 시작했다. 이에 발맞춰 달러 가치 하락 시 이를 헤지하기 위한 용도로 비트코인을 매입하는 것을 검토했으나, 비트코인의 경우 변동성이 너무 크고, 특히 최악의 경우 거의 100% 가까운 하락의 가능성도 완전히 배제할 수 없는 데다 2021년 3월 현재까지도 미국 증권거래위원회(SEC, Securities Exchange Commission)에서 비트코인 ETF를 승인하지 않아서 주식거래소를 이용한 매매도 할 수 없다. 또한 2021년 4월 14일 나스닥에 상장한 미국 최대의 가상화폐 거래소인 코인베이스(Coinbase, Ticker COIN) 역시 변동성의 크기가 비트코인과 거의 일치하므로 이 역시 선택하지 않는다. 그러므로 비트코인과 궤적은 일치하되 변동성은 훨씬 낮은 대체상품을 이용한다.

비트코인의 대체상품으로는 블록체인 ETF(Ticker BLOK)가 있다. 비트코인을 잉태한 어머니는 블록체인 기술이다. 4차산업혁명 기술 중에서도 가장 특출한 기술 중 하나로 인정받는 블록체인 기술은 특히 금융권에서 사용하기에 가장 적합한 기술이다. 그 기술을 사용한 상품으로 현재는 일반인에게 비트코인만 알려져 있으나, 현재 대부분 주요 국가에서 발행을 검토 중인, 중앙은행이 발행할 전자화폐 CBDC(Central Bank Digital Currency) 역시 블록체인 기술을 근간으로 연구가 진행 중이다. 이렇게 뛰어난 기술인 블록체인을 기반으로 하는 기업들을 모아놓은 ETF가 있다. 마이크로스트래티지(MicroStrategy), 페이팔(Paypal), 스퀘어(Square) 등과 같은 48개의 우량 기업들이 포진되어 있다. 이 ETF의 Ticker는 BLOK(Amplify Transformational Data Sharing ETF)이다. 표 5-16에서 비트코인과 BLOK

| 표 5-16 | BLOK(붉은색) vs 비트코인(파란색) 주가 변동(2021년 1~3월)

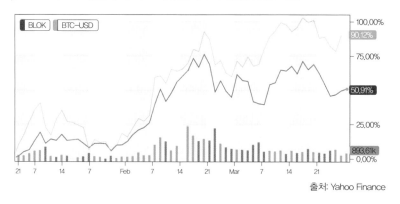

출처: Yahoo Finance

의 상관관계를 보면, 두 상품 가격의 방향성이 거의 일치하고 있음을 알 수 있다.

다만, 변동성이 BLOK의 경우 비트코인에 비해 반으로 준다. 비트코인은 최악의 경우 그 가치가 완전히 사라질 수도 있지만, BLOK의 경우 설령 비트코인과 같은 방향으로 가격이 움직인다 치더라도 우량주들을 포함하고 있으므로 최대 하락 폭은 어느 정도 선에서 방어가 될 것이다. 그러므로 달러의 가치 하락을 헤지하기 위한 목적이라면, 비트코인 대신 블록체인 ETF인 BLOK를 편입한다. 최대 편입 비중은 전체 자산의 10%다.

안전자산

안전자산은 미국 국채, 현찰, 공포지수로 나뉜다. 전체 자산에서의 안전자산의 비중은 어떤 경우에도 항상 최소 30%를 유지한다.

단, 예외 상황에서만 20%를 허용한다. 경제 공황과 같은 주식 대폭락장에서는 최대 100%까지 안전자산의 비중을 늘릴 수 있다.

미국 국채

일반국채(단기, 중기, 장기)와 물가연동국채로 나뉜다. 비중은 전체 자산의 0%에서 100%다.

① 일반국채(단기, 중기, 장기)

미국 국채의 비중은 0%에서 100%다. 미국 국채는 전 세계에서 두 번째로 가장 안전한 자산이다(그럼 첫 번째는? 이 책을 쭉 읽어온 분들은 아시겠지만, 기축통화인 미국 달러 현찰이다). 채권에는 이자가 붙지만, 미국 달러 현찰에는 이자가 붙지 않는다. 그러므로 엄청난 공포로 모든 자산을 팔아서 달러만을 사게 되는 특별한 경우가 아니라면, 대부분의 불황 시기에는 미국 현찰 다음으로 최고 안전자산인 미국 국채로 전 세계의 돈이 몰리게 된다.

그런데 채권은 금리와 만기가 수익에 막대한 영향을 미치므로 변동성이 적다고 대충 투자하다가는 의외로 큰 손실을 볼 수 있으니 조심해야 한다. 금리 하락기에는 미국 국채 장기물 비중을 늘려나간다. 금리 하락의 진행에 따라, 장기물에서 중기물, 단기물 국채로 이동시킨다. 금리가 최저점에 다다르면 국채를 정리하고, 대신 현찰, 즉 미국 달러로 보유한다. 금리가 오르기 시작하면, 국채금리에 물가상승률을 더해서 이자를 지급하는 물가연동국채를 일부 보유한다.

미국 국채의 단기물 채권부터 초장기물 채권의 대표 ETF의

Ticker는 다음과 같다.

단기(1년 이하): SHV	중단기(1~3년): SHY	중기(3~7년): IEI	중장기(7~10년): IEF
전 구간(0~30년, 가중평균 8.7년): GOVT	장기(10~20년): TLH		초장기(20년 이상): TLT

② 물가연동국채

물가연동국채(TIPS, Treasury Inflation Protected Securities)는 단어 뜻
그대로 미국 정부(재무부, Treasury)가 자신들이 발행한 채권 이자에
인플레이션만큼의 가격을 추가로 지급하는 채권이다. 물가 변동분
을 반영해서 조정되기 때문에 물가 상승기와 인플레이션 발생 시기
에 적합한 채권이다. 이 채권의 임무는 큰돈을 벌어오는 것이 아니
다. 다만 우리가 투자하고 있는 달러의 가치 하락을 어느 정도 상쇄
시키는 역할을 하면 그것으로 임무를 완료한다. 물가연동국채 역시
인플레이션의 발생을 예상하고 매입해야 하므로, 너무 많은 비중을
가져가는 것에는 리스크가 따르므로, 비중은 전체 자산의 0%에서
30%를 최대치로 허용한다.

그런데 물가연동국채도 만기가 천차만별인데 어떤 것이 좋을까?

미국의 대표 물가연동국채 ETF와 대표 일반국채 ETF를 비교해
봤다.

다음 2개의 표를 보면 SPIP가 연 배당률도 높고, 변동성은 적은
반면에 수익률은 비교적 높다. 채권으로서 꾸준히 안정적으로 우
상향하는 바람직한 모습을 보여주고 있다. 채권 본연의 임무 수행
을 하기에 매우 적합하다. 미국 물가연동국채 ETF로는 SPIP(SPDR
Portfolio TIPS ETF)를 선택한다.

| 표 5-17 | 대표 물가연동국채 ETF 비교

2020년 12월 24일 기준

Ticker	상품명	주당가격	평균만기	수수료	운용규모	연 배당률
STIP	iShares 0-5 Year TIPS Bond ETF	104.27$	2.58년	0.06%	2.92B$	1.40%
SPIP	SPDR Portfolio TIPS ETF	31.02$	8.32년	0.12%	2.12B$	2.19%
LTPZ	PIMCO 15+ US TIPS ETF	88.06$	21.23년	0.20%	0.76B$	1.79%

| 표 5-18 | 물가연동국채 & 일반국채 1년간 수익률 비교

2020년 말 기준

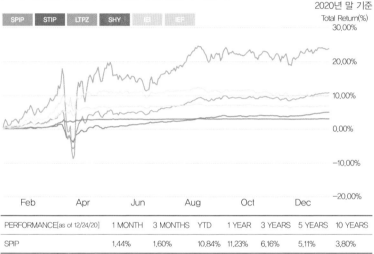

PERFORMANCE[as of 12/24/20]	1 MONTH	3 MONTHS	YTD	1 YEAR	3 YEARS	5 YEARS	10 YEARS
SPIP	1.44%	1.60%	10.84%	11.23%	6.16%	5.11%	3.80%

- 좌측 3개 ETF : 물가연동국채(티커, 가중평균만기) STIP 2.6년, SPIP 8.3년, LTPZ 21.2년
  우측 3개 ETF : 일반국채(티커, 가중평균만기) SHY 1.8년, IEI 4.9년, IEF 7.9년   출처: ETF.com

미국 달러(현찰): 전 세계에서 가장 안전한 자산

세계 경기가 불황으로 접어들면, 전 세계의 투자자는 위험자산인 주식을 팔고 채권을 사게 되며, 궁극적으로는 가장 안전한 국채인 미국 국채를 사들이게 된다. 그런데 1929년 세계 대공황, 2008년 금융 위기, 2020년 코로나19 등 극한의 공포가 엄습하면, 전 세계의 투자자는 세상에서 가장 안전한 자산인 달러를 확보하기 위해 모든 자

산을 전부 매도한다. 여기에는 가장 안전하다고 믿었던 미국 국채고 금이고 뭐고 예외는 없다. 이 경우에 달러의 가치는 당연히 상승하게 된다.

위와 같은 특수한 경우와 더불어, 금리가 제로가 되어 더 내려갈 공간이 없거나 금리 인상 시기에는 안전자산을 보유하기 위한 목적으로 국채에 투자하면 수익은커녕 오히려 손실이 난다. 그러므로 이러한 두 가지 경우에는 미국 달러를 현찰로 보유한다. 달러 보유 시의 장점은 가치의 하락이 매우 제한되어 있다는 것이며, 주식과 부동산 등의 위험자산이 폭락할 경우 바로 매입할 수 있는 신속성을 갖게 해준다는 것이다.

미국 달러, 현찰의 최대 보유 한도는 100%다.

그런데 상상하기도 싫은 끔찍한 상황이 실제로 발생하여, 전 세계의 모든 투자자가 각 나라에서 주식과 채권을 매도하고 세상에서 가장 안전한 미국 달러를 현찰로 보유해야만 하는 상황이 실제로 발생하면, 원·달러 환율은 도대체 어떻게 되고 한국의 주식 시장과 부동산 시장은 도대체 어떻게 될까? 아마도 원·달러 환율은 최소 1,500원 이상, 또는 최악의 경우 1997년 외환위기 당시와 같이 2,000원을 돌파할 수도 있을 것이다. 주식 시장은 50%를 넘어 70%까지도 폭락할 것이고, 부동산 시장 역시 50% 이상 폭락하게 될 것이다. 모든 자산을 한국에 원화로만 보유하고 있던 사람들의 곡소리가 전국에 넘칠 때, 현금성 자산을 전부 미국 달러로 가지고 있는 당신은 어떤 감정을 느끼며 어떤 행동을 하게 될까? Chapter 4 '05 달러 ETF 포트폴리오 투자로 인생 역전!'을 다시 한번 읽어보기 바란다. 달러 투자 덕분으로 실제로 당신도 인생역전을 할 수 있다는 사실을 확실히 깨닫게 해줄 것이다.

VIX 지수(공포지수)

VIX 지수(Volatility Index, 변동성지수, 일명 공포지수)는 S&P 500 지수 옵션 가격의 향후 30일 동안의 변동성에 대한 시장의 기대를 나타내는 지수다. 1993년부터 시카고 옵션거래소(CBOE)에서 실시간으로 제공하고 있다. S&P 500 지수와 완벽히 반대로 움직인다. VIX 지수는 주식을 훨씬 뛰어넘는 어마어마한 변동성이 있으므로 엄밀히 말하면 위험자산이다. 하지만 안전자산에 포함한 이유는, 위험자산인 주식의 대표지수인 S&P 500 지수와 거의 -1에 가까운 완벽한 음의 상관계수를 가지고 있기 때문이다. VIX 지수를 안전자산에 포함시켜서 위험자산인 주식의 리스크 헤지용으로 사용한다. 단, 보유비중이 10% 정도가 된 상태에서 VIX 지수가 계속 하락하게 되면, 이는 물론 주식이 상당히 오르고 있다는 것을 의미하겠지만, 그 자체의 손실도 적지 않으므로 VIX 지수가 저점 근처에 갈 때마다 분할 매수로 그 비중을 높여나가야 한다. VIX 지수는 일종의 파생상품으로 매월 롤오버 비용이 발생하며 이와 더불어 꾸준히 우상향하는 S&P 500 지수와 반대로 움직이므로, 조금씩 우하향한다는 사실을 인지하기 바란다. 그럼에도 불구하고 VIX 지수는 오로지 언제 닥칠지 모를 주식 급락장의 헤지를 위한 것이므로, VIX 지수 자체에 일부 손실이 발생하더라도 절대로 아까워해서는 안 된다. 전혀 예상치 못하는 급작스런 불상사로부터 우리를 든든히 지켜주는 파수꾼에

| 표 5-19 | S&P 500 지수(빨간색) vs VIX 지수(파란색) 비교 차트(최근 2년)

2020년 말 기준

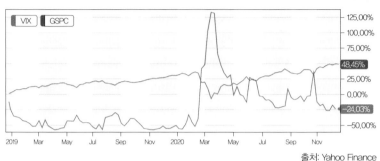

출처: Yahoo Finance

게 매월 사례비로 일정액을 지급한다고 생각해야 한다. VIX 지수의 허용 한도는 전체 자산의 0%에서 최대 10%까지다.

주식 시장의 환경이 매우 좋아 보이고, 예상되는 악재가 거의 없으며, 이로 인해 VIX 지수가 최저점으로 내려가 있는 상황이라면, VIX 지수의 보유 비중을 늘려나간다. 예외적으로 VIX 지수를 보유한 만큼 주식의 최대 허용 한도를 늘릴 수 있다. 즉, VIX 지수를 최대치인 10%까지 보유했다면, 위험자산인 주식 비중을 10% 추가할 수 있다. 단, VIX 지수는 S&P 500 지수와 완벽히 반대로 움직이므로, VIX 지수 비중만큼 주식 비중을 늘릴 경우에는 반드시 S&P 500을 추종하는 ETF를 추가로 선택해야 한다. 이런 경우에만 예외적으로 위험자산의 비중을 80%까지, 안전자산의 비중을 20%까지 허용한다.

대표 ETF는 VIXY(ProShares VIX Short-Term Futures ETF)다. VIX 지수를 추종하지만 완전히 100% 비례하지는 않으며, VIX 지수를 추종하는 ETF 중에서는 그나마 변동성이 적은 편에 속한다.

표 5-19를 보면, VIX 지수는 S&P 500 지수와 완벽한 음의 상관

관계로 움직이나, 평소 하락 폭보다 위기 시의 상승 폭이 비교가 안될 만큼 크다. 즉, 하락 폭은 제한되어 있으며 상승 폭은 거의 제한이 없다. 책의 앞부분에서 언급한 투자의 황금률에 아주 적합한 상품이다. 조금씩 가격이 하락하는 리스크는 있지만, 특정 시점 즉 주식 폭락 시에는 수백 퍼센트가 오를 수 있어, 10% 이하의 보유만으로도 급작스러운 주가 폭락 시 손실의 일부 또는 상당 부분을 만회할 수 있다. 예상치 못한 순간적인 주식 폭락의 헤지용으로 보유하기에 그 효용성이 매우 높다. 단, 이렇게 급등했을 경우 다시 순식간에 내려오므로, 이때를 놓치지 말고 바로 매도하여 이익 실현해야 한다.

부자들의 달러 ETF 포트폴리오 총정리

앞에서 설명한 부자들의 달러 ETF 포트폴리오 내용을 종합하여 총정리하면 표 5-20과 같다.

실제로 부자들의 달러 ETF는 상당히 복잡한 구조로 운용된다. 이렇게 운용하기 위해서는 상당한 정보력과 금융 지식, 운용 노하우에 더하여 지속적인 시장의 관찰과 포트폴리오 관리가 필요하다. 여기에 더하여 주식의 핵심 ETF와 안전자산을 제외하고 나머지는 새로운 주식과 ETF를 계속 공부하며 업데이트해야 한다. 사실상 일반인이 할 수 있는 영역을 넘어서 있다.

만일 일반인들이 스스로 포트폴리오를 운용하고자 한다면, 핵심 ETF에 40%(RSP 20%, QQQ 20%), 장기 테마 ETF에 20%, 중장기 테마 ETF에 10%를 배분하여 위험자산에 총 70%를 배분한다. 대체자산 및 개별주식은 포트폴리오에 넣지 않는다. 안전자산은 물가연동 국채 10%, 달러 현찰 20%를 배정한다. 일반국채의 경우 향후 금리가 다 오른 후 금리 인하 이야기가 언론에 나오기 시작할 때 국채를 담기 시작해야 한다. 공포지수는 사용하지 않는다. 한꺼번에 목돈을 투입하지 않고 가능하면 매월 적립식으로 투자한다. 그리고 6개월에 한 번씩 포트폴리오의 각 자산 비중을 확인하여 포트폴리오 재분배를 해주는 것을 잊지 말자.

자산을 전문가에게 맡기든, 본인이 운용하든 일단 시작부터 해야한다. 복권도 사야 당첨되는 것 아니겠는가? 시작을 했으면 무조건 장기로 가야 함을 절대로 잊어서는 안 된다. 당신을 부자로 만드는 최강의 파워는 복리가 시간을 만났을 때만 발휘된다는 사실을 가슴에 깊이 새기기 바란다.

부자가 되어 은퇴하는 당신의 찬란한 미래에 건배!

표 5–20 | 부자들이 달러 ETF 포트폴리오 각 자산 비중 및 ETF

달러 ETF 포트폴리오 각 자산 비중 및 ETF (전체 자산 100을 기준)

1차 분산	0≤위험자산≤70						30≤안전자산≤100			
2차 분산	0≤주식≤70			0≤개별자산≤20	0≤대체자산≤20		0≤미국국채≤100		0≤현찰(US$)≤100	0≤공포지수≤10
	0≤핵심ETF≤70	0≤테마 ETF≤50		개별주식 0≤≤20	금 0≤≤20	비트코인 0≤≤10	단중장기 0≤≤100	물가연동채 0≤≤30	현찰(US$) 0≤≤100	공포지수 0≤≤10
		0≤장기테마≤35	0≤중단기테마≤20							
투자상품	RSP : S&P 500 ETF QQQ : 나스닥100 ETF	ARKK : 4차산업혁명 ETF ICLN : 재생에너지 ETF PBW : 재생에너지 ETF KRBN : 탄소배출권 ETF LIT : 전기차산업 ETF	SOXX : 미국반도체 ETF FNGS : FAANG+ ETN REMX : 원자재(광산) ETF PEJ : 여행(레저,숙박) ETF JETS : 항공 ETF VTV : 대형가치주 ETF IWN : 중소형가치주 ETF SPYD : 대형고배당주 ETF IEMG : 이머징국가 ETF CHIQ : 중국자유소비재 ETF PGJ : 중국성장주 ETF FEZ : 유럽대표주50 ETF EZU : 유럽대표주234 ETF IHF : 헬스케어 ETF*	TSLA : 테슬라 MRNA : 모더나 RBLX : 로블록스 (단순 예시이며 주식 추천 아님)	GLD : 금 ETF	BLOK : 블록체인 ETF	SHV : 단기 ETF SHY : 중단기 ETF IEI : 중기 ETF IEF : 중장기 ETF GOVT : 전기간 ETF TLH : 장기 ETF TLT : 초장기 ETF	SPIP : 중장기 ETF	현찰 : US$	VIXY : 공포지수 ETF
비고	핵심ETF에 할당된 몫의 반반씩 RSP, QQQ 투자	LIT 포함되면 ICLN LIT 포함 안 되면 PBW 각 테마의 최대 비중 15%	각 ETF 기본 비중 5% 각 ETF 최대 비중 10%	각 주식 기본비중 5% 각 주식 최대 비중 10%	달러 가치 하락 해지용	비트코인 변동성 및 자산의 소멸 대비하여 대체상품 블록체인 사용	금리 인하 시 중장기채권 금리 횡보 시 단기채권 금리 인상 시 단기채권	금리 인상 시 인플레이션 발생 시	금리 횡보 및 인상 시 경기 최대 불황 시 주가 대폭락 시	공포지수 비중만큼 주식 비중 추가가능 S&P 500 ETF만 추가

※ 이 표는 콜드크로스 투자자산컨설팅의 지적재산이므로 무단 사용 및 배포를 금함

투자처
비교 분석

RICH

01 전 세계 투자자들은 어디에 투자할까

    사람들은 무엇인가를 선택하고 결정해야 할 때 자신이 없거나 판단이 망설여진다면, 대부분의 다른 사람들은 어떻게 하고 있는지 참조하고 싶어진다. 특히 투자할 때는 이러한 정보가 매우 중요하다. 돈은 금리(수익)가 높은 곳으로 이동하므로 많은 돈이 모인 곳은 절대다수가 수익이 높은 곳으로 믿고 있다는 증거이므로, 이러한 곳에 투자하면 실패 확률이 줄어들기 때문이다.

    부자들도 마찬가지로 투자를 할 때는 반드시 이런 정보를 수집한다. 그들은 자신에게 가치 있는 정보와 조언을 제공할 전문가를 주위에 두고 있으므로, 투자의 대상을 선택하고 규모를 결정할 때도 일반인보다 실패의 확률은 줄이면서 조금 더 쉽고 마음 편하게 투자의 대상을 선택하고 투자의 규모를 결정할 수 있게 된다.

전 세계 투자자는 주식과 채권에 자금의 90%를 투자한다

표 6-1은 블룸버그(Bloomberg, 전 뉴욕시장인 마이클 블룸버그가 1981년 창립한 세계 제1위의 금융 관련 정보 제공 서비스 업체, 이 회사의 정보를 모두 받으려면 연간 3,000만 원 이상의 사용료를 내야 함)와 양대산맥을 이루는 톰슨 로이터(Thomson Reuters)의 금융 관련 정보 제공 서비스 자회사인 레피니티브(Refinitiv)가 만든 신뢰도 높은 자료다.

| 표 6-1 | 글로벌 투자자 자산 배분

2019년 12월 기준

Thomson Reuters의 글로벌 투자자 대상 12월 자산배분 Survey
- 12월 Survey 결과 글로벌 투자자의 포트폴리오는 주식(47.54%), 채권(41.82%), 대체투자(4.62%), 현금(4.59%), 부동산(1.44%) 순으로 배분된 것으로 조사되었음
- 11월 Survey 결과 글로벌 투자자의 포트폴리오는 주식(46.19%), 채권(41.90%), 현금(5.94%), 대체투자(4.51%), 부동산(1.47%) 순으로 배분된 것으로 조사되었음

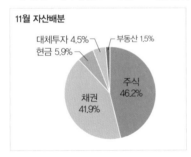

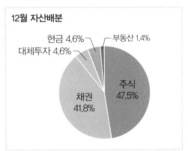

출처: Refinitiv, 현대차증권

2019년 12월 현재, 전 세계 투자자들은 주식과 채권에 투자자산 대부분인 90% 가까이 투자했으며, 대체투자자산(금, 은, 산업금속, 원유, 곡물 등)에 5%, 부동산에는 1.5% 정도밖에 투자하지 않았다. 실제로 세계의 투자시장을 이끄는 두 개의 수레바퀴는 주식과 채권이다.

어디에 내 자금을 투자해야 할까

나머지 대체투자자산 및 부동산은 이 둘에 비하면 투자 규모가 비교할 수 없을 만큼 작다. 왜 그럴까? 특히 우리나라 사람들은 투자하면 부동산이 가장 먼저 떠오르는데, 어째서 이런 결과가 나오는 걸까? 부동산 실물은 거래의 매매 단위가 매우 크고, 원하는 시점에 바로 사고팔기가 용이하지 않으며 거래 시점의 가격이 주식이나 채권처럼 투명하지 않다. 게다가 거래 시 동반하는 비용과 세금이 매우 많다. 그래서 투자 대상으로 부동산은 주식이나 채권에 비해 투자의 빈도가 현격히 떨어진다. 참고로 아파트를 포함한 주거용 부동산의 경우 거래회전율이 선진국은 5%이며, 우리나라는 7%다. 이는 주거용 부동산이 선진국은 평균 20년에 한 번, 우리나라는 14년에 한 번 매매가 일어난다는 뜻이다.

하지만 남들이 어디에 얼마만큼 투자한다고 해서, 나와 사랑하는 가족의 미래와 행복이 걸린 소중한 자금을 함부로 따라서 투자해서는 안 될 것이다. 신중한 결정을 하기 위해, 대표 투자처인 주식, 채권, 부동산, 대체투자 등을 하나하나 면밀히 분석해보고 어디에 왜 얼마만큼 투자해야 하는지 알아보고, 부자들은 어떻게 투자하는지도 확인한 후에 투자 대상을 선택하기로 하자.

02 주식

왜 전 세계의 가장 많은 돈이 주식 시장으로 몰리는 것일까? Chapter 1 '04 돈과 이자는 일심동체'에서 이미 설명한 바와 같이, 돈은 이자나 수익률이 높은 곳으로 무조건 이동하게 되어 있다. 이 것은 불변의 진리다. 이 진리를 믿는다면, 아주 오랜 세월 지켜본 결과 모든 투자처에서 주식의 수익이 가장 높았기 때문에 가장 많은 돈이 여기로 모인다는 사실도 믿어야 한다. 하지만 주위에 많은 사람이 주식 투자를 해서 쪽박을 찼다는 얘기를 수도 없이 들었고, 실제로 해봐도 당장은 돈을 버는 것 같지만 결과적으로는 손실만 나는 불안한 주식 투자를 정말로 해야만 하는 것일까?

여기서 주식에 대해 제대로 이해하고 올바른 주식 투자의 자세에 대해 알아보기로 하자.

주식 투자 수익률이 최고인 것은 수백 년간 검증됐다

우리가 주식에 투자할 때 거래소에 상장된 기업의 주식에 투자한다. 나라마다 약간의 차이가 있을 수 있겠지만, 모든 주식거래소는 상당히 까다로운 조건(수년에 걸친 매출액, 수익률, 회사의 사업모델 등)을 통과한 기업만 거래소의 상장을 허용한다. 여기서 끝나는 것이 아니라, 정해진 퇴출 조건에 부합하면 곧바로 거래소에서 퇴출당한다. 거래소에서는 언제나 일정 수준 이상의 조건을 갖춘 기업의 주식만이 거래되고 있는 것이다. 선진국으로 갈수록 이러한 상장 및 퇴출(상장폐지) 조건을 더욱 엄격하게 적용하여 관리한다.

이런 경쟁을 뚫고 상장된 회사의 임직원들은 자신과 자신의 가족, 회사의 발전과 주주의 이익을 위해서 엄청난 에너지를 회사에 쏟아붓는다. 이렇게 지속해서 엄청난 에너지가 투입되는 주식 시장은 성장할 수밖에 없으며, 게다가 낡은 피는 버리고 신선한 피를 지속해서 수혈해나가니 계속해서 우상향 할 수밖에 없는 것이다.

여기에 더하여, 정부는 경제를 발전시키고 경제 위기에서 벗어나기 위해 계속 화폐를 찍어내고 있으며, 21세기 들어서는 더욱 많은 양의 화폐를 발행하고 있다. 이는 필연적으로 인플레이션을 유발하여 돈의 값어치를 떨어뜨리게 된다. 사람들은 돈의 가치가 하락하는 만큼 또는 그 이상을 벌충하기 위해 수익률이 높은 곳을 찾게 된다. 그러므로 돈의 가치 하락(인플레이션)은 주식 시장에 매우 유리한 환경이며, 특히 초저금리 상태에서는 돈은 필연석으로 주식 시장으로 모여든다. 지속해서 유입되는 돈의 힘으로 주식 시장은 계속하여 상승하게 된다.

높은 수익에 비해 생각보다 안전한 주식 투자

모든 상거래의 근간 'BLASH'

우리는 돈을 벌기 위해 여러 행위를 한다. 큰 사업을 하기도 하고, 장사를 하기도 하고, 투자를 하기도 하고, 저축을 하기도 하고, 노동 및 서비스를 제공하고 대가를 받기도 한다. 여기서 중요한 것은 돈을 벌기 위해 내가 들인 유무형의 비용보다 더 큰 수입이 발생해야 한다는 것이다.

'BLASH'는 동서고금을 막론하고 모든 상거래의 가장 근간이 되는 원칙이다. 'Buy Low And Sell High!'의 약자다. 즉, 싸게 사서 비싸게 파는 것이다. 이 원칙이 가장 적나라하게 적용되는 시장이 바로 주식 시장이다.

부자들은 투자할 때 기본적으로 따는 것보다 잃지 않는 것을 가장 먼저 살핀다. 그런데 위험자산인 주식 투자를 부자들은 한다. 특히 스마트 리치들은 아주 적극적으로 한다. 그들은 어떤 정보를 알고 있기에 남들이 위험하다고 말하는 주식에 그렇게 과감하게 투자하는 것일까? 그들은 매우 중요한 정보를 확보했고, 그러한 정보를 토대로 주식 투자에 임하게 되었다. 그들은 주식 투자가 절대로 질 수 없는 투자, 이길 수밖에 없는 투자란 것을 확신하게 되었다.

되로 주고 말로 받는다!

표 6-2는 운용 자산규모 세계 10위권(약 2,080조 원, 2020년 3월 기준) 자산운용사인 미국의 캐피털 그룹(Capital Group)이 최근 70년간의 상승장과 하락장의 수익률과 기간을 정리한 것이다. 이런 장기간의

통계는 신뢰도를 높여 투자의 결정에 많은 도움이 된다. 이 긴 세월 동안 주식 시장은 수많은 상승과 하락을 반복했다. 그런데 여기서 너무도 중요한 사실이 확인되었다. 주식 시장이 생각보다 훨씬 안전하면서도 엄청난 수익을 가져다줬다는 사실이었다. 또 한 가지 더욱 중요한 사실이 확인되었는데, 시간이 가면 갈수록 상승장의 폭은 더욱 커지며 기간은 더욱 길어지고 하락장의 폭은 더욱 작아지며 기간은 더욱 짧아지고 있다는 사실이다.

최근 70년간 가장 긴 하락장은 2000년 닷컴 버블 붕괴 시의 31개월이었으며, 가장 짧은 하락장은 2020년 코로나19의 1개월이다. 70년 동안의 상승장 평균 기간 72개월(6년), 하락장 평균 기간 1년 2개월, 상승장의 기간이 5배 이상 길었으며, 상승장 평균 수익률 279%, 하락장 평균 손실률 33%로 수익이 손실보다 약 8.5배 컸다. 세상에 이런 좋은 거래가 또 어디에 있을까? 하나를 투자해서 여덟 개 반을 따는 거래. 잃는 기간은 짧고 따는 기간은 5배 이상 길어서 마음 편히

| 표 6-2 | 미국 S&P 500의 상승장과 하락장 수익률 및 기간(분석 기간 70년, 1950~2020년)

출처: Capital Group

버티며 장기로 가져갈 수 있는 거래. 그야말로 "되로 주고 말로 받는다."라는 속담을 떠올리게 하는 거래다.

이런 내용을 알고 주식 투자에 임한 사람과 모르고 임한 사람은 하락장에서의 대처 방식과 받게 되는 공포의 크기에 엄청난 차이가 나타난다. 특히 대폭락장에서의 반응은 하늘과 땅 차이만큼 나타난다. 이러한 내용을 알고 있는 스마트 리치들은 대폭락장을 하늘이 준 기회로 삼고 버티면서 오히려 이럴 때 투자 자금을 늘림으로써 막대한 부를 증식시킨다.

주식 투자를 하면서 되도 안 주고 말로만 받겠다는 사람들을 가끔 보게 된다. 세상에 공짜는 없다. 뭔가를 얻기 위해서는 반드시 뭔가를 줘야 한다. 이것은 상도(商道)일 뿐만 아니라 세상만사의 이치다. 주식 투자 역시 시작하게 되면 하락장이 반드시 온다. 이때를 더 많은 것을 얻기 위해 꼭 필요한 투자의 시기, 풍성한 수확을 위해 땀 흘려 씨를 뿌리는 시기라고 생각하자. 행복한 수익의 시기가 머지않아 반드시 온다는 사실을 굳게 믿으며 조금만 기다리면 된다.

참고로 상승장을 Bull Market이라고 하며 하락장을 Bear Market이라고 부른다. 그 이유에는 몇 가지 설이 있으나, 황소(bull)는 뿔로 공격할 때 아래에서 위로 치받으며, 곰(bear)은 손으로 공격할 때 위에서 아래로 내리친다고 하여 붙여진 이름이라고 이해하면 기억하기 쉬울 것이다.

상승장과 하락장의 명확한 구분은 현재도 공식적으로 정립되어 있지 않지만, 일반적으로 전체 시장이 최저점 대비 20% 이상 상승하면 상승장, 최고점 대비 20% 이상 하락하면 하락장이라고 부른다.

개미는 왜 맨날 질까?

나는 UFC(종합격투기) 헤비급 챔피언과 맨주먹으로 한판 붙는다!

아마추어끼리 하는 친선 게임에서는 참여자들의 실력 차이가 날 경우, 강자에게는 핸디캡(handicap)을 주거나 약자에게는 어드밴티지(advantage)를 줌으로써, 참여자들에게 동등한 조건을 만들어준다. 그래서 약자도 가끔은 강자를 이길 수 있는 것이다.

프로들의 경기에는 이런 것이 없다. 일단 경기에 참여하는 상대방을 짓밟아야 내가 산다. 특히 주식 시장은 세계 최고의 프로와 순수 아마추어, 심지어는 주식이 뭔지도 모르는 주린이까지 섞여서 아무런 페널티나 어드밴티지 없이, 심지어 체급의 구분도 없이, 피도 눈물도 없는 진검 승부를 겨룬다. 나는 주식 시장에 홀연히 뛰어든 주린이들을 보면, 싸움이라고는 한 번도 해보지 않은 소년이 종합격투기 UFC에 그것도 헤비급 챔피언이 버티고 있는 케이지에 들어가는 것이 연상된다. 그다음 장면은 상상하고 싶지 않다.

하락장에서 못 버티고 실패하는 이유

우리는 왜 하락장에서 참지 못하고 결국은 포기하고 던지고 마는 것일까?

주식 시장의 폭락이 시작되면 모든 언론이 공포감에 떨 리포트만 쏟아낸다. 지옥문이 열렸고 이제 곧 끝도 없는 나락으로 떨어질 것이라는 등, 세계 경제 대공황 못지않은 폭락상이 올 수도 있다는 등 극한의 공포가 엄습해온다. 인내는 한계에 다다르고 스트레스는 제어 불능상태까지 간다.

이때가 오면 사람은 자신을 보호하는 본능이 발동되어 이런 생각을 하게 된다. "그래, 나를 위해서 돈을 벌려고 했던 건데 왜 내가 지금 돈 때문에 바보같이 이런 고통을 떠안고 있지? 이까짓 돈 또 벌면 되는데. 그래 미련 없이 다 팔아버리고 이제 주식은 쳐다보지도 말자. 내 건강과 행복을 위해서, 잘 결정한 거야!" 스스로 실패를 합리화하고 자포자기의 심정으로 손실을 확정한 후 주식 시장을 떠난다. 95%의 선배 개미들이 그랬던 것처럼.

만일 당신이 "나는 손해 본적 없는데?"라고 한다면, 당신은 아직 장기간 투자를 해보지 않았거나, 주식 대폭락장을 경험해보지 못했거나, 장기투자자로서 여유자금 일부만을 최우량주에 투자하여 주가의 등락은 전혀 신경도 쓰지 않고 폭락의 시간을 잘 참고 버티고 나와서 그럴 수도 있을 것이다. 1998년 외환위기, 2000년 닷컴 버블 붕괴, 2002년 카드대란, 2008년 금융 위기, 2012년 유럽재정위기, 2015년 1차 중국증시폭락과 2016년 2차 중국증시폭락, 2018년 전 세계 모든 포트폴리오 하락, 2020년 코로나19 등 장기투자를 하게 되면 예상치 못한, 도저히 견디기 어려울 만큼의 폭락장을 유발하는 엄청난 사건과 사고를 지속적으로 맞이할 수밖에 없다.

FOMO를 아시나요?

주식 투자를 할 때 같은 가격에 누구는 사고 누구는 파는 것에 의문이 생긴 적은 없는가? 파는 사람은 더 오르지 않으리라 생각하고 팔 것이고 사는 사람은 더 오를 것으로 생각하고 살 것이다. 결과적으로 한쪽은 반드시 틀린 것이다. 만일 시장의 모든 참여자가 너무도 현명하여 미래를 정확하게 판단한다면 모두가 팔거나 모두가 사려고 해서 주식 시장에서의 거래는 이루어지지 않을 것이다. 그러나 실제 시장은 미래에 관한 판단을 서로 달리하는 두 세력에 의해 거래가 일어난다. 대세 상승장에서는 외국인, 기관, 왕개미들은 저가에 매집한 주식을 계속 매도하며 이익 실현을 해나간다. 언론에서는 계속 주식 관련 장밋빛 기사만 등장하고, 여기에 편승하지 못하면 평생의 기회를 놓칠 것 같다.

최근 FOMO(Fear Of Missing Out)라는 신조어가 생겼다. 이 단어는 '좋은 기회를 자신만 놓치는 것 같은 두려움'을 뜻한다. 즉, 나만 왕따 당하지 않으려고, 나만 벼락거지가 되지 않으려고, 개미들이 불나방처럼 덤벼들며 계속 매수해나간다. 주식 시장은 과열 구간에 진입한다. 개미끼리 치고받으며 쌓아 올린 과열 구간은 결국 상투까지 다다르고, 더 이상의 매수 주체가 존재하지 않게 되면 시장은 급격히 하락장으로 바뀐다.

이때부터 모든 언론은 하락장을 예고하고 개미들은 불안해지기 시작한다. 언론에서는 점점 더 공포스런 예측의 기사가 나온다. 개미들이 투매를 시작한다. 외국인, 기관, 왕개미들이 저가에 좋은 주식을 매집하기 시작한다. 이렇게 다시 새로운 사이클이 시작된다.

도박중독과 주식중독

도박하는 사람들은 온종일 도박만 생각하게 되어 점점 더 도박의 깊은 늪으로 빠져든다. 도박을 하면 최고의 흥분 상태가 유지되고 이때 분비되는 호르몬의 일종인 도파민은 최상의 성취감을 준다.

마약과 똑같은 효과를 준다. 한번 중독되면 끊기가 사실상 불가능하다. 그런데 무서운 사실은 주식 매매를 할 때도 뇌에서 도파민이 나온다는 사실이다.

주식에, 그것도 개별 주식에 자신의 현금성 자산을 상당히 보유하고 있다면, 시간만 나면 휴대폰의 주가변동을 보고 있다면, 그것을 안 보면 왠지 불안하여 늘 볼 수밖에 없다면, 당신은 주식중독에 빠진 것이다. 점점 더 주식만 생각하게 되고 밤을 새워서 주식 시황을 보게 되고, 더구나 미국 시장에 많은 돈을 투자했다면 밤을 새울 확률은 더욱 높아진다. 몇 퍼센트의 수익은 수익같이 보이지도 않아서 더 높은 수익을 좇게 되고 결국은 대박을 노리는 노름꾼과 같은 길을 걷게 된다. 돈은 돈대로 잃게 되고, 전념을 다 하지 못한 본업에서도 당연히 점점 더 뒤처지게 된다.

참고로, 증권사의 통계에 의하면 개인투자자가 10년간 주식에 투자한 경우 성공한 비율은 5%밖에 되지 않는다고 한다. 딸 때는 적게 따고 잃을 때는 한 번에 크게 잃어서 결국은 대부분 주식 시장을 떠나게 된다고 한다. 주식 투자를 노름과 같이 일확천금을 바라고 변동성이 큰 위험한 하나 또는 몇 개의 주식에 몰빵했기 때문이다.

주식에 투자하되, 주식에 절대로 투자하면 안 된다!

이 무슨 귀신 씻나락 까먹는 소리인가? 주식 투자를 하라는 소리인가 말라는 소리인가?

주식 투자는 반드시 해야만 한다. 다만 투기로 해서는 안 된다는 것이다. 지금은 주식으로 대박이 나는 것 같지만 반대로 쪽박을 찰 가능성도 항상 동반된다는 사실을 가슴에 새겨야 한다. 투자의 세계에서는 수익과 손실은 거의 비슷한 크기로 양날의 검처럼 항상 하나의 투자처에 동반된다는 사실을 잊어서는 안 된다. 달콤한 수익을 맛볼수록 더 많은 수익을 내기 위해 변동성을 키우게 되고, 변동성을 키우면 키울수록 한 번에 만회가 불가능한 수준의 큰 손실을 낼 확률이 커져서 장기투자가 어려워지고 결국 투자는 실패로 끝나게 된다.

이제부터 변동성이 큰 몇 개의 주식에만 몰빵을 하여 가슴 졸이며 돈의 노예가 되는 상황에서 탈피하여, 안정적으로 장기간 꾸준히 우상향하는, 풍요롭고 행복한 미래가 기다리는 성공적인 투자의 세계로 이동해야 한다. 이제 개별 주식 투자는 삼가고, 그래도 굳이 해야만 한다면 개별 주식은 전체 주식 투자 자금의 20% 이하로 줄이고, 나머지는 세계 최고의 금융 프로들이 운용하는 상품에 간접 투자하기 바란다.

요즘의 대세인 ETF의 경우 연간 평균 보수가 0%대이니 부담도 없다. 이렇게 싼 비용으로 세계 최고의 프로 선수가 당신에게 부를 가져다주기 위해 1년 내내 일한다면 너무도 좋은 거래가 아니겠는가? 미국의 경우, 개인투자자 비중은 2019년 말 14.9%였다가 2020년 말 미국 개미인 로빈후더들의 등장으로 개인의 투자 비중이 19.5%까지 높아졌다고는 하지만 여진히 개인투자자의 비중은 20% 미만이다. 80% 이상은 펀드(뮤추얼, 헤지)와 ETF 등의 상품에 가입하여 기관을 통한 간접투자를 하고 있다. 반면, 한국의 경우에는 개인투자자 비중이 2020년 7월 기준 73%까지 급등했다. 한국 코스닥(KOSDAQ)의 경우는 무려 85%가 개인투자자에 의해 거래되고 있다. 정말로 바람직하지 않은 매우 위험한 상태까지 와 있다. 만일 이런 상황에서 폭락장이 오면 급한 개미들이 너도나도 털고 나오려 하겠지만 이를 받아줄 대상이 없으므로 코스닥의 경우 수십 년간 폭락장에서 개미들의 무덤이 되어 왔다. 이제는 한국의 개미들도 반드시 기관을 통한 간접투자를 해야 한다. 세계 최고의 금융 프로에 자금을 맡겼으면 이제는 그들을 믿고, 본인이 속한 업에서 최고가 되기 위해 노력해야 한다.

03 채권

채권은 한자로 '빚 채(債), 문서 권(券)'이다. 즉, 남에게 빚을 졌다는 증표로 발행해주는 증서다. 개인 간에 돈을 빌리고 써주는 차용증도 넓게 보면 채권의 일종이다. 하지만 여기서 말하는 채권은 공인된 것을 말한다. 아무나 발행할 수 있는 것은 아니며, 공인된 단체인 국가, 지방자치단체, 공기업, 금융기관 및 회사(상장사)만이 발행할 수 있다. 발행 주체에 따라, 국채, 지방채, 특수채, 금융채, 회사채 등으로 나뉜다.

채권에 반드시 표기되어야 하는 5가지 항목은 발행자, 발행금액, 발행일, 상환일, 채권이자율(연리)이다. 여기서 특기할 내용은, 일반 차용증에는 반드시 들어가는 누구에게서 빌렸다는 내용은 들어가지 않는다는 것이다. 그래야 시장에서 자유로이 거래되어 유통될 수 있기 때문이다.

금리가 좌지우지하는 채권

삼성방앗간 & 현대방앗간

어떤 마을에 삼성방앗간과 현대방앗간 두 개가 시장을 반반씩 나누어 장악하고 있었다.

삼성방앗간은 현대방앗간을 누르기 위해 방앗간을 증축하기로 하고 이를 위한 자금 마련을 위해, 연리 4%, 만기 5년, 액면가 1억 원짜리 채권을 발행했다. 이 소문을 들은 현대방앗간도 이에 질세라 바로 같은 조건의 채권을 발행했다. 그런데 이미 시장의 돈은 삼성방앗간 채권을 사느라 소진되어 채권이 판매되지 않았다. 그래서 현대방앗간은 어쩔 수 없이 연리를 1% 더 올려서 연리 5%, 만기 5년, 액면가 1억 원짜리 채권을 발행했다. 그랬더니 시장에 없다던 돈이 슬금슬금 나와서 현대방앗간 채권을 사기 시작했다.

그런데 삼성방앗간 4%짜리 채권을 샀던 길동이 아버지는 갑자기 돈이 급해져서 시장에 채권을 팔려고 내놓았다. 하지만 5%짜리 현대방앗간 채권이 이미 시장에서 유통되고 있는데 누가 4%짜리 채권을 사겠는가? 어차피 5년 만기 후에는 두 채권 다 1억 원을 받는다.

그럼 길동이 아버지는 4%짜리 채권을 얼마에 내놓아야 팔 수 있을까? 길동이 아버지가 가지고 있는 삼성방앗간 채권은 연리 4%이고 현대방앗간 채권은 연리 5%이니, 일 년에 1%의 이자 차액이 발생한다. 1억 원의 1%는 100만 원이고 채권의 만기가 5년이었으니 총 이자의 차이는 500만 원이다. 길동이 아버지는 1억 원짜리 삼성방앗간 채권을 9,500만 원에 시장에 내놓아서 팔게 되었다.

금리와 반대로 움직이는 채권의 가격

이제 이해하게 되었겠지만, 시장 금리가 올라가면 이미 발행된 채권의 가격은 하락한다. 만기가 짧으면 하락 폭이 작고, 만기가 길면 하락 폭은 커진다. 반대로 시장 금리가 내려가면 이미 발행된 채권의 가격은 올라간다. 만기가 짧으면 상승 폭이 작고, 만기가 길면 상승 폭이 커진다. 다시 정리하면 채권의 변동성은 만기가 길수록 변동성이 커지며, 시장 금리에 의해서 채권의 가격이 변한다.

그러므로 금리의 향배가 채권 투자의 성패를 좌우한다. 즉, 시장 금리가 올라가는 추세에서는 채권의 가격이 하락하게 되므로 채권의 투자를 멈추고, 만일 투자를 하더라도 만기가 아주 짧은 초단기 채권에 투자해야 한다. 반대로 시장 금리가 떨어지는 추세에서는 채권 투자의 가장 좋은 환경이 조성된 것이므로, 채권의 투자를 늘려나가고 만기도 긴 채권을 선택해야 한다. 시장 금리가 2020년도와 같이 0%로 내려가서, 더 내려갈 가능성이 없어 보이는 기간에는 채권 투자를 멈추고 현찰을 보유해야 한다. 그리고 인플레이션이 발생할 가능성이 있어 보인다면, 물가연동채권에 채권 투자 할당량의 일부분을 투자해야 한다.

볼매 채권
세계 채권 시장의 규모

채권은 볼매(볼수록 매력적인) 상품이다. 주식과 쌍벽을 이루는 투자 자산이면서도 주식처럼 튀지 않으며 조용히 꾸준히 우리 자산을 안전하게 지켜준다. 게다가 가끔은 기특하게도 기대보다 높은 수익을 만들어주기도 한다. 세계 자산 시장에서 신규 투입 자금 또는 거래 자금 규모 면에서는 주식에 조금 밀리나, 이미 발행되어 있는 전체 자산 규모로는 오히려 주식 시장보다 그 규모가 더 크다.

블룸버그에 의하면, 2019년 전 세계 채권 시장의 규모는 약 103조 달러(11경 3,300조 원)이었고, 전 세계 주식 시장의 규모는 약 87조 달러(9경 5,700조 원)였다. 이렇게 엄청나게 큰 규모의 자산군인 채권을 우리는 왜 모르고 지냈을까?

채권은 상당히 큰 규모의 금액 단위로 발행되고 거래된다. 특히 국채의 경우는 십억 원 단위, 백억 원 단위, 심지어는 조 원 단위로 거래된다. 그러므로 개인이 참여할 수 있는 시장이 아닌, 대형 금융 기관들만이 참여하여 거래하는 그들만의 리그인 것이다.

채권 투자를 해야 하는 이유

잘 이해도 안 가는 이런 채권에 왜 투자해야 하는가? 그리고 어떻게 투자하는가?

앞에서 분산투자의 필요성에 대해 누누이 강조했다. 가장 수익률이 높은 주식에 투자 시 자산의 분산을 위해 위험자산인 주식과 음의 상관관계인 안전자산에 투자해야 한다. 채권은 가장 대표적인 안전자산이다. 최근 들어 주식과 채권의 음의 상관관계가 가끔 어긋날 경우도 있으나, 대체로 주식 하락 시에 안전자산인 채권으로 돈이 이동하며 채권의 가격은 올라간다. 주식 상승 시에 채권의 가격은 하락하나, 그 하락 폭은 제한적이며 아주 미미하다.

그러면 한 가지 의문이 생긴다. 주식과 채권에 자산의 일정 부분씩을 나누어 투자할 때 주식과 채권이 반대로 움직인다면, 도대체 돈은 언제 버는 거지? 참 좋은 질문이다. 이에 대한 해답은 두 투자 상품의 변동성 크기의 차이에 있다. 주식은 변동성이 매우 크다. 상승 시에는 몇 배도 오르지만, 하락 시에는 큰 폭으로 떨어진다. 폭락장에서는 최우량주도 50% 이상 떨어지기도 한다. 하지만 채권, 특히 국채는 변동성이 주식의 몇분의 일, 단기 국채의 경우에는 몇십 분의 일 수준이므로 주식이 폭락하거나 폭등하더라도 값어치가 크게 변하지 않는다. 즉, 채권은 언제나 그 자리에 변함없이 있어줌으로써 주식의 폭락 시에 채권의 보유 비중만큼 전체 자산의 하락 폭을 줄여주는 동시에 하락한 주식을 사는 재원으로도 사용할 수 있다. 채권은 투자 포트폴리오에서 수비수로서, 예비군으로서 절대적으로 필요한 재원인 것이다. 이렇게 안전하면서 유사시 중요한 역할을 할 채권은 평소에 놀고 있는 것이 아니고, 은행 이자보다는 높은 짭짤한 채권 수익까지 안겨준다.

이러한 볼매 채권에 개인이 투자할 수 있는 좋은 방법이 있다. 바로 채권형 펀드(ETF 포함)에 투자하는 것이다. 국내의 모든 펀드는 투자 단위가 만 원이므로, 이렇게 수십억 수백억 단위로 거래되는 채권도 우리는 단돈 만 원으로 구매할 수 있다. 펀드의 여러 장점 중하나가 바로 일반인이 투자할 수 없었던 채권을 펀드를 이용하여 일반인들도 자유롭게 투자를 할 수 있게 해준 깃이다.

그럼 펀드가 무엇인지도 한번 알아보자.

04 펀드

사모펀드에 대해서는 Chapter 2 '03 투자를 하지 투기를 하지 않는다'에서 언급한 바와 같이 우리의 투자 대상에서 이미 제외했으므로, 여기서는 공모펀드에 대해서만 설명하겠다. 이 책에서 특별한 언급이 없으면 펀드(Fund)는 전부 공모펀드를 의미하는 것으로 받아들이기 바란다.

펀드란 여러 개의 주식(보통 50개에서 100개 정도, 가끔 수백 개 또는 수천 개) 또는 여러 개의 채권(주로 수십 개, 아주 가끔 수백 개 또는 수천 개)을 하나의 금융상품에 담아놓은 것을 지칭한다. 이렇게 수많은 주식과 채권을 하나의 금융상품에 담아놓은 펀드는 자연스럽게 투자의 분산이 되어 한두 개의 주식이나 채권에 투자하는 것보다 훨씬 더 안전하다. 국내 펀드의 경우 투자 단위는 만 원이므로, 단돈 1만 원으로 한국뿐만 아니라 전 세계의 거의 모든 주식과 채권을 매입할 수 있는 장점도 있다.

노후대비 자산인 퇴직연금DC, 세액공제 상품인 연금저축과 개인형 IRP에서는 안전을 고려하여 주식과 채권의 투자는 펀드로만 가능하다. 개별 주식에는 투자할 수 없게 되어 있다. 그래서 노후대비 자산인 퇴직연금DC, 연금저축, 개인형 IRP를 가지고 있는 경우에는 펀드를 반드시 이해하고 평생의 동반자로 함께 가야 한다. 또한 많은 사람들이 가입한 변액보험의 경우에도 선택할 수 있는 상품을 펀드로만 구성해놓았기 때문에 펀드에 투자할 수밖에 없다. 그러므로 반드시 펀드에 대해 제대로 이해해야 한다.

펀드의 종류

주식의 비중이 60% 이상을 항상 유지하면 주식형 펀드, 채권의 비중이 항상 60% 이상을 유지하면 채권형 펀드라고 하며, 이 사이를 유지할 경우 혼합형 펀드라고 부른다. 자산의 50~60%를 주식에 투자하면(나머지 40~50%는 채권 등의 안전자산) 주식혼합형 펀드, 자산의 40~50%를 주식에 투자하면(나머지 50~60%는 채권 등의 안전자산) 채권혼합형 펀드라고 부른다. 앞에 '주식'이 들어가면 자산의 50% 이상을 위험자산에 투자하는 공격적인 펀드이고, 앞에 '채권'이 들어가면 자산의 50% 이상을 안전자산에 투자하는 보수적인 펀드로 이해하면 된다.

여기서 중요한 점은 자산운용사가 위의 4개 중의 한 가지로 펀드를 만들고 승인을 받아 판매가 개시되면 어떤 경우에도 이 형태, 특히 주식의 비중을 바꿀 수 없다는 것이다. 예를 들면, 주식형 펀드의 경우 코로나19보다 더 심한 코로나 할아버지가 와서 주식이 바닥까지 대폭락하더라도 펀드 내의 주식 비중은 항상 60% 이상을 유지해야 한다. 대세 하락장에서도 주식을 팔아서 안전자산으로 이동시키는 것은 불가능하다는 것이다. 반대로 채권형 펀드의 경우도 대세 상승장에서 주식의 비중을 40% 이상 가져가는 것은 불가능하다. 주식혼합형 및 채권혼합형도 위에서 설명한 주식의 비중을 항상 승인 한도 내에서만 유지해야만 한다. 이러한 펀드의 속성을 잘 알고 투자해야 자산을 안정적으로 꾸준히 불려나갈 수 있다.

펀드의 선택 및 운용 방법

여태까지 한국에만 나온 펀드의 숫자가 약 3만 개 정도 된다고 하며, 현재 시장에서 팔리고 있는 펀드도 수천 개에 달한다. 게다가 증권사마다 자신의 상품군에 1천 개 정도의 펀드를 담아놓았다. 이렇게 펀드가 많으니 아예 펀드를 고르는 법에 관한 책마저 나와서 팔리고 있는 형국이다. 많으면 선택의 폭이 다양해서 다다익선으로 좋을 것 같지만, 실제로는 그렇지 않다. 오히려 과유불급이다. 이렇게 많으면 아예 선택이 불가능하다. 대여섯 개면 모르겠는데 수백 개 수천 개에서 일반인이 본인에게 맞는 펀드를 고를 수 있겠는가?

참고로, 펀드의 선택 시 점검할 주요한 사항들은 다음과 같다.

첫째, 자산운용사의 연혁 및 투명한 운용철학과 운용시스템

둘째, 펀드 운용 기간(가능하면 3년 이상), 해당 기간 수익률 및 펀드 매니저의 경력

셋째, 펀드 설정액의 안정적 증가 및 설정액 규모(1천억 원에서 1조 원 미만이 이상적)

그런데 사실 전문가도 위와 같은 사항들을 파악해서 펀드를 선택한다는 것은 쉽지 않다. 하물며 일반인들이 이러한 방법으로 펀드를 선택한다는 것은 거의 불가능하다. 그러므로 어떤 펀드를 골라서 운용해나가야 하는지는 Chapter 5 '02 모두에게 적용되는 모델 포트폴리오'를 참고하기 바란다. 실패의 확률을 많이 낮출 수 있으리라 생각한다.

사모펀드처럼 공모펀드도 위험한 것이 아닌가?

펀드(공모펀드)의 구조를 정확히 이해하면, 은행에 예금하는 것보다 오히려 펀드가 더 안전하다는 것을 이해할 수 있게 될 것이다. 은행의 예금자 보호는 원리금 합쳐서 5,000만 원까지만 보호하므로, 그 이상의 금액인 경우는 은행의 파산 시에 다 사라진다. 표 6-3에서 공모펀드의 전체 운용 구조를 보면, 가입자는 3대 금융사인 증권사, 은행, 보험사에서 펀드를 구매한다. 이때 3대 금융사는 판매사다. 펀드를 만들고 운용하고 관리하는 회사를 자산운용사라고 한다. 이때 가입자가 펀드 구매를 위해 지급한 돈은 어떻게 되는가? 가입자의 돈은 자산운용사가 아닌 자산운용사가 위탁한 수탁사(주로 대형 시중 은행)의 신탁세정(은행이 절대로 손을 대서는 안 되고 보관만 해야 하는 특별계정, 은행의 파산 시에도 이 계정의 자금은 안전하게 보관된다)으로 바로 들어간다. 그리고 가입자가 매입한 펀드가 주식형 펀드이면 이 펀드를 구성하는 주식들, 펀드가 채권형 펀드이면 이 펀드를 구성하는 채권들에 가입자가 매입한 만큼의 각 증권에 가입자 소유의 꼬리표가 붙어서 예탁결제원에 보관된다. 즉, 가입자가 구매한 펀드를 판매한 증권사, 펀드를 만들고 운용하는 자산운용사, 돈을 보관하는 은행 등 모두가 파산해도 투자자의 돈은 은행의 신탁계정에 있거나, 주식 또는 채권으로 예탁결제원에 보관되어 있다.

이러한 구조는 ETF(Exchange Traded Fund)도 거래소에 상장되었다는 것만 다를 뿐 공모펀드의 한 종류이므로, 당연히 모든 프로세스가 동일하게 적용된다. 공모펀드는 이렇게 철저하게 투자자를 보호하는 시스템을 갖춘 데다 전 과정을 금융감독원이 철저하게 관리 감독하고 있으므로, 사실상 가장 안전한 구조를 가진 금융상품으로 이해하기 바란다. 해외의 선진국 펀드 역시 당연히 동일한 구조의 안전장치를 가지고 운용되고 있다. 원래부터 펀드의 안전장치도 선진국에서 만들어놓은 것이니 당연하다. 참고로, 언론에서 많이 들어본 뮤추얼펀드(mutual fund)는 다수의 투자자로부터 자금을 모아 주식회사를 만들어 투자하는 미국에서 주로 운용되는 일종의 공모펀드 정도로만 이해하고 넘어가자.

정리하면, 펀드는 소비자의 관점에서 보면, 현대 금융이 만든 최고의 상품이며, 실제로 일반인들이 알고 있는 모든 투자 상품 중에서 구조적으로 가장 안전한 상품이다. 전문투자가가 아닌 일반인들은 펀드(ETF 포함)를 최대한 활용하여 안전하게 노후를 위한 장기투자를 해나가기 바란다.

표 6-3은 펀드의 구조에 관여되는 주요 기관을 간단히 도표화한

| 표 6-3 | 공모펀드의 전체 운용 구조

가입자	판매사	자산운용사	신탁회사
상품가입 수수료지불	증권, 은행, 보험사 판매비용 차감	상품개발, 운용, 관리 소정의 수수료	대형은행(신탁) 결제원 예탁

판매사, 자산운용사, 신탁회사의 파산 시에도 펀드자산 안전

것이다. 이외에 펀드의 기준가를 산정하여 공시하고, 비용 정산 등의 장부 정리를 하며, 자산운용사의 자산운용보고서가 제대로 작성되었는가를 확인하는 등의 업무를 하는 '일반사무수탁회사'도 있는데, 가입자들이 굳이 이 기관까지 알 필요는 없어서 제외했다.

05 보험 상품을 통한 저축, 투자, 노후대비 연금

보험 상품이 저축, 투자, 노후대비 연금에 적합한가요?

1998년 외환위기 당시, 생명 보험사들은 최저 보증이 8%인 연금 상품을 열심히 팔았다. 당시에는 최저 보증을 8%밖에 안 주냐고 불평하는 고객들을 달래가면서. 만약 지금 이런 상품이 있으면 그야말로 영끌(영혼까지 끌어모아)과 빚투(빚내서 투자)해서 최대한 많이 가입했을 것이다. 하지만 지금의 현실은 보험사의 연금 상품에 가입 후 10년이 지나면 그야말로 달랑 연리 0.5%를 최저 보증한다.

대부분의 보험사는 저축성 상품인 연금보험, 저축보험에는 공시이율(2021년 2월 현재, 2% 초반, 최저보증이율 가입 후 10년까지 1%, 10년 후 0.5%)을 적용한다. 투자형 상품인 변액보험 및 변액연금보험은 고객이 자신의 책임하에서 상품에 들어 있는 펀드에 투자하는 것이므로 그 결과도 모두 고객의 책임이다.

종신보험의 경우는 2020년 초까지도 최저 보증을 3%까지 해주는 보험사가 있었다. 여기에 추가납입(참고로 추가납입의 경우는 사업비를 거의 받지 않음)을 기본 보험료의 두 배까지 하게 해줘서 10년 이상 추가납입을 하면 은행의 적금보다 해지환급금이 많아지는 데다 종신보험의 사망보험금 혜택을 받을 수 있는 장점이 있다며 이를 적금 상품처럼 판매하기도 했다. 하지만 최저보증이율의 하락 및 추가납입 한도의 축소로 인해 이러한 형태의 판매는 중단되었다.

금융사의 수익 구조

금융사는 고객이 돈을 맡기면 자신들의 비용과 수익을 차감한 후 고객의 돈에 일정한 이자나 수익을 얹어서 고객에게 돌려준다. 은행은 고객이 맡긴 예금이자보다 대출 이자를 높게 책정하여 발생하는 이른바 예대 마진을, 증권사는 일정액의 보수를, 보험사는 사업비를 차감한다. 증권사는 고객의 자산 전체에 일정액의 보수(보통 1% 이하)를 매년 차감해나가는 구조이며, 보험사는 고객이 매월 납입하는 보험료에 대해서 사업비를 차감한다.

보험사는 저축성 상품인 연금보험 및 저축보험의 경우, 사업비로 평균 8% 정도를 차감하고 남은 금액을 적립금이란 명목하에 공시이율로 운용한다. 과거와 같이 공시이율이 3~4% 할 때는 사업비를 차감하더라도 원금 도래 기간이 짧았지만, 현재와 같이 2% 수준에서는, 납입한 돈이 원금이 되는 데만 5년이 걸린다. 10년 이후에는 0.5%의 이자만 받을 확률이 매우 높다. 게다가 보험은 가입 후 일정기간(보통 7년) 이내에 해지하면, 적립된 금액에 일정 비율의 조기 해지 페널티를 적용하게 되어 원금에 한참 못 미치는 금액을 받게 된다. 이런 상황에서는 그냥 은행에 넣는 것만도 못할 수 있다.

변액보험 및 변액연금보험의 경우에는 평균 12% 정도를 사업비를 차감한다. 그리고 고객은 사업비가 차감되고 남은 88% 정도의 돈을 자신의 책임하에 스스로 알아서 펀드 선택 및 변경 등의 수익률을 관리해야 한다. 이런 구조에서는 수익률이 잘 나올 리 없다. 초기 투자비용이 줄어든 상태에서는 적정 크기의 스노우 볼을 만드는 데 시간이 오래 걸리며, 더 큰 문제는 고객 스스로 잘 알지도 못하는 펀드에 투자해야 하는 리스크까지 감수해야 한다는 것이다(최근에는 보험사가 알아서 펀드를 구성하고 변경해주는 변액보험도 등장했다. 그러므로 변액보험에 굳이 가입하고 싶다면, 이러한 상품을 검토해보기 바란다).

결론적으로 초저금리 시대에 보험사 상품으로 저축, 투자, 노후대비 연금을 준비하는 것은 이제는 바람직하지 않다. 이제 보험사 상품에 가입하려면, 개인의 사망, 건강, 상해 및 재산 손실, 배상 책임 등의 리스크 헤지를 위한 보험 본연의 목적에 맞는 상품에 가입하기 바란다. 기존에 가지고 있던 보험사 상품에 추가납입을 하고 있었다면 이자율은 몇 퍼센트로 적립되는지, 추가납입에 대한 사업비는 얼마인지 확인해보고, 만일 3% 정도가 안 되면 이도 중단하고 투자의 세계로 넘어와야 한다.

06 부동산

부동산을 안전자산으로 생각하게 된 이유

사람들은 부동산을 안전자산이라고 말한다. 그런데 위험자산과 반대되는, 안전자산이 되기 위해서는 다음의 3가지 기준을 맞춰야 한다.

- 시간의 흐름에 따라 자산 가격 상승 또는 최소한 고정
- 위험자산 가격 하락 시, 자산 가격 상승 또는 최소한 고정
- 위험자산 가격 상승 시, 자산 가격 아주 조금 하락 또는 최소한 고정

이 3가시 기준에 가상 완벽하게 부합하는 상품은 미국 국채다. 우리나라의 부동산, 심지어 강남 아파트도 위의 기준에 전부 부합하지는 않는다. 그런데 왜 사람들은 부동산을, 특히 아파트를 안전자산

이라고 생각하게 되었을까? 부동산은 하락하더라도 결국은 다시 원래의 가격을 회복하리라고 확신하고 있기 때문이다. 이런 믿음의 저변에는 무엇이 있을까? 과거의 경험과 실제 데이터, 장기투자가 밑바탕에 깔려 있기 때문이다. 부동산을 매입할 경우에는 장기투자를 기본으로 한다. 장기투자를 했기 때문에 일시적인 가격 변동에는 거의 관심을 두지 않는다.

부동산을 사고 나서 매일 부동산 시세를 확인하는 사람을 본 적이 있는가? 장기투자와 오를 것이라는 믿음 두 개가 확고하게 마음 깊이 깔려 있기에 설령 하락하더라도 흔들리지 않고 버틸 수 있는 것이다. 그러다 보면 언젠가는 제자리로 돌아오고 계속 우상향하게 되므로 부동산을 안전자산이라고 생각하게 된 것이다.

우리나라 아파트의 경우에 일정 부분 안전자산의 성격이 있다고 할 수 있겠으나, 수익형 부동산의 경우에는 안전자산과는 상당히 거리가 있다. 수익형 부동산의 대표 투자 상품인 리츠(REITS, Real Estate Investment Trusts, 다수의 투자자로부터 자금을 모집하여 부동산에 투자, 운영하고 수익을 투자자에게 돌려주는 주식회사 형태의 부동산 상장 펀드)의 경우 전혀 안전자산으로 볼 수 없다.

수익형 부동산은 주식과 그 궤적을 함께하는 위험자산이며, 오히려 어떤 경우는 주식보다 더 위험한 자산이다. 떨어질 때는 주식만큼 어떤 때는 주식보다 더 떨어지고, 오를 때는 주식보다 천천히 오른다. 주식은 실물 경기를 선반영하는 데 반해, 부동산은 실물 경기를 반영하여 움직이기 때문이다. 계속 강조하는 "떨어질 때 덜 떨어지고 오를 때 더 오르는 상품에 투자한다."라는 투자의 황금률에 비취보면, 수익형 부동산은 주식보다 매력적인 투자 상품이라 할 수 없다.

부동산의 비중은 줄여나가야 한다

자본 비중에서 부동산 비중이 클수록 국가 및 개인의 경쟁력이 떨어진다고 한다. 당연한 얘기다. 평생 번 돈을 집 사는 데 다 써버린다면, 어찌 소비가 발생하고 이에 따른 생산이 발생하겠는가? 전체 자산에서 부동산 자산의 비율은 2019년 말 기준 중국과 한국이 70% 이상인 데 반해, 미국은 30% 정도밖에 되지 않았다. 미국도 주택가격은 계속 오르고 있기는 하나, 2020년 말 기준 미국 샌프란시스코 근교에는 아직도 5억 원이면 수영장 딸린 집을 구매할 수 있다고 한다. 미국의 경우 주거비용은 소득과 비교하면 비교적 안정되어 있고 재화는 중국에서 싸게 사서 쓰니 삶의 질이 올라간다. 자산의 상당 부분이 부동산이 아닌, 주식 시장으로 흘러 들어가 회사의 주가를 올려 회사의 가치와 신용을 높이고, 회사는 높아진 가치와 신용을 기준으로 저리의 대출을 받아서 재투자(연구개발, 공장신축)하여 회사를 더욱 발전시키게 된다. 글로벌 최상위의 회사들이 미국 기업인 이유와 미국 주식 시장이 꾸준히 우상향하는 이유에는 비교적 저렴한 주거비용과 발전된 금융시장이 큰 몫을 차지한다.

일본경제연구소가 2020년 12월 11일 발표한 자료에 따르면, 미국과 중국의 GDP 역전 시점을 원래는 2036년으로 예상했으나, 코로나19로 인하여 빠르면 2028년에도 역전이 가능한 것으로 예상했다. 그런데 최근 500년간의 세계를 제패한 대국을 보면, 제조에서 무역으로 군사로 끝에는 금융으로 세계를 제패했다. 그러므로 OECD 금융지수 최하위인 중국은 설령 GDP를 역전시키더라도 미국과의 경쟁에서 계속 뒤처질 수밖에 없을 것이다. 금융 수준을 10~20년 만에 미국의 수준으로 올리기는 불가능하기 때문이다. 이렇듯 금융의 수준과 금융의 규모는 개인뿐만 아니라 국가의 경쟁력에서도 가장 중요한 요인이 되고 있다.

아파트 구매는 잠시 뒤로 미뤄두자
상투는 잡지 말자

2020년 10월을 기준으로 최근 5년 사이에 서울의 아파트 가격이 두 배가 되었다고 한다. 강남 3구의 아파트의 평균 매매가격은 20억 원을 돌파했고 서울 전체로는 10억 원을 돌파했다. 하지만 표 6-4의 그래프를 보면 사실은 최근 5년이 아니라 14년 만에 두 배로 올랐다. 2007년부터 2017년까지 거의 10년을 우하향했다. 주식과 마찬가지로 아파트도 역시 상승과 하락을 반복하면서며 우상향한다. 강남 아파트조차도 상승만 하는 것이 아니라, 장기간 떨어질 때도 있음을 유념하기 바란다. 2021년 초 시점에서 아파트 가격이 앞으로 더 오를지 아니면 떨어질지는 단언하기 힘들지만, 최근 몇 년 사이의 너무도 급격한 상승을 고려할 때, 앞으로 과연 얼마나 더 오를지에 대해서는 의구심이 생긴다. 현재의 경기 상황과 부동산 정책을 고려할 때, 2021년 초 현재는 부동산을 살 때는 아닌 것으로 판단

| 표 6-4 | 서울 아파트 평당 시세 변화

(단위: 만 원/3.3m²)

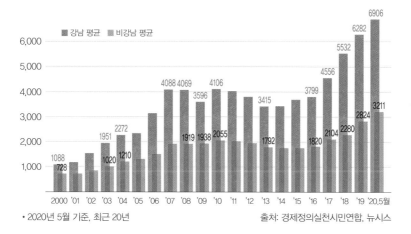

• 2020년 5월 기준, 최근 20년   출처: 경제정의실천시민연합, 뉴시스

된다. 게다가 부동산은 사고 보유하고 팔면서 내야 할 세금과 비용이 계속 늘어나는 상황을 고려한다면(표 2-13 대한민국 전체 세금, 표 3-15 수익형 부동산 관련 중요 세금 및 비용 참고), 이제 자신이 들어가서 살 집이 아닌, 아파트를 투자 목적으로 구매를 고려한다면 더욱 신중해져야 할 것이다. 앞으로 더 오를 거란 확신이 들지 않는다면, 혹시 지금이 상투는 아닐까 하는 의구심이 조금이라도 든다면, 투자 결정을 보류해야 한다. 주식이든 부동산이든 오를지 떨어질지 확신이 안 설 때 성급히 투자하면 대부분 결과가 좋지 않기 때문이다.

갑자기 다가온 인구절벽

경기변동 수기(사이클)을 예측하는 대표적인 형태는 40개월 주기의 키친, 10년 주기의 주글라, 17년 주기의 한센, 20년 주기의 쿠즈네츠, 45~60년 주기의 콘트라티예프가 있다. 여기서 특히 주목할 주기는 한센이다. 한센 주기는 17년을 주기로 부동산·건설 시장의 상승과 하락을 예측하는데, 그 예측력은 상당한 것으로 인정되고 있다. 미국의 주택 시장은 1973년 정점을 만들고 17년 후인 1990년 다시 고점을, 그리고 또 17년 후인 2007년 고점을 형성했다. 영국과 캐나다의 주택 시장도 같은 사이클을 보여주고 있고, 한국의 주택 시장역시 통계로 집계된 1980년 이후 비슷한 흐름을 보여주고 있다. 이 주기대로 주택 시장이 움직인다는 가정하에 2021년을 정점으로 본다면, 다음 정점은 2038년 전후가 된다. 그런데 2038년이 되기도 전에 너무도 두렵고 거대한 현상이 하나 끼어든다. 바로 '인구절벽', 국가 인구 통계 그래프가 급격하게 하락을 하는 구간을 일컫는 용어다.

통계청 발표에 따르면, 2020년 한국의 합계출산율은 0.84명으로, 1명 미만인 국가는 전 세계에서 한국이 유일하다. 여기에 한술 더떠서 서울의 출산율은 충격적인 0.6명 대로 떨어졌다. 2019년 30만 3,000명이었던 출생아 수는 2020년 27만 2,400명으로 역사상 처음으로 20만 명 대로 감소했다. 베이비부머시대에 한 해 출생아 수가 100만 명 이상도 기록했던 것을 생각하면 격세지감을 느낀다. 이미 2020년부터 사망자가 출생아보다 많아지는 자연감소가 시작되었고, 2021년부터 본격화된 인구절벽이 시작되었다.

2031년으로 예상했던 인구 정점 시점도 2028년으로 3년이나 앞당겨졌으며 여기서 더 앞당겨질 가능성도 배제할 수 없다고 한다. 늦어도 2028년부터는 외국인의 국내 유입까지 통계에 넣더라도, 대한민국의 인구가 급격히 감소하기 시작한다는 것이다. 출산율의 지속적인 감소하에서는 필연적으로 나타나는 현상, 노인만 늘어나고

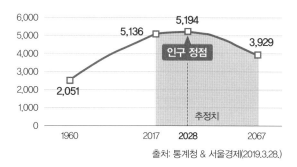

출처: 통계청 & 서울경제(2019.3.28.)

아이는 사라지는 인구절벽은 국가적인 엄청난 재앙이나 이제는 피
할 수 없는 운명으로 받아들여야 한다.

데이빗 콜먼(David Coleman) 옥스퍼드대 교수는 저출산으로 인한
'인구 소멸 국가 1호'가 일본이 아닌, 대한민국이 될 것이라는 충격
적인 발표를 이미 2006년에 했다. 이때만 해도 설마 했지만, 그 설마
가 현실이 되었다. 실제로 출생률 하락을 이대로 방치한다면 2100
년 한국의 인구는 지금의 절반도 안 되는 2,000만 명으로 줄어들고,
2300년이 되면 사실상 소멸 단계에 들어가게 된다는 전망이다. 이
런 것까지 1등은 안 해도 될 텐데. 실제로 현재의 출산율이 더 떨어
지지 않고 지속할 경우에도 사오백 년 후에는 한반도에서 한민족은
완전히 소멸한다고 한다. 너무 먼 미래라 별로 감흥이 없을 수도 있
겠지만, 반만년을 지속해온 한민족 소멸의 도화선을 우리가 당겼다
는 죄책감은 떨쳐버릴 수 없다.

타산지석(他山之石)으로 삼아야 할 일본의 사례

우리나라의 인구 정점을 2028년으로 예상했을 때 이보다 20년 앞선 2008년에 인구 정점을 맞이하고 인구절벽이 이미 시작된 일본의 경우, 인구 감소가 부동산에 어떤 영향을 미쳤을까?

인구 정점을 12년 지난 2020년 7월 현재 일본의 빈집은 전국에 약 1,000만 호에 달한다고 한다. 심지어는 도쿄의 중심지에서 전철로 30분 거리 안에 있는 주택단지에도 빈집이 늘고 있다고 한다. 전국 대부분 아파트는 90년대 초의 1/3 가격에 거래되고 있으며, 2020년 도쿄올림픽을 위한 경기 부양, 마이너스 금리, 청년들의 1인 가구 증가로 2020년 초에 도쿄 중심부의 소형주택은 그나마 조금 상승했으나 그마저도 2020년 7월을 기점으로 다시 하락세로 반전했다고 한다. 이러한 주택 수요의 감소와 주택가격의 하락은 인구의 감소가 결정적인 원인이 되었다고 한다.

아파트 구매 대신 전세로, 전세 대신 월세로

만일 장기적인 관점에서 이러한 흐름에 어느 정도 공감한다면, 아파트 구매는 일단 미뤄야 한다. 시간이 흐를수록 부동산 시장은 구매자 입장에 유리하게 바뀔 것이다. 반드시 아파트를 구매해야 할 상황이라면, 가능하면 서울, 경기 및 대도시에서 먼 위치는 피해야 한다.

향후 아파트 가격의 하락장이 시작되면, 전세자금을 날릴 가능성도 있으니, 전세는 피하고 월세를 선택해야 한다. 참고로 월세의 가격이 적정한지를 확인하는 방법은 다음과 같다. 전세자금에서 월세 보증금을 뺀 가격에, 시중은행의 아파트 담보 대출 평균 이자율보다 1~2% 정도 높은 이자율을 곱하고, 이것을 12개월로 나누어 나온 값이 월세보다 높으면 월세는 적당한 가격이다. 예를 들면, 시중 6대 은행의 아파트 담보 대출의 평균 이자율이 3% 정도로 형성되어 있다면, 월세 전환율은 5%까지가 합리적으로 용인할 수 있는 범위다. 이 경우 전세가 7억 원이고, 월세 보증금이 1억 원이라고 가정하면, 7억 원에서 1억 원을 뺀 6억 원의 5%인 3,000만 원이 나오고, 이를 월세로 전환하기 위해 12로 나누면 월 250만 원이 나온다. 이 경우 월세가 250만 원보다 높으면 비싼 것이고, 250만 원 이하라면 좋은 조건인 것이다. 단 각종 보유세 및 비용이 계속 증가하고 만일 아파트 가격이 하락하는 시점이 오게 되면, 아마도 이를 벌충하기 위해 월세 전환율은 아파트 담보 대출 범위의 상한선보다 약 3~4% 정도로 높게 책정될 수도 있을 것으로 예상한다.

07 대체투자:
금, 은, 구리, 원유, 비트코인, 달러

대체투자(Alternative Investment)는 투자의 두 축인 주식과 채권을 제외한 모든 투자를 일컫는다. 그러므로 대체투자의 대상과 범위는 실로 넓고 다양하다. 대표적인 대체투자의 대상이 되는 자산으로는 부동산을 위시하여 금, 은, 구리 등의 금속, 원유 및 천연가스 등의 원자재, 곡물 등이 있으며, 최근 떠오른 비트코인 등도 여기에 포함된다. 이러한 대체투자의 자산 중 한국인들에게 가장 관심이 높은 부동산은 별도로 분리하여 이미 앞에서 다루었으므로, 여기서는 금, 은, 구리 및 산업용 금속, 원유, 비트코인을 다루겠다. 여기에 추가하여 세계에서 가장 안전한 자산으로 간주하는 현찰인 기축통화, 미국 달러도 다루고 지나가겠다.

금

일반적으로 부자들은 금을 매우 좋아하고 금에 투자를 많이 할 것 같다고 생각한다. 과거 골드바를 무자료로 거래하던 시절에는 그랬다. 사실 그때는 금 자체에 투자했다기보다는 다른 목적이 더 컸을 것이다.

사람들은 경제 위기가 오면 안전자산으로 자금을 이동시킨다. 위험자산인 주식에서 채권으로, 채권 중에서도 가장 안전하다고 생각하는 미국 국채로, 그리고 정말로 큰 위기라고 생각하면 마지막 궁극의 안전자산인 기축통화, 미국 달러로 자금을 이동시킨다.

사람들은 일반적으로 금도 안전자산이라고 생각한다. 그러면 안전자산인 금은 미국 달러와 그 궤적을 같이 해야 하지 않을까? 미국 달러와 금의 상관관계를 보기로 하자. 참고로 달러 인덱스는 미국 달러의 가치 척도에 사용되며, 이에 대한 설명은 이 장의 뒷부분 '미국 달러(기축 통화)'에서 하기로 하겠다.

| 표 6-6 | 달러 인덱스 vs 금 가격 비교 차트

출처: 블룸버그

표 6-6의 상관관계를 보면, 금은 가장 안전자산인 미국 달러와는 완전히 반대로 움직임을 확인할 수 있다. 여기서 금이 안전자산이 아님을 알게 되었을 것이다. 금이 안전자산이 아니라면, 위험자산인 주식과는 궤적을 같이 하는지도 확인해보자.

금은 지난 25년간 대부분 주식과 동조하여 움직였으나 그렇다고 전 구간에서 완전히 동조되어 움직이지도 않는다. 표 6-7 그래프의 분홍색 기간에는 주식과는 반대로 움직였다. 안전자산의 가장 중요한 것 중의 하나인 변동성도 주식 못지않게 매우 높다. 또한 주식과 채권은 투자하면 자신들이 알아서 주인을 위해 일을 한다. 주식은 수익을 내어 주가를 올리고 배당금을 주며, 채권은 이자를 준다. 하지만 금은 그야말로 금속 덩어리일 뿐이다.

정리하면, 금은 안전자산이 아니며 변동성도 크고 방향성을 예측하기도 매우 어렵다. 게다가 추가로 주는 수익도 없다. 그러므로 금은 개인투자자가 건드리기 매우 어려운 투자처다. 다만 달러로 많은 자산을 가지고 있는 경우에는 달러 가치의 하락 헤지용으로 사용하

| 표 6-7 | 전 세계 주식 지수(MSCI ACWI) vs 금 가격 비교 차트

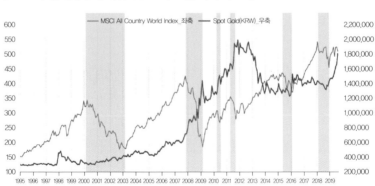

출처: 블룸버그

기에는 매우 좋으므로 달러 가치 하락기에는 금을 일부 보유하는 것도 좋은 전략이다.

미국의 달러가 계속 풀리고 있는 상황에서는 장기적으로 금이 우상향할 것을 의심하는 전문가는 없다. 게다가 미국 국채를 세계에서 가장 많이 보유하고 있는 중국 정부는 2008년 금융 위기와 2020년 코로나19 위기에 미국 정부가 발행한 막대한 달러로 인해 보유한 미국 국채의 가치 하락을 앉은자리에서 두 번이나 당했다. 이에 중국 정부는 미국 국채 보유량을 조금씩 줄여나가면서 대체자산으로 금을 지속하여 매입하고 있다.

여러 요인을 고려할 때, 금에 장기투자하면 수익이 나긴 하겠지만, 이보다 방향성을 예측하기 쉽고 투자수익도 훨씬 더 좋은 투자처인 주식을 놔두고 굳이 금에 투자할 이유는 없다. 엄청나게 큰 규모를 움직이는 헤지펀드의 경우에는 포트폴리오 분산 차원에서 금을 매집하는 것이므로, 개인이 이런 투자 행태를 따를 필요는 없음을 강조한다.

은

은의 경우는 최근에는 귀금속으로 사용되기보다는 산업용 소재로 훨씬 더 많이 사용된다. 그런데도 여전히 귀금속으로 가치가 있어서 금과 그 궤적을 같이한다. 다만 금보다 그 변동성이 훨씬 크다. 등락 폭도 너무 크고 그 속도도 너무 빠르다. 개인투자자는 아예 은 투자는 생각도 하지 않길 바란다.

| 표 6-8 | 은 가격 vs 금 가격 비교 차트

출처: 블룸버그

구리 및 산업용 금속

구리는 산업용 금속의 대표주자다. 경기가 좋아지면 구리의 사용
이 급증하며, 경기가 나빠지면 구리의 사용은 급락한다. 경기를 구
리만큼 정확히 예측하는 것이 없다고 하여, '구리 박사(Dr. Copper)'라
는 별명도 있다. 구리와 산업용 금속의 상관관계와 산업용 금속과
주식의 상관관계를 한번 보자.

| 표 6-9 | 산업용 금속 가격 vs 구리 가격, 산업용 금속 가격 vs KOSPI 비교 차트

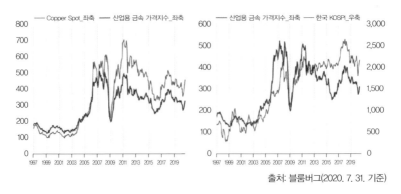

출처: 블룸버그(2020. 7. 31. 기준)

표 6-9의 그래프를 보면, 산업용 금속 가격지수와 구리 가격은 완전히 동조화되어 움직이지만, 구리의 등락 폭이 훨씬 더 크다. 산업용 금속 가격지수는 한국 KOSPI와 완전히 동조화되어 움직이지만, 그 등락 폭이 큰 데다 하락 폭은 더욱 크다. 그러므로 구리나 산업용 금속에 투자할 바에는 차라리 KOSPI에 투자하는 것이 변동성도 줄이며 어느 정도 예측도 가능하고 수익률도 더 높일 수 있다.

원유

원유는 가볍게 짚고 넘어가려고 했으나, 2020년 3월 원유가 폭락하자 이를 저점 매수의 기회로 여긴 수많은 개미들이 원유에 투자하여 엄청나게 많은 돈을 날렸기에 여기서 다루고 지나간다.

표 6-10과 같이 원유의 변동성과 변동 폭은 상상을 초월한다. 꾸준히 우상향하는 것도 아니다. 게다가 원유는 모두 선물(先物, Futures)로만 투자한다. 현물로 주고받을 수 있는 물건이 아니다. 누가 매번

| 표 6-10 | 국제 유가 추세(1999~2020년)

(단위: 달러/배럴)

출처: GS칼텍스, 한국석유공사

그 시커먼 기름이 담긴 드럼통을 인수해갈 것인가? 그러므로 선물이라는 시차까지 추가로 반영되어 그 변동성은 더욱 엄청나게 커진다. 그야말로 미래를 예측하여 베팅하는 프로 중에서도 상 프로들만이 거래하는 상품이다. 그런데 2020년 3월 코로나19로 유가가 너무 폭락하자 한 방을 노리고 여기에 과감히 개미들이 뛰어들었다. 그 큰 변동성에 추가로 레버리지까지 걸은 상품에 투자했기에 변동성은 천문학적으로 커졌고 그 결과는 실로 처참했다.

2020년 9월 한국거래소의 ETF·ETN 월간보고서에 따르면, 당시 연간 수익률 하위 종목은 'AA레버리지 WTI원유선물 ETN(H)', 'BB레버리지 WTI원유선물 ETN(H)', 'CC레버리지 WTI원유선물ETN'이 모두 -97.5%의 하락률로 1위를 기록했으며, 그 다음 순위도 'DD레버리지 원유선물혼합 ETN(H)'로 -90.5%를 기록했다고 한다. 투자금을 전부 날렸다는 뜻이다. 참고로, 앞의 AA, BB, CC, DD는 국내 증권사 명을 대신한 것이다.

| 표 6–11 | USO(미국 원유ETF) 최근 1년 주가 추이   2020년 12월 10일 기준

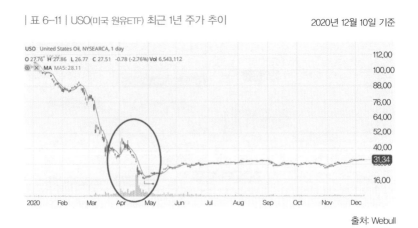

출처: Webull

표 6-11의 그래프에서 붉은 원 안의 아랫부분 세로 막대기가 거래량이다. 엄청나게 많은 거래를 동반하며 유가는 폭락했다. 나는 이 막대기들이 마치 개미들의 무덤같이 보여 마음이 아프다. 원유의 투자는 투자가 아닌 투기이며, 투기 중에서도 상당히 위험한 투기임을 인지하고, 앞으로는 절대로 원유는 쳐다보면 안 된다. 한두 번 운이 좋아 딸 수는 있어도 계속되는 노름으로 성공한 노름꾼은 없음을 반드시 명심하기 바란다.

비트코인(암호화폐)

비트코인의 탄생

비트코인에 대해서 언급을 하려면, 4차산업혁명의 중요 분야 중 하나인 블록체인(block chain)을 언급하지 않을 수 없다. 블록체인은 데이터 분산처리 기술이다. 모든 데이터는 분산되어 서로 네트워크로 연결되어 있으며, 데이터의 변경 내역은 실시간으로 모든 참여자가 공유하게 된다. 중앙에서 콘트롤하는 장치나 관리자가 필요 없다. 해킹을 하기 위해서는 모든 참여자의 데이터를 동시에 위변조해야 하는데, 이러한 구조하에서는 이론적으로나 실질적으로나 해킹이 원천적으로 불가능하다. 이는 블록체인 기술을 사용한 데이터 및 정보에 높은 신뢰도와 완벽한 보안이 가능하게 했다.

이 블록체인 기술을 바탕으로 중앙은행 없이 화폐의 발행이 가능해졌고, 암호화폐의 어머니 격인 비트코인이 탄생했다. 비트코인은 엄청나게 복잡한 수학 문제를 슈퍼컴퓨터를 동원해 풀어야 하는

데, 이렇게 하나의 문제를 풀 때마다 한 개의 비트코인을 받게 된다. 이러한 과정을 마치 금을 캐는 것에 비유하여 채굴한다고 표현한다. 처음 개발 시점부터 100년간 2,100만 개만 채굴하도록 한정되어 있으며, 2020년 말 현재 90% 이상 채굴한 것으로 예상한다. 비트코인의 수가 유한하므로 그 값어치는 계속 오를 가능성이 높다.

알트코인

알트코인(altcoin)이란 alternative coin(대체 가능한 코인)의 약자로서, 이더리움, 리플, 비트코인캐시 등 비트코인이 아닌 모든 암호화폐를 알트코인이라 총칭한다. 간략히 알트라고도 한다. 다양한 알트코인들이 생겨난 이유는 최초의 암호화폐인 비트코인의 기능을 개선한 새로운 코인들이 필요하기 때문이다. 정체불명의 개인인지 단체인지도 아직 확인이 안 된, 사토시 나카모토는 2009년 1월 비트코인을 개발한 후 그 소스 코드를 인터넷에 공개했다. 누구든지 비트코인의 소스 코드를 읽어보고 일부 기능을 개선하여 새로운 이름을 가진 코인을 개발할 수 있게 해줬다. 2020년 말 현재 전 세계 알트코인의 종류는 1,600개를 넘고 있다.

암호화폐의 시장 규모와 비트코인의 역할

암호화폐 전체의 시장 규모는 2021년 들어와 가격의 급등으로 2021년 2월 현재 1조 달러(약 1,100조 원)을 넘어섰다. 이 중에서 비트코인의 시장 점유율은 약 50% 정도다. 2009년 비트코인이 처음 세상에 나온 후 다양한 알트코인들이 계속 등장하면서 비트코인의 상대적 비중이 점차 줄어들고 있지만, 여전히 비트코인의 비중은 압도적으로 크다. 비트코인은 다른 코인의 가치를 측정하는 기축통화의 기능을 수행하고 있다. 암호화폐 시장에서는 비트코인이 미국 달러의 역할을 수행하는 셈이다. 암호화폐 거래소에서는 법정화폐로 거래할 수 있는 시장 이외에 별도로 비트코인을 기준으로 거래할 수 있는 시장을 운영하고 있다. 즉, 다른 알트코인의 시세를 비트코인 기준으로 표시하고, 비트코인을 이용하여 알트코인을 거래할 수 있게 하는 시장이다. 이러한 비트코인 기준 시장을 'BTC 마켓'이라고 부른다.

비트코인에 투자해야 하는 이유

첫째, 2020년을 기점으로 미국의 대형 투자 기관들이 비트코인을 사들이기 시작했다. 달러 약세에 대비한 금과 같은 대체 투자처로서 비트코인을 인식하기 시작한 것이다.

둘째, 비트코인의 채굴이 완료되어가고 있다. 수요는 있는데 공급이 안 늘어나면 가격은 당연히 상승하게 된다.

셋째, 비트코인은 거래와 소유에 대한 비밀이 보장되며, 미래 통화의 한 축을 담당할 수 있다.

참고로, 비트코인과 알트코인은 거의 완벽히 동조되고 있으므로, 비트코인의 성장은 전체 암호화폐 시장의 성장으로 생각하면 된다.

비트코인에 투자하면 안 되는 이유

첫째, 기본적으로 비트코인 외에 수천 개의 알트코인을 채굴하는 업체가 탄생했는데, 이 중 일부는 실제 비트코인 채굴을 빙자하여 피라미드방식으로 회원을 모집 후 일정 금액이 모이면 하루아침에 사라지는 사기를 벌였다. 투자한 전 재산을 날린 사건이 국내와 해외에서 계속 발생하고 있지만, 대부분 피해 보상을 받지 못하며, 회사와 서버가 외국에 있는 경우 보상은커녕 사기조직의 주체도 파악할 수 없는 경우도 많다.

둘째, 비트코인 거래소가 의외로 해킹에 취약하다. 실제로 최근 몇 년간 국내와 해외에서 수차례에 걸쳐 해킹으로 비트코인이 사라지는 사건이 발생했다. 해킹할 수 없는 비트코인을 맡아 보관하는 은행 역할을 하는 비트코인 거래소가 해킹에 취약하다는 것이 아이러니하다.

셋째, 비트코인은 본연의 내재가치가 존재하지 않는다. 내가 산 가격보다 누군가가 더 높은 가격에 사줘야 가격이 오른다. 더 큰 바보 이론(Greater Fool Theory)이 적나라하게 해당하는 시장이며, 오로지 시장의 수요에 의해서 가격이 등락할 뿐이다. 시장의 수요가 사라지면 가격 폭락을 잡아줄 브레이크는 존재하지 않는다. 하루에 수십 퍼센트씩 오르고 내리며, 그 상승과 하락에 특별한 원인이나 배경이 없다.

넷째, 세계 대부분 주요 국가들은 종이 화폐에서 전자화폐로의 전환의 앞두고 있다. 비트코인과 같은 블록체인를 기반으로 한 가상화폐, 정확히는 중앙은행이 발행하는 전자화폐(CBDC)를 사용하는 시대가 곧 올 것이다. 이때 비트코인을 위시한 암호화폐의 시장이 너무 커져 있다면 중앙은행의 전자화폐에는 큰 위협이 될 것이다. 전자화폐 개발에서 가장 앞서가는 중국은 이러한 불상사를 미연에

방지하고자 2021년 5월 24일 모든 암호화폐의 사용, 거래, 심지어는 채굴까지도 법으로 금지하고 강력한 단속을 시작했다. 전 세계 암호화폐 거래의 90%를 차지하는 중국 시장에 철퇴가 내려짐으로써 세계 암호화폐 시장은 당시 급격히 위축되었다.

다섯째, 이 내용이 암호화폐에는 가장 크고 위협적인 리스크다. 만일 미국이 암호화폐로 인해 기축통화의 지위를 조금이라도 위협받는다면? 기축통화는 미국이 절대로 포기할 수 없는 전지전능한 파워이며 가치로 환산할 수 없는 미국만이 유일무이하게 보유한 황금알을 낳는 거위다. 또는 미국 정부가 가장 치를 떠는 아랍게 무장 테러 조직의 자금이 암호화폐로 관리되고 있다면? 미국 정부는 비트코인을 포함한 모든 암호화폐의 사용을 불법화할 것이며, 모든 암호화폐의 운명은 그것으로 끝난다. 이러한 시나리오가 조만간 현실로 일어날 가능성이 크지는 않겠지만, 그렇다고 전혀 없어 보이지도 않는다.

결론적으로, 이렇게 변동성이 크고 원금이 다 사라질 가능성이 큰 자산에는 절대로 소중한 자산을 투입해서는 안 된다. 투자가 아니고 투기며 노름이다. 남이 일확천금을 벌었으니 나도 그렇게 되리라 절대로 생각하지 마라. 그럼에도 불구하고 굳이 암호화폐에 투자하겠다고 한다면, 본인의 투자 가능 자산의 5% 정도만 하기 바란다. 그런데 노름이란 것이 푼돈을 가지고 재미로 시작했다가 집까지 잡히게 되는 법이라서, 이 퍼센티지를 지킬지는 심히 의심스러우나, 아무튼 그 이상은 절대로 투입해선 안 된다. 투자 대상으로 오리지널 비트코인 또는 알트코인 중에서는 글로벌 상위 10위 이내에 드는 코인에만 투자해야 한다.

미국 달러(기축통화)

미국 자산에 투자할 경우 일부를 현찰로 보유하게 된다. 여기서 현찰은 당연히 기축통화인 미국 달러를 지칭한다. 미국 달러는 세상에서 가장 믿을 수 있는 궁극의 안전자산이다. 극한의 공포가 엄습하면 금이고 미국 국채고 다 필요 없다. 오로지 믿을 것은 미국 달러밖에 없다.

대부분의 거대 헤지펀드들은 포트폴리오를 나눌 때 상황에 따라 다르지만 적게는 10%에서 많게는 50%까지도 현찰로 미국 달러를 보유한다. 헤지펀드뿐만 아니라 대부분 큰 자산을 운용하는 펀드매니저의 경우도 금리가 오르는 시점이나 제로금리의 상태에서는 채권으로 수익을 내기 어려워서 안전자산으로 채권 대신 현찰로 포트폴리오를 구성한다. 현찰을 가져갈 때의 좋은 점은 가치의 변화가 극히 제한되어 있으며, 주가 급락 시 과도하게 하락한 주식을 바로 매입할 수 있는 신속성을 높인다는 것이다.

달러 인덱스(Dollar index)

여기서 미국 달러를 하나의 투자 대상으로 논하고 있으므로, 그 가치가 어떻게 산정되는지를 알아보자. 가치를 정하려면 비교 대상이 있어야 한다. 미국 달러는 선진국 6개국의 화폐와 비교하기 시작했는데, 이것을 지수화한 것을 '달러 인덱스(dollar index)'라고 한다. 6개국의 화폐는 유럽 유로, 일본 엔, 영국 파운드, 캐나다 달러, 스웨덴 크로나, 스위스 프랑이다. 중국의 위안화는 중국 당국이 아직도 어느 정도 환율에 개입하고 있으므로 그 값어치의 신뢰도에 문제가

| 표 6-12 | 달러 인덱스 vs 유로화 환율(EUR/USD) & 달러 인덱스 구성통화 및 구성비중

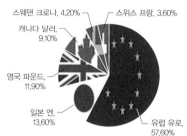

있어서 포함되어 있지 않다. 달러 인덱스는 미국 달러 가치를 선진국 6개국 화폐의 가치로 나눠서 나온 값이다. 미국 연방준비제도 이사회(FRB)에서 작성하여 발표하며, 1973년 3월 시점의 값을 100으로 하여 출발했다.

미국 달러 대비 6개국 통화의 가치가 오르면 달러 인덱스는 떨어지고, 그 반대의 경우는 오른다. 즉, 달러 인덱스가 올랐다는 것은 미국 달러가 선진국 6개국 통화와 대비해서 강세라는 의미이며, 이 경우 원·달러 환율은 오르게 된다(달러 강세, 원화 약세). 반대로 달러 인덱스가 떨어졌다는 것은 미국 달러가 선진국 6개국 통화와 대비해서 약세라는 의미이므로, 원·달러 환율은 내린다(달러 약세, 원화 강세). 위험자산인 주식에 우호적인 환경이 조성된다. 동시에 달러의 가치하락을 헤지하기 위해 자산의 일부는 금 등에 투자해야 하는 시점이 된 것으로 받아들이면 된다. 이렇게 달러 인덱스는 원·달러 환율 변화의 척도로 사용되므로, 우리에게는 가장 중요한 지표 중의 하나다.

08 빚(대출)

투자처를 말하다 갑자기 '빚(대출)'이 왜 나오나 하겠지만, 빚은 투자처는 아니지만 투자의 수익률을 배가시키는 역할을 한다. 경제학에서 사용하는 '레버리지 효과(Leverage Effect)'는 외부로부터 빌린 차입금으로 자기자본이익률, 쉽게 말해 투자의 수익률을 높이는 것을 말한다. 레버리지(leverage)는 우리말로 지렛대다. 적은 힘을 들여 많은 힘을 전달하는 것이다. 즉, 우리가 투자의 영역에서 사용하는 레버리지는 남의 돈, 즉 빚(대출)을 말한다. 가장 대표적이며 그 효과가 큰 레버리지는 기업이 생산량을 늘리고자 할 때, 은행 및 투자자로부터 돈을 빌려 생산 시설을 증축하여 생산량과 매출액, 영업이익을 늘리는 것이다. 이런 경우 레버리지는 순기능을 하지만 시설을 증축한 시점에 코로나19와 같은 악재가 터지면 기업은 빚은 빚대로 남고 대출의 이자까지 부담해야 하는 이중고에 빠지게 된다. 이렇듯 레버리지는 상황에 따라 순기능과 역기능을 한다.

자연계에 존재하는 모든 것에는 '절대 선'이나 '절대 악'이 없다. 항상 선악이 공존한다. 빚(대출)에도 당연히 좋은 빚과 나쁜 빚이 있다.

좋은 빚과 나쁜 빚 구별법

다음의 3가지 질문에 대한 답이 전부 '예'이면 좋은 빚이고, 하나라도 '아니오'가 나오면 나쁜 빚이다.

첫째, 선한 목적으로 사용하는 것인가?

선한 목적이란 개인의 발전에 투자한다거나, 자산을 증식시키는 데 투자하는 것을 의미한다.

둘째, 장기에 걸쳐서 상환이 가능한가?

여기서 장기간이란 가능하다면 10년 이상을 말한다. 그래야 상환 계획을 세울 시간을 벌 수 있으며, 레버리지로 투자를 한 곳에서도 수익을 발생시키기 위해서는 충분한 시간이 필요하기 때문이다.

셋째, 이자율은 적절하며, 향후 급격히 올라갈 가능성이 없는가?

이자율은 기준금리보다 2% 정도까지만 차이가 나야 하며 급격히 오를 확률이 없어야 한다. 만일 3~4% 이상 차이가 나면 레버리지를 일으켜 투자한 곳에서 상당한 수익을 꾸준히 발생시켜야 하는데, 저성장 저금리 시대에 현실적으로 이것이 절대 쉽지 않다. 이자 상환의 부담이 가중되고, 이자를 갚기 위해 투자의 변동성을 키울 수밖에 없게 되고, 그렇게 되면 투자에 실패할 확률이 높아지게 된다. 이 경우, 레버리지는 오히려 역효과를 가져오게 된다.

좋은 빚

학자금 대출

우선 자신의 발전을 위해서 사용하는 것이며, 대학 졸업장은 향후 자신의 값어치를 올리고 자산을 모아가는 데 매우 중요한 조건이 될 것이다. 일반 상환 선택 시, 10년 거치 후 10년간 원리금을 상환하면 된다. 20년에 걸쳐 상환하므로 대학 졸업 후 직장을 갖게 되면, 상환에 큰 부담이 없다. 그리고 이자율은 2020년 2학기 기준으로 1.85%의 저리다. 모든 빚 중에서 가장 좋은 빚이다.

주택담보대출

가족이 평생 꿈꿔온 '우리 집'을 갖게 되는 매우 선한 목적으로 사용된다. 과거 반세기 동안 물가상승률 이상으로 아파트 가격이 상승했다. 주택담보대출은 보통 10년에서 30년에 걸쳐 장기상환이 가능하다. 또한 2020년 12월 현재 기준금리는 0.5%인데, 6대 시중은행의 주택담보대출 이자율은 2% 초반에서 3% 후반이다. 크게 부담이 없다.

참고로, 현시점이 기준금리의 최저점에 도달한 상태이므로, 지금 당장은 고정금리가 변동금리보다 약간 높더라도 가능하면 고정금리를 선택하자. 앞으로 30년 사이에 어떤 일이 벌어질지 모르며, 한국에 위기가 닥쳐서 갑자기 금리가 치솟게 되고 마침 그때 당신의 사정이 안 좋아 이자를 못 내게 되면 평생의 꿈이었던 내 집이 단 몇 개월 만에 경매로 넘어간다. 이런 불상사를 막기 위해서라도 지금 얼마 되지도 않은 작은 이익을 얻으려고 변동금리를 선택해서는 안 된다.

다만 2020년 말 현재 아파트 가격이 엄청나게 오른 상태에서 과도한 빚을 내어 무리하게 아파트에 투자하는 것은 삼가야 한다. 우선 이렇게 되면 매월 이자를 상환하는 자체가 부담되며, 상황에 따라서는 이자를 갚기 위해 다른 나쁜 빚을 지게 될 가능성이 있다. 만일 아파트의 가격이 하락한다면, 앞에서 말한 자산의 증식을 위해서 레버리지를 일으키는 좋은 빚이 아닌, 나쁜 빚으로 전락할 뿐만 아니라, 다른 자산도 아닌 아파트, 그것도 빚을 내어 어렵게 구매한 아파트 가격이 하락하면 심적 타격이 상당히 크기 때문이다.

현재 이미 대출을 최대한 받아서 아파트를 구매한 사람들에게 한 가지 팁을 주자면, 가능하다면 상환 기간은 최대한으로 늘려야 하며, 거치 기간(이자만 납입하는 기간)도 최대한으로 늘리기 바란다. 이자 상환 방식은 고정금리로 해야 한다. 만일 이미 대출을 받은 은행이 이러한 조건으로 변경할 수 없다고 하면, 타 은행으로 대환 대출을 고려해보기 바란다. 여기서 조언한 상태로 대출 조건을 만들어놓았다면, Chapter 5 '02 모두에게 적용되는 모델 포트폴리오'에서 목적자금 만들기를 참조하여 상환 플랜을 마련하기 바란다. 목돈을 마련한 후 아파트를 사는 것이나, 아파트를 산 후 대출금을 갚기 위해 목돈을 마련하는 것이나, 둘 다 결과는 같다. 일정한 기간 내에 목표한 금액을 만들어 온전한 내 집을 마련하는 것이니까.

나쁜 빚
빚을 내어서 하는 주식 투자
주식담보 대출이든 마이너스 통장이든 뭐든 빚을 내서 주식 투자를 하는 것은 절대로 해서는 안 된다. 우선 단기간에 갚아야 할 돈이라서 하필이면 상환 시점에 주가가 폭락해 있으면 이를 갚기 위해 더 나쁜 빚을 내야 한다. 게다가 이자율도 상당히 높다. 단시일에 많은 것을 탐하려고 하는 것은 투자가 아니고 투기다. 즉, 선한 목적이 아닌, 탐욕의 결과물이다. 앞서 언급한 3가지 좋은 빚과 나쁜 빚 구별법에 하나도 부합하지 않는 매우 나쁜 빚이다.

자동차 할부 구매

젊은이들뿐만 아니라 자동차를 구매하는 대다수의 사람이 무의식적으로 관행적으로 하는 행위다. 이것 또한 좋은 빚과 나쁜 빚 구별법에 하나도 부합하지 않는다. 현재 준비한 자금보다 더 비싼 차를 사려고 하니 빚을 내는 것이다. 게다가 자동차는 사는 즉시 그 가치가 몇십 퍼센트 삭감된다. 즉, 자산의 증식은커녕 자산의 감소를 가져온다. 자동차를 살 때 투자의 목적으로 사지는 않겠지만, 투자의 관점으로 본다면 그야말로 최악의 투자다. 자동차 할부는 기간도 짧고 게다가 대부분 캐피털 자금이므로 이자율도 매우 높다.

정말 자신이 갖고 싶은 차량이 있다면 계획을 세워서 자금을 모으자. 자금을 모은 시점에 가서도 그 차가 꼭 갖고 싶다면 빚 없이 현찰로 구매하자. 한국, 특히 서울 및 경기의 대중교통은 세계에서 가장 잘 되어 있고 가격도 말도 안 되게 저렴하다. 국가와 시도에서 상당 부분을 부담하기 때문이다. 심지어 택시도 잡기 쉽고 가격 역시 매우 저렴하다. 서울 경기권에 산다면 차가 별로 필요하지 않으며, 어쩌다 꼭 필요할 경우 공유 차량, 렌터카, 택시 등을 이용하면 된다. 차를 사게 되면 구매 시점부터 자산이 감소하는 동시에 매년 상당폭으로 값어치가 떨어진다. 동시에 매년 올라만 가는 자동차 보험료, 시내에 나가면 발생하는 엄청난 주차비, 심심하면 걸리는 과속 및 불법 주차 딱지, 게다가 건강보험료 상승 등 좋은 점보다는 나쁜 점이 훨씬 많다.

최악의 빚: 카드사, 캐피털사, 대부업체의 빚

카드론, 캐피털 대출, 대부업 대출 등의 빚은 대부분 다급하여 일으킬 수밖에 없는 상황이 되었으니 그렇게 했을 것이다. 하지만 이들의 대출 조건은 대부분 초단기이며, 엄청나게 높은 이자를 감당해야 하는데, 상황이 안 좋은 상태에서는 일반적으로 시간이 갈수록 상황은 악화한다. 이런 빚들을 사용하는 순간부터 신용등급은 하위로 전락하여 향후의 생활에도 큰 악영향을 끼친다. 이러한 사실을 모르고 대출이 쉽다는 이유로 단기간에 이런 대출금을 사용하는 경우를 많이 봤는데 앞으로는 이러한 대출을 사용해서는 안 된다. 이러한 상황으로 가지 않도록 미리 생활 패턴을 조정해야만 한다.

심심하면 사용하는 것이 카드 할부인데, 카드 할부의 경우 대부분의 비생산적인 소비에 사용된다. 단기에 갚아야 하며, 이자율도 매우 높다. 부자가 되고 싶다면, 카드 할부 역시 앞으로는 절대로 사용하면 안 된다.

09 모든 투자처 비교 후 내린 결론

앞에서 주요 금융자산 투자처인 주식과 채권을 비롯해 대체 투자처인 부동산, 금, 은, 구리 및 산업용 금속, 원유, 비트코인, 달러, 심지어 빚까지 실로 모든 주요 투자 자산군을 전부 다루었다. 그럼 주요 자산군 수익률을 비교해보자. 비교 자료로는 주요 자산과 관련된 미국의 대표 ETF를 사용했다.

- 주식: QQQ, NASDAQ 100 추종 ETF
- 주식: SPY, S&P 500 추종 ETF
- 부동산: VNQ, 미국 최대 부동산펀드(REITS) ETF
- 채권: GOVT, 미국 대표 국채 ETF(가중평균만기 8.72년)
- 금: GLD, 대표 금 ETF
- 원유: USO, 대표 원유 ETF

| 표 6-13 | 주요 자산군 수익률 비교 차트(최근 10년)

2020년 12월 31일 기준

QQQ SPY VNQ GOVT GLD USO

502.30%
400.00%
300.00%
213.94%
200.00%
100.00%
57.12%
0.00%
31.22%
569.87M
-88.59%
-100.00%

2011 2012 2013 2014 2015 2016 2017 2018 2019 2020 2021

• 위의 수익률에는 배당금은 반영이 안 됨. 이 수치를 반영해도 QQQ나 SPY의 수익률을 다른 ETF가 추월하기에는 차이가 너무 큼. 2020년 말 연 배당금, QQQ 약 0.7%, SPY 약 1.4%, VNQ 약 3.0%, GOVT 약 0.9%.

출처: finance.yahoo.com

위 표를 보면 왜 그렇게 많은 투자자들이 자산의 가장 많은 돈을 주식에 투자하는지 이해가 갈 것이다. 앞에서 설명했듯이 대체투자 자산들은 실제로 주식에 훨씬 못 미치는 수익률을 내면서 변동성 역시 상당히 크다. 대체투자 영역은 전문 기관들, 큰 형님들끼리 자웅을 겨뤄야 하는 시장이지 개미들이 넘볼 시장이 아니다. 앞으로는 금이 20% 올랐다거나 비트코인이 2배가 되었다는 뉴스를 듣게 되더라도, 그건 어차피 우리의 영역이 아니었으니까 너무 배 아파하지 말자. 매주 수십 명씩 남들이 복권 1등에 당첨되는 것이 부럽다고 매일 복권을 사는 것은 아니지 않은가? 모든 자산군에서 우리가 수익을 다 낼 수도 없고 그럴 필요도 없다. 우리는 우리가 잘 아는 곳, 집중해야 할 곳에서 장기간 꾸준히 복표한 수익을 내기만 하면 된다. 이 책 전반에 걸쳐 언급한 투자의 원칙을 지키면서 장기투자하면 우리가 원했던 행복하고 풍요로운 미래가 우리를 기다리고 있을 것이다.

나에게는 하나뿐인 아들이 있다. 현재 대학원생인 그도 머지않아 사회의 구성원이 될 것이다. 그런데 나의 아들 세대인 20대, 그보다 조금 인생의 선배인 30대들에게는 현재와 미래가 참으로 녹록지 않다. 어렵게 대학에 입학하고 졸업을 하더라도 취업 걱정을 해야 하고, 운이 좋아 취업을 하더라도 마음에 맞는 곳에 입사하기는 하늘의 별 따기며, 전생에 나라를 구하여 마음에 맞는 곳에 입사한다고 하더라도 이제는 평생직장이란 없다. 평생직장이 보장되는 공무원이 되기 위해서는 젊은 청춘을 몇 년 동안 희생해서 공시생이 되어야 하며, 전생에 나라를 두 번 구하여, 수백 대 일의 경쟁률을 뚫고 공무원이 되어 설령 평생직장을 갖게 되더라도 부자로 살 꿈은 접고

소시민으로 살아가야 한다. 결혼하기도 힘들고, 대부분이 맞벌이라 자식을 낳아도 키우기가 힘들고, 집 한 칸 마련하기도 너무나 힘든 암울한 현실. 그럼에도 불구하고 우리 조국 대한민국의 무거운 미래를 어쩔 수 없이 그 힘들고 지친 어깨에 모두 짊어지고 앞으로 나아가야만 하는 사랑하는 젊은이들에게 나는 조금이나마 희망의 메시지를 전해주고 싶었다.

나는 한 분 한 분의 독자를 우주와도 바꿀 수 없는 너무도 소중한 나의 아들이라고 생각하며 글을 썼다. 그에게 어떻게 하면 행복하고 풍요롭게 살 수 있는가에 대해 내가 아는 모든 것을 아낌없이 상세히 알려주고 싶었다. 그래서 아버지가 아들에게 전하는 장문의 편지라고 생각하며, 머리말의 첫 글자부터 맺음말의 마지막 글자까지 한 글자 한 글자 혼신의 힘을 다해 정성껏 글을 써 내려갔다. 내용을 충실히 하기 위해 데이터 한 개를 정리하는 데 온종일 걸리기도 했으며 어떤 표는 만드는 데만 일주일이 걸리기도 했다. 인용하는 정보도 신뢰도가 높은 기관의 것 중에서 매우 신중하고 까다롭게 선별하여 사용했다. 그러다 보니 처음에 예상했던 것보다 엄청나게 많은 시간과 노력이 투입되었다. 어떤 때는 책 내용 앞뒤의 연결고리가 끊겨서 며칠을 고민했는데도 책의 진도가 한 페이지도 나가지 않을 때도 있었다. 그로 인해 극도의 스트레스를 받아서, 몇 주 동안은 책 쓰는 일을 아예 중단하기도 했다.

내가 책을 쓰게 된 의도와는 상관없이, 이 책은 부자들에게 훨씬 더 많은 이익을 가져다주게 될 것이다. 그들이 가지고 있는 종잣돈의 크기가 일반인들과는 다르므로 어쩌면 당연한 결과일 것이다. 하지만 그들이 이 책으로 아무리 많은 부를 늘린다고 하더라도 그들의 삶이 바뀌지는 않을 것이다. 50억 원이 100억 원이 되고, 100억 원이 200억 원이 된들 그들에게는 단지 원래 많았던 부의 크기가 더 커졌을 뿐이지 더 행복해지지는 않을 것이다. 부는 행복의 필요조건이지 충분조건이 아니며, 행복은 부가 필요 이상이 되면 부와 비례하지 않기 때문이다. 하지만 일반인들 특히 젊은이들에게서 이 책은 그들에게 미래의 삶 자체를 바꿀 수 있는 엄청난 변화를 가져다줄 수 있으며, 그들에게 이전에는 꿈꾸지 못했던 행복하고 풍요로운 미래를 선사할 수 있으리라 굳게 믿으며, 또한 반드시 그렇게 되기를 바라는 마음으로 이 책을 썼다.

금융컨설팅을 전업으로 삼은 이후 수백 권의 금융 전문서적을 읽었다. 그중 상당수는 명저의 반열에 오른 서적이었다. 하지만 그러한 책들조차도 일반인들의 눈으로 본다면 자신의 삶을 바꿀 만한 지혜와 더불어 구체적인 방안까지 제시해주는 책들은 없었다. 나는 하루하루 바삐 살아가는 현대인을 위해, 한 권의 책 속에 그러한 지혜와 방안을 동시에 담고 있는 책을 만나기를 오랜 기간 갈구했으나 안타깝게도 그러한 책을 만날 수는 없었다.

오랫동안 고심한 끝에 감히 내가 그런 책을 한번 써봐야겠다고 결심했고 책을 쓰기 위한 자료 수집을 수년간 해왔다. 하지만 매일 눈코 뜰 새 없이 바삐 살아가다 보니, 아무것도 없는 백지장에 본격적으로 책을 써 내려갈 여유도 엄두도 나지 않았다. 그렇게 시간만 흘러가고 있던 차에, 2020년 2월 코로나19의 대확산으로 사람을 만나는 것이 거의 불가능하게 되었다. 영업하는 사람의 처지에서는 큰 위기였지만, 그 위기를 기회로 만들기로 했다. 언젠가 결국 한 번은 쓰려고 했던 책을, 의도한 바는 아니나 외부의 영향으로 비교적 시간적 여유가 많이 생긴 지금 쓰기 시작해야겠다는 생각을 하게 되었고, 그 생각을 바로 행동으로 옮겼다. 영업은 최소한으로 줄이고 책 쓰기에 전념하기 시작했다. 소득의 감소는 이미 각오했던 바이니 어쩔 수 없다 치더라도, 숱한 날을 밤까지 새어가며 한 글자씩 무에서 유를 만들어나가는 작업은 글을 전업으로 하지 않았던 내게는 정녕 쉽지 않은 고통의 시간이었고 또한 커다란 도전이었다. 그리고 계절이 여섯 번 바뀌었다.

이 책이 일반인들 특히 젊은이들에게 실질적인 도움이 되기를 바라는 마음으로, 모든 내용을 구체적이고 상세히 설명하고 방안까지 제시하여 실제 행동으로 옮길 수 있도록 기술하려고 노력했다. 부족함이 있는 부분은 앞으로 계속하여 내용을 보강해나갈 계획이다. 아무쪼록 이 한 권의 책이 밑거름이 되어 수많은 젊은이들이 행복하고 풍요로운 미래를 만들어나갈 수 있기를 간절히 기도드린다.

대한민국 모든 젊은이들의 찬란한 내일을 그리며,
2021년 여름, 사랑스러운 청년 태현이의 아버지 김윤교

감사의 글

무엇보다 우선하여 모든 고객분 한 분 한 분께 깊은 감사의 마음을 전합니다. 지난 십 년간 국내 여행조차 한번 못 가도 싫은 내색 안 하며 저를 믿고 응원해준 아내 김혜진과 아들 김태현에게 무한한 사랑과 감사의 마음을 보냅니다. 제가 힘든 시절 힘이 되어주신 어머니와 형제들, 처가 식구들, 친구들, 선후배님들께도 깊이 감사드립니다. 또한 제가 훌륭한 금융전문가로 발전할 수 있도록 방향을 인도해주시고 가르침을 주신 우리나라 펀드업계의 대부 ChFC한국평가인증(주) 김병기 회장님과 첨부 자료 작성에 협조해주신 최고의 애널리스트 ㈜웰스폴리오 이준수 대표님께도 감사드립니다.

마지막으로, 속세의 삶에 찌든 제 모습이 창피하여 남들에게 믿음이 있다는 말도 못 하지만, '시련도 또 하나의 축복'임을 깨닫게 해주신 하나님께 깊은 감사를 드립니다.

P.S. 제게는 주위의 모든 사람에게 베풂의 삶을 몸소 실천하는 친구가 있습니다. 이 친구는 특히 죽마고우인 제게는 더 각별했습니다. 제게 어려운 일이 생길 때는 큰 힘과 용기를 줬으며, 제게 기쁜 일이 생길 때는 저보다 더 기뻐해줬습니다. 큰 나무와도 같은 이 친구가 혹시 하나님께서 제게 몰래 보내주신 수호천사가 아닐까 하는 행복한 의심을 가끔 해보기도 합니다. 이 친구가 반세기 가까이 제게 보내준 그 무한한 우정을 영원히 갚을 길은 없겠지만 극히 일부분이라도 갚고자 하는 심정으로, 쉼 없이 달려온 지난 10년간의 저의 모든 삶이 고스란히 녹아든 이 책을 너무도 소중한 인생의 친구 이석준 사장님께 드립니다.

《부자 교과서》와 함께 읽으면 좋은 책. 부자의 마인드로 돈과 시간의 지유를 누리고자 준비하는 사람이 미래의 주인공이 됩니다.

인플레이션과
리스크에
대비하기

어른들을 위한 돈 과외

안성민 지음 | 18,000원

매일 카드 결제 문자가 날아오지만
돈 관리는 못하고 있다면?

매달 통장은 비어 있다고 소리치는데 과연 평생 돈 걱정 없이 살아갈 수 있을까? 저자는 재테크의 목적이 자산 증식 자체가 아니라, '이번 달 들어온 돈으로 다음 달에 쓰기'를 평생 실천하면서 '마음 편하게' 사는 것임을 강조한다. 대체 그것이 어떻게 가능하냐고? 이 책과 함께라면 가능하다! 줄줄 새는 내 통장을 가지고 자산 관리 마스터에게 과외를 받는다면 돈의 주인공으로 살아갈 수 있게 될것이다! 이제 막 취업해 돈을 어떻게 관리해야 하는지 모르겠다면, 매일 카드값에 허덕이고 있다면 꼭 읽어보길 바란다.

슈퍼개미로
성장하는 가장 쉬운
주식 가이드

48일 완성 주린이 탈출기

이권복 지음 | 17,000원

매운맛 주식투자를 처음 시작하는
주린이를 위한 주식 입문서

이 책은 주식의 'ㅈ' 자로 모르는 주식 왕초보들이 주식투자를 알기 쉽게 공부할 수 있도록 매일 하루에 한 챕터씩 보도록 만들었다. 따라하기만 하면 무슨 말인지 모르는 주식 용어부터 좋은 종목 찾는 방법까지 머리에 쏙쏙 들어올 수 있다. 또한 '네이버 증권'을 이용해 현 산업의 흐름이 어떤지 파악하는 방법과 어느 주식에 투자해야 하는지 쉽게 살펴보는 방법을 알려준다. 주식투자가 처음이라면 괜히 다른 사람들의 이야기만 믿고 따라 하다 초심자의 운이 끝나서 투자에 실패하기 쉽다. 이 책으로 차근차근 공부해 수익률 70%를 달성해보자!

전국 재개발·
재건축 정비사업
목록 수록

난생처음 재개발 재건축

김향훈, 이수현, 박효정 지음 | 19,000원

**어느 시기에 들어가느냐에 따라 수익이 다른
재개발 재건축, 이 책으로 고수익 시점을 잡아라!**

이 책은 재개발 재건축 전문 변호사, 공인중개사, 감정평가사가 알려주는 쉽고 빠른 투자 지침서다. 도시 및 주거환경정비법 이해하기, 감정평가액 파악하기, 저평가된 물건 분석하기, 발 빠르게 정보 파악하기 등 수많은 재개발 재건축 관련 업무를 다루면서 투자를 통해 큰 이익을 얻은 사람들, 돈을 잃은 사람들을 많이 봐오면서, 투자 시에 무엇을 확인하고 살펴봐야 하는지 알려준다. 또한 전국적으로 재개발 재건축 정비사업이 어떻게 진행되고 있는지 한눈에 볼 수 있도록 각 시도별 현황표를 담았다.

눈여겨봐야 할
투자처 수록

상위 1%만 알고 있는 돈 버는 지식산업센터

김성혜 지음 | 16,000원

**아파트가 아니다! 오피스텔이 아니다!
최적의 투자처는 지식산업센터다!**

연이어 발표되는 부동산 대책은 실제 투자를 생각했던 많은 사람에게 여러 고민과 상실감을 안겨주고 있다. 그러나 이런 부동산 시장의 불안함에서 살짝 벗어나 있는 물건들이 있다. 비로 업무용 부동산인 '지식산업센터'다. 저자의 오랜 경험에서 우러나온 노하우와 현장감 있는 스토리는 누구나 어렵지 않게 지식산업센터에 투자할 수 있도록 도와줄 것이다. 부동산 투자 블루오션인 지식산업센터에 이 책을 들고 뛰어들어라! 규제로 막혀 있는 부동산 투자에 새로운 기회로 다가올 것이다.